한방건강식품

한 올

책을 내며

우리의 경제가 그리 넉넉하지 않았던 몇십년 전 만해도 건강식이라는 단어가 낯설었고, 음식이라는 개념은 생존을 위해 열량 채우는 것으로 인식하였다. 최근 들어 경제가 나아지고 여유가 생기자 건강을 챙기기 시작하였다. 요사이 미디어에도 건강 관련 보도가 많이 증가하였고, 각종 출판물을 보면 건강과 관련된 것들이 정말 많다. 그중 유익한 정보들도 많지만, 검증되지 않는 지극히 주관적인 것을 만병통치식으로 주장하는 것들도 꽤 있어 참으로 우려된다.

인체와 질병은 유기적이기 때문에 어떤 생약이 어느 병에 좋다는 식의 접근은 위험한 발상이다. 특히 질병은 동일한 병증일지라도 다양한 원인이 존재할 수 있고, 그 원인에 따라 치료법이 확연하게 달라질 수 있다. 그런데 누가 이 병에 무엇을 먹고 좋아졌다는 말만 믿고 복용한다는 것은 소 뒷발로 쥐잡는 격이지만 그나마 잡으면 다행인데 쥐는 못잡고 도리어 다리 다치는 경우가 있다.

어떤 것을 복용하든 건강증진을 목적으로 한다면 전문적인 수준이 필요하다. 최근 들어 생약을 각종 요리에 많이 응용하고 있는데 그 효능에 대한 이론적인 기원이 대부분이 고대적인 자료에 국한되어 있는 경우를 많이 본다. 고대의 의학자들은 개인의 감각에 의존해서 효능을 인식했기 때문에 지극히 주관적일 수밖에 없다.

건강식은 의학계와 식품학계가 공동으로 참가해서 연구해야 옳은 성과가 있지 않을까 생각한다. 각종 문헌을 보면 두 학계가 공동으로 참가한 것은 거의 전무한 것 같다. 의학의 밑바탕이 없는 건강식품은 위험할 수 있고, 식품적인 기본이 없는 건강식은 현실성이 없을 수 있다.

많은 사람들은 생명공학분야가 미래의 유망산업이라고 인식한다. 건강기능성 식품도 그중의 한 분야이고, 앞으로 상당한 시장성이 있을 것으로 예측하고 있다.

우리나라는 한의학의 밑거름이 있기 때문에 남들보다 유리한 위치에 있는 것은 자명한 일이다. 이제 국내에서 밥그릇 싸움은 그만두고 시야를 세계로 돌려야 할 시기가 온 것 같다.

우리가 건강기능성 식품 분야에서 선두주자가 되는 것을 기대해보고, 작은 힘이나마 초석이 되었으면 한다.

끝으로 항상 묵묵히 지켜봐주시는 부모님, 음으로 양으로 지지해주는 아내, 그리고 사랑하는 아들과 딸에게 감사한다. 그리고 출판에 있어 다양한 도움을 주시는 한올출판사 관계자 분들께도 감사드리는 바이다.

저자 김용현

CONTENTS

제 1 장 한의학 기초 이론

제 2 장 한방식품

제 3 장 한방식품 재료

제 4 장 한방식용 약재

제 5 장 증상별 한방식품 응용

제 1 장

한의학 기초 이론

1. 음양
2. 오행
3. 장상학(臟象學)
4. 기혈(氣血)의 감별
5. 증상감별

한의학의 기본골격은 음양오행(陰陽五行)이다. 음양오행은 수 천년 전에 만들어진 이론으로 지금까지 사용되고 있고, 이 음양오행은 동양 문화의 근본으로 인식하고 있고, 각 분야에 미친 영향은 지대하다고 볼수 있다. 음양오행은 철학적인 개념으로 시작하였지만 지금은 여러 분야로 발전하여 의학, 풍수, 점술 등에 이용되고 있다.

음양오행의 이론을 현대과학적인 관점에서 본다면 상당히 추상적인 것으로 인식되지만, 그러나 전체적인 구성과 논리성은 상당히 뛰어나고, 또한 현실적인 실천에 있어서도 결코 미신으로 치부할 만큼 무가치한 것은 아니다.

한의학적인 이론과 한의학적인 재료(한방식품)나 기술(침구)을 응용하여 건강증진을 추구한다면 이 음양오행의 테두리를 절대 벗어날 수 없고, 그 목적을 이루려면 우선적으로 한의학 개론과 한의학 진단은 필수적으로 알아야 하고, 그 다음 재료나 기술에 관한 내용을 알아야 한다.

재료나 기술에 관한 이론도 한의학 개론과 진단 내용을 기초로 하고 있기 때문에 음양오행을 모르고 재료나 기술에 관한 지식만 인지한다면 모래위에 탑 쌓는 형국이다.

한의학의 기초적인 지식은 한의학 개론, 한의학 진단으로 구분하고, 한의학 개론은 음양오행, 장상학으로 분류한다. 그 내용들을 간략한다면 아래와 같다.

1 음양(陰陽)

음양은 단편적으로는 달과 태양을 말하지만, 내포하고 있는 내용은 이

세상에 존재하는 물질들은 상반적인 성질을 가지고 있다고 인식하는 것이다. 예를 들면 밤낮, 남녀, 한열, 상하, 좌우 등이고, 음양의 개념을 이용하여 자연계도 상호 대립(對立)과 소장(消長)이라는 상반되는 두 가지의 논리가 존재하는 것을 인지하였다. 이것은 한의학적인 질병 인식에 있어 최고 근본이 되는 이론이다. 음양의 기본적인 내용을 살펴보면 아래와 같다.

1) 음양의 내용

(1) 음양의 대립제약(對立制約)

음양은 상호 억제하면서 공존한다. 억제하는 것이 없으면 공존할 수가 없다. 상호간 견제와 억제를 통하여 평형을 이루는 것이다. 우주 공간에 상호간의 중력이나 기타 압력으로 균형을 이루면서 존재하고 있는 것처럼 인체도 음양이 견제와 억제를 통하여 균형을 이루고 있다. 그 평형이 깨지면 바로 질병을 의미하고, 심하면 사망하게 된다. 인체의 체온은 한과 열을 조절하는 기관에 의해 항상성을 유지하고 있다. 열내는 기관이 질병으로 인해 장애가 있으면 체온이 하강하는 것은 당연하다. 반대가 된다면 인체의 체온은 상승할 것이다. 평형을 유지하는 것은 바로 상호 견제와 억제를 통하여 조절되기 때문이다.

(2) 음양의 호근호용(互根互用)

음양은 서로 견제와 억제를 하지만 한편으로는 상호 공존한다. 음이 없으면 양이 존재할 수가 없고, 마찬가지로 양이 없으면 음도 존재할 수 없다. 기(氣)는 양(陽)에 해당되고, 혈(血)은 음(陰)에 해당된다. 이 두 가지는 인체를 이루는 기본적인 물질인데, 기(氣)는 혈(血)의 영양작용

없으면 존재가 불가능하고, 혈(血)은 기(氣)의 추동작용(推動作用)없으면 움직일 수 없다.

(3) 음양의 소장평형(消長平衡)

음양은 고정되어 불변하지 않는 것이 아니고 상호간의 견제와 억제를 통하여 변화한다. 자연도 밤과 낮, 여름과 겨울에 따라 각종 상황이 변한다. 인체도 자연환경의 상황에 따라 변한다. 낮에는 혈압이 상승하고 맥박이 빨라지지만 밤에는 반대현상이 나타난다. 낮은 양이고, 밤은 음이다. 혈압상승과 맥박수 증가는 양이고, 감소는 음에 해당된다. 이 소장작용은 절대적이고 평형은 상대적이다. 즉 우주와 인체는 상호 영향을 미치는 것을 알수 있다.

(4) 음양의 상호전화(相互轉化)

음양은 특수한 조건하에 변화가 가능하다. 음이 극에 도달하면 양으로 변할 수가 있고, 양이 극에 달하면 음으로 변할 수가 있다. 여기서 "극"이라는 것은 어떤 조건을 말하는 것이다. 여름의 더위가 극에 달하면 날씨가 서늘해지면서 가을이 오는 것처럼, 인체도 많이 차가워지면 인체에서는 에너지를 많이 사용해서 체온을 높이고, 열도 높아지면 발산시켜 체온을 내리려고 한다.

2) 음양의 병리적인 변화

(1) **음양의 편승(偏盛)**: 음양 중 한쪽의 힘이 강해지는 것을 말한다. 이때 다른 한쪽은 정상이다.

① **양성즉열, 양성즉음병(陽盛則熱,陽盛則陰病)**: 양(陽)이 많아지면 열

(熱)이 생기고, 양이 많아지면 열로 인해 인체의 수분을 고갈시키니까 음(陰)에 병이 생긴다는 뜻이다.

양이 많아지면 발열감, 구강건조, 변비, 발한(發汗), 안면 홍조, 맥박증가 등의 증상이 있다.

② **음성즉한, 음성즉양병(陰盛則寒,陰盛則陽病)**: 위의 내용과 반대적인 내용이다. 음이 많아지면 추움, 부종, 설사, 소변증가, 안면창백, 맥박감소 등의 증상이 있다.

(2) **음양의 편쇠(偏衰)**: 음양 중 한쪽의 힘이 약해지는 것을 말한다. 이때 다른 한쪽은 정상이다.

① **양허즉한(陽虛則寒)**: 양(陽)이 허약해지면 열(熱)이 없음으로 추워진다는 말이다.

양이 부족하면 추움, 소변증가, 안면창백, 피로 등의 증상이 있다.

② **음허즉열(陰虛則熱)**: 음이 허약해지면 수분이 부족함으로 열(熱)이 생긴다는 뜻이다.

음이 부족하면 도한(盜汗), 오후발열감, 광대뼈부위 홍조, 토끼변, 맥박은 힘이 없으면서 약간 빠름 등의 증상이 있다.

(3) 음양의 전화(轉化)

① **중한즉열(重寒則熱)**: 한(寒)이 극에 달하면 열(熱)이 생긴다는 의미이다.

② **중열즉한(重熱則寒)**: 열(熱)이 극에 달하면 한(寒)이 생긴다는 뜻이다.

3) 음양의 치료 원칙

(1) 음양 편승: 損其有余: 實者瀉之, 寒者熱之, 熱者寒之

음양 중 한쪽의 힘이 강해지면 그 강한 것을 없애주면 된다. 몸이 추울 때는 더운 성질의 약을 사용하고, 더울 때는 찬 성질의 약을 사용하여 강한 것을 없애준다.

(2) 음양 편쇠: 補其不足

음양 중 한쪽의 힘이 약하면 그 약한 것을 보(補)해주면 된다. 음(陰)이 약해 열(熱)이 생기면 음을 보(補)해주고, 양이 부족해 신체가 냉(冷)하면 양을 보(補)해주면 된다.

(3) 음양 양쇠(兩衰): 陰中求陽, 陽中求陰

둘 다 보(補)해주면 된다.

2 오행(五行)

고대의 사람들은 이 세상의 모든 물질들이 오행, 즉 목(木), 화(火), 토(土), 금(金), 수(水)로 이루어졌다고 인식하였다. 그리고 이 다섯 가지의 물질은 상호간에 영향을 주고 상생(相生), 상극(相剋)이라는 운동으로 평형을 유지한다고 보았다. 인체의 각 장기(臟器)도 각자의 성질을 오행의 이론에 입각하여 이론을 만들었고, 질병 예방과 치료에 응용하였다.

1) 오행의 성질

① **목(木)**: 나무가 위와 옆으로 크는 것처럼 그런 성질을 말한다.

② **화(火)**: 불처럼 뜨겁고 위로 상승하는 것을 의미한다.

③ **토(土)**: 땅에 종자를 심으면 생장시키는 것처럼 모든 것을 수용한다는 의미이다.

④ **금(金)**: 변화, 수렴(收斂), 청결 등을 뜻한다.

⑤ **수(水)**: 냉(冷)하고 자윤(滋潤)과 아래로 내림을 말한다.

자연계					오행	인체				
五味	五色	五氣	五方	五季		五臟	六腑	五官	形體	情志
酸	青	風	東	春	木	肝	膽	目	筋	怒
苦	赤	暑	南	夏	火	心	小腸	舌	脈	喜
甘	黃	濕	中	長夏	土	脾臟	胃臟	口	肉	思
辛	白	燥	西	秋	金	肺	大腸	鼻	皮毛	悲
鹹	黑	寒	北	冬	水	腎	膀胱	耳	骨	恐

2) 오행의 정상적인 작용

① **상생(相生)**: 한 물질이 다른 한 물질을 살도록 도와주는 것을 말한다. 오행상생의 순서는 목생화(木生火), 화생토(火生土), 토생금(土生金), 금생수(金生水), 수생목(水生木) 이다.

② **상극(相剋)**: 한 물질이 다른 한 물질의 생장을 억제하는 것을 말한다. 오행 상극의 순서는 목극토(木克土), 토극수(土克水), 수극화

(水克火), 화극금(火克金), 금극목(金克木)이다.

3) 오행의 병리적인 형태

① **상승(相乘)**: 과도한 상극(相克)을 말하는데, 오행중의 한 물질이 과도하게 상대방을 억제시키는 상태이다. 과도하게 억제하면 당하는 장기는 정상적인 생리활동을 못하므로 병변을 유발한다. 한 장기에 병변이 생기면 상생도 못할 뿐만 아니라 상극도 못하니까 인체의 불균형을 초래한다.

② **상모(相侮)**: 이것은 반극(反剋)이라고도 한다. 정상적인 상태에서는 상극을 해야 하는데 도리어 극(克)을 당하는 것을 말하고, 이것도 병리적인 현상으로 상승의 내용과 같이 불균형을 초래한다.

4) 병변(病變)의 상호영향

(1) 상생관계(相生關係)

① **모병급자(母病及子)**: 상생관계를 살펴보면, 목생화(木生火)에서 목(木)은 화(火)의 어머니에 해당되고, 화는 목의 자식이다. 이때 어머니인 목(木)의 병이 자식인 화(火)에 영향을 미치는 것을 말한다. 어머니가 건강하면 자식에게 모유를 충분히 공급할 수 있으므로 자식이 건강하게 되는데, 반대가 되면 자식에게도 질병이 유발할 수 있는 것이다.

② **자병범모(子病犯母)**: 이것은 자식의 병이 어머니에게 영향을 미치는 것을 말한다. 자식의 장기가 허약하면 생존하기 위해서 많은

영양분을 빨아먹기 때문에 어머니 장기를 허약하게 만드는 것을 의미한다.

(2) 상극관계-상승(相乘), 상모(相侮)

5) 오행의 치료 원칙

1) 치료

① 허즉보기모(虛則補其母): 오행중 한 장기가 허약하면 그 장기의 어머니에 해당되는 장기를 보(補)한다는 뜻이다. 즉 간장이 허약하면 간의 어머니에 해당되는 장기(臟器)인 신장을 보(補)해야 한다는 것이다.

② 실즉사기자(實則瀉其子): 증상이 실(實)하면 그 장기의 자식에 해당되는 장기(臟器)의 기(氣)를 삭감해주는 것을 말한다. 예를 들면 간에 열이 있으면 그 자식인 심장의 기를 삭감해주는 것을 말한다.

③ 다른 한 방법은 병의 발전 상황을 미리 예측하여 치료하는 방법인데, 간(肝)이 실(實)하면 상극을 과도하게 하여 질병을 초래할 수 있으므로 사전에 비장의 기를 보(補)해줌으로 과도한 상극을 예방할 수 있다.

3 장상학(臟象學)

장상학은 인체의 내 · 외적인 변화를 보고 장기(臟器)의 생리, 병리적인 변화를 인식하는 학문이다. 한의학 진단에 있어 중요한 학문이고, 한의학적인 이론을 응용하여 건강증진을 추구하려면 필수적으로 알아야 하는 학문이다. 정상을 알아야 비정상을 알수 있기 때문에 생리와 병리적인 내용을 비교해서 인지해야 한다.

1) 각 장기의 생리

① 심장(心臟)

심장은 "군주지관(君主之官: 장기중 의뜸이 된다는 뜻)"의 장기로 혈액의 운행과 맥박, 그리고 영혼을 주관하는 작용을 한다. 주관하는 정지(情志: 심리)는 기쁨(喜)이고, 주관하는 액체는 땀이고, 기가 모이는 장소는 맥(脈)이고, 얼굴에 상태가 나타나고, 담당하는 감각기관은 혀이다.

② 폐장(肺臟)

폐를 "상전지관(相傳之官: 전달한다는 의미)"의 장기라 하고, 주요작용은 선발(宣發)과 숙강(肅降), 수도(水道)조절, 맥 조절이다. 선발은 폐의 신선한 공기를 전신에 공급하고, 나쁜 공기를 배출시키고, 비장에서 만들어진 영양물질을 전신에 보내고, 피부를 조절하여 땀을 밖으로 보내는 작용을 말하고, 숙강은 맑은 공기를 흡수하고, 맑은 공기와 비장에서 온 영양물질을 아래로 보내고, 폐의 이물질을 아래로 보내는 작용을 말한다. 수도(水道)조절은 피부를 조절하여 땀을 배출하고, 대사물을 숙강작용으로 신장에 보내는 작용을 한다. 그리고 심장의 혈액이 모두 폐에 모이고 호흡운동조절과 심장의 운동을 보조하는 작용을 말한다. 폐가 주관하는 심리는 우(憂)와 비(悲)이고, 주관하는 액체는 콧물이고, 기(氣)는 피부에 모이고, 기(氣)의 상태를 나타내는 곳은 체모(體毛)이다. 주관하는 감각기관은 코이다.

③ 비장(脾臟)

비장을 "창름지관(倉廩之官: 창고의 의미)"의 장기라 하고, 주요한 작용은 운화(運化), 승청(昇淸), 통혈(統血)이다. 운화는 운송과 변화를 말하는데, 변화는 소화(消化)를 말한다. 음식물을 운송하고, 소화 한 후 다시 조직에 영양물질을 보내는 것을 말한다. 또 다른 운화는 액체를 말한다. 흡수한 액체는 대사(代謝)를 거쳐 전신조직에 보내는 작용을 말한다.

승청작용은 운화로 만들어진 영양물질을 신체의 윗부분에 보내는 것을 의미한다. 윗부분이란 폐, 심장, 머리를 말하는 것이다. 통혈작용은 혈액이 혈관에 흐르도록 하는 기능을 말한다. 비장이 주관하는 심리는 사고(思考)이다. 과도한 사고는 비장의 기능에 영향을 미친다. 주관하는 액체는 타액이고, 비장의 기(氣)가 모이는 장소는 근육이고, 비장의 상태는 입술에 나타나고, 주관하는 감각기관은 입이다.

④ 간장(肝臟)

간을 "장군지관(將軍之官: 강한 의미)"의 장기라 한다. 간의 주요작용은 소설(疏泄), 장혈(藏血)이다. 소설작용이란 기(氣)의 운동을 조절하는 것이다. 기(氣)는 승(昇), 강(降), 출(出), 입(入) 운동을 하는데, 기의 조절작용을 하는 것이다. 장혈작용이란 간에 혈액을 보관하고 혈액량을 조절하는 기능을 말한다. 간이 주관하는 심리는 노(怒)이고, 주관하는 액체는 눈물이고, 근육에 기가 모이고, 기운의 상태는 손톱, 발톱에 나타내고, 주관하는 감각기관은 눈이다.

⑤ 신장(腎臟)

신장을 "작강지관(作强之官: 강하게 해준다는 의미)"의 장기라 하고, 또한 "선천지본(先天之本)"의 장기라고도 한다. 주요작용은 체액대사와 납기

(納氣)작용이다. 체액은 신장의 기화(氣化)작용을 통하여 배설과 흡수시켜 조절되고, 납기작용은 폐의 호흡강도를 일정하게 유지시키고, 정상적으로 호흡하도록 하는 작용을 말한다. 신장의 심리는 공(恐)이고, 체액은 구강타액이고, 뼈를 주관하고, 기의 상태가 머리카락에 나타난다. 그리고 항문과 성기(性器)를 주관한다.

2) 각 장기의 병리적인 구별

① 심장

구분	공통점	차이점
심기허(心氣虛)	가슴두근거림, 가슴답답함, 호흡짧음, 활동후 가중, 자한(自汗)	얼굴·혀 분홍색, 설태 흰색, 맥허약
심양허(心陽虛)		사지한랭, 흉통, 얼굴자색, 혀비대, 설태 희고 미끈거림, 맥허약
심어혈(心瘀血)	가슴두근거림, 흉통, 자주 발병, 어깨부위 통증	자색혀, 맥이 약하고 막히는 듯함
심어담(心瘀痰)		신체비대, 대량가래, 미끈거리고 흰 설태, 맥이 가라앉으면서도 강함
심한(心寒)		찌르는 듯한 통증, 열찜질후 경감, 혀분홍색, 흰설태, 맥이 가라앉고 늦음
심기체(心氣滯)		복통, 심리와 유관, 분홍색 혀, 흰 설태, 강한 맥

② 폐장

구분	주증(主症)	겸증(兼症)
폐기허(肺氣虛)	무력한 기침·천식, 활동후 가중	맑은 가래, 저음, 얼굴·혀 창백, 자한(自汗), 잦은 감기, 맥허약, 엷은 설태

폐음허 (肺陰虛)	가래없는 기침 혹은 소량 가래, 인후부건조	신체수척, 오후발열, 수면후 식은땀, 수족발열, 가래에 혈흔, 혀가 검붉고 소량설태, 약하고 빠른맥
폐한 (肺寒)	기침, 맑은 가래	묽은 콧물, 오한, 발열, 무한(無汗), 흰설태, 뜬맥
폐수종 (肺水腫)	기침, 천식, 맑은 가래 대량(거품형), 평와위 불가	가슴두근거림, 하체부종, 분홍색 혀, 미끈거리고 흰 설태, 강한 맥
폐담습 (肺痰濕)	기침, 끈적이는 흰 가래 대량, 배출 용이	가슴답답함, 가래끓는소리, 분홍색 혀, 희고 미끈거리는 설태, 강한맥
폐풍열 (肺風熱)	기침, 끈적이는 황색 가래	코막힘, 황색콧물, 발열, 인후통증, 붉은 혀, 황색 설태, 뜨는 맥
폐열 (肺熱)	기침, 황색 가래, 고열	갈증, 구강건조, 호흡촉박, 각혈(농혈), 흉통, 붉은 혀, 황색 설태, 빠르고 강한 맥
폐조 (肺燥)	마른기침, 끈적이는 가래 소량	구강건조, 붉은 혀, 흰색 설태, 엷은 황색 설태, 빠른 맥

③ 비장

구분	공통점	차이점
비기허 (脾氣虛)	복부팽만, 식욕부진, 대변설사 혹은 묽음, 얼굴초췌	혹은 부종, 혹은 수척, 분홍색 혀, 흰 설태, 늦고 약한 맥
비양허 (脾陽虛)		복통, 복부 맛사지를 좋아하고, 사지가 차고, 소변이 적음, 혹은 부종, 혹은 대하(帶下), 혀 비대, 분홍색, 희고 미끈거리는 설태, 늦고 약한 맥
비기하함 (脾氣下陷)		탈항, 장기간 설사, 분홍색 혀, 흰 설태, 약한 맥
비불통혈 (脾不統血)		각종 출혈증, 생리과다, 분홍색 혀, 흰 설태, 약한 맥

비한습(脾寒濕)	복부팽만, 식욕부진, 구역질, 대변 무름	입 안 마름, 신체피로, 얼굴초췌, 소변소량, 혀 비대, 분홍색, 희고 미끈거리는 설태, 늦고 약한 맥
비온습(脾溫濕)		신체피로, 소변황색, 혹은 피부황색, 피부가려움, 열증, 붉은 혀, 누렇고 미끈거리는 설태, 빠른 맥

④ 간장

구분	증상
간기울결(肝氣鬱結)	옆구리나 상복부 통증, 가슴이 답답하거나 한숨을 잘 쉬고 화를 잘 냄, 여성 생리 불순, 희고 엷은 설태, 강한 맥
간열(肝熱)	두통, 이명, 얼굴과 눈이 붉고 화를 잘내고 불면증, 옆구리 통증, 변비, 소변 황색, 혹은 중이염이나 토혈, 붉은 색 혀, 누른 설태, 빠르고 강한 맥
간음허(肝陰虛)	어지러움, 이명(耳鳴), 옆구리 통증, 눈의 건조함, 붉은 혀, 구강에 진액부족, 약하고 빠른 맥+음허증+혹은 수족유동
간양상승(肝陽上昇)	어지러움, 이명, 안구충혈, 안면 붉음, 화를 잘 냄, 가슴두근거림, 건망증,불면증, 꿈 많음, 요통, 붉은 혀, 강한 맥
간양화풍(肝陽化風)	어지러워서 넘어지려고 하고 머리와 사지가 떨리고 말을 잘 못하고 혹은 혀가 굳어지거나 갑자기 쓰러지거나 편신마비가 됨, 혀는 붉고 흰 설태, 강한 맥
열극생풍(熱極生風)	수족경련, 경부가 뻣뻣하고 몸이 뒤로 꺽이거나 눈은 위로 치켜뜨고, 입을 꽉 깨뭄, 고열, 정신 혼미, 입을 굳게 깨뭄, 검붉은 혀, 강하고 빠른 맥
음허동풍(陰虛動風)	수족진전+음허증, 붉은 혀, 구강에 진액부족, 약하고 빠른 맥
혈허생풍(血虛生風)	수족연동, 근육유동, 관절의 마비+혈허증(血虛證), 분홍색 혀, 흰색 설태, 약한 맥

⑤ 신장

구분	증상
신양허(腎陽虛)	요통, 추위를 싫어함, 사지한랭, 성기능장애, 자궁냉한, 불임, 새벽설사, 혹은 부종, 혀비대, 흰색 설태, 약한 맥
신음허(腎陰虛)	요통, 불면증, 수면중 꿈이 많음, 유정, 조루+음허증(陰虛證). 붉은 혀, 구강 진액부족, 약하고 빠른맥
신정부족(腎精不足)	하체무력, 정액부족, 폐경(閉經), 탈모, 건망증, 청각장애, 정신피폐, 분홍색 혀, 흰 설태, 약한 맥
신기불고(腎氣不固)	요통, 청력감퇴, 빈뇨, 배뇨장애, 뇨실금, 활정(정액이 많이 누설하는 증상), 조루, 분홍색 혀, 흰설태, 약한 맥
신불납기(腎不納氣)	기침천식, 자한(自汗), 요통, 분홍색 혀, 흰설태, 약한 맥

4 기혈(氣血)의 감별

1) 기(氣)

(1) 기의 생리적인 작용

① 추동(推動) 작용 : 생장, 발육, 장기(臟器)의 생리활동

② 온후(溫煦) 작용 : 체온조절

③ 방어(防禦) 작용 : 사기(邪氣)로부터 보호작용

④ 고삽(固澀) 작용 : 혈액, 체액, 정액, 타액 등의 비정상적인 누설 방지

⑤ 기화(氣化) 작용 : 물질의 변화

2) 병리적인 형태

(1) 기허(氣虛)

① 피로를 많이 느끼고 힘이 없다.

② 자한(自汗)이 있고 움직이면 증가한다.

③ 설태는 엷은 흰색이고, 맥은 약하고 힘이 없다

(2) 기체(氣滯)

국소부위의 기가 막혀 잘 통하지 않아서 창통(脹痛) 발생.

① **위장통** : 위장기체(胃臟氣滯)

② **흉통(胸痛)** : 심장 기체

③ **협통(脇痛)** : 간담(肝膽) 기체

④ **관절통** : 경락 기체

(3) 기함증(氣陷證)

기가 허약하여 상승하지 못함

① 머리와 눈이 어지럽고 힘이 없다.

② 오랫동안 설사를 하거나 탈장한다.

③ 혀의 색이 분홍색이고 설태는 희고 맥이 약하다.

(4) 기역증(氣逆證)

기가 내려가지 못하고 상부로 상승하는 것임.

① 위기(胃氣) 상역 : 구토, 구역질

② 폐기(肺氣) 상역 : 기침, 천식

③ 간기(肝氣) 상역 : 두통, 어지러움

3) 혈(血)

(1) 혈의 생리작용

① 영양과 자윤(滋潤) 작용

② 정신활동적인 물질

4) 혈의 병리적인 형태

(1) 혈허(血虛)-출혈, 간, 비위허약 등

① 피부에 윤택함이 없다.

② 어지러움, 가슴두근거림, 불면증, 손발의 저린감

③ 손톱, 발톱, 입술 등에 분홍색

④ 맥이 가늘고 힘이 없다.

(2) 어혈(瘀血)-한(寒), 기체(氣滯), 기허(氣虛), 외상(外傷)

① 손톱, 발톱, 입술 등에 검붉은 색을 띤다.

② 특정부위에 찌르는 듯한 통증, 야간에 가중, 혹은 종괴(腫塊) 형성

③ 국소와 전신을 구분

(3) 혈열증(血熱證)-각종 출혈 + 열증(熱證)

① 위열-위장출혈 : 토혈(吐血), 변혈(便血)

② 방광열 : 혈뇨

③ 폐열(肺熱) : 객혈(咯血)

5) 기혈간의 관계

① 기능생혈(氣能生血) : 기의 기화(氣化)작용으로 혈을 생성하게 함.

② 기능행혈(氣能行血) : 기의 추동작용으로 혈이 흐르게 함.

③ 기능삽혈(氣能澀血) : 기의 고삽작용으로 출혈을 막아줌.

④ 혈위기지모(血爲氣之母) : 혈은 기의 어머니로 기(氣)를 생성함.

6) 기혈량허(氣血兩虛)-기허와 혈허가 동시에 존재함

5 증상 감별

1) 한열(寒熱) 감별

(1) 한성(寒盛)-한사(寒邪) 침입

① 추위를 싫어하고 따뜻한 것을 좋아하고 사지를 움크린다

② 얼굴이 검붉은 색이고 물을 잘 안 마신다.

③ 가래나 콧물이 묽다

④ 소변을 자주보고 대변이 묽다

⑤ 혀가 분홍색이고, 설태가 희고 맥이 늦거나 팽팽하다

(2) 열성(熱盛)-열사(熱邪) 침입

① 땀을 많이 흘리고 더위를 많이 탄다
② 약간 변비가 있고 찬 음식을 좋아한다.
③ 코나 가래가 누런색이고 끈적이고 비혈(鼻血) 경향이 있다.
④ 설태(舌苔)는 황색이고, 혀는 건조하고, 진한 붉은 색이고, 맥은 힘이 있고 빠르다.

2) 음양(陰陽) 감별

(1) 음증(陰證)-리증(裏證), 한증(寒證), 허증(虛證)

① 얼굴이 어둡고, 정신이 희미하고, 피로를 많이 느끼고, 목소리가 힘이 없다.
② 식사량이 적고, 목이 마르지 않고, 대변이 묽고, 비린내가 나고, 소변이 길다.
③ 혀가 분홍색이며 좀 비대하고, 맥이 가라앉고 늦어진다

(2) 음허(陰虛)

① 얼굴이 조홍(潮紅)이다
② 오후에 발열감이 있다.
③ 대변이 건조하고(토끼변), 밤에 도한(盜汗: 수면직후 식은땀)이 있을수 있다.
④ 설태가 적고 혀가 붉으며, 맥이 약하고 좀 빠르다.

(3) 양증(陽證)-표증(表證), 열증(熱證), 실증(實證)

① 얼굴이 붉고, 신경질적이고, 답답해 하고, 피부에 열감이 있다.

② 심하면 헛소리를 하고, 정신이 비정상이고, 호흡이 촉박하다.
③ 입이 건조하고, 물을 자주 마시고, 설태는 황색이며 건조하고, 맥이 세고 빠르다.

(4) 양허(陽虛)

① 평소 추위를 많이 탄다.
② 피로를 많이 느끼며, 식욕이 부진하고, 묽은 변을 보며, 소변을 자주 본다.
③ 사지가 차고, 혀는 분홍색이며 수분이 상대적으로 많으며 물 마시기를 싫어한다.
④ 맥은 늦으며 힘이 없다.

제 2 장

한방식품

1. 한방식품의 정의
2. 한방식품의 역사
3. 한방식품의 응용
4. 한방재료에 대한 이해

1 한방식품의 정의

한방식품을 말하기 전에 우선 식품의 정의를 말한다면, 인간이 생명유지하거나 기호식으로 먹는 것을 식품이라고 말할 수 있다. 인간이나 동물이나 먹어야 생명을 유지할 수 있다. 동물은 생명을 유지하기 위해서 먹겠지만 인간은 생명유지를 위해서 어떤 음식을 먹기도 하지만 생명유지와 관련이 없는 음식도 기호품으로 먹기도 한다.

한방식품을 정의한다면 한약재이면서 식품에 해당되는 재료를 한의학적인 이론에 의거 음식으로 가공한 것을 한방식품이라 한다. 한방식품은 단순히 생명유지를 위해서라기보다 특수한 목적이나 기호식으로 섭취하는 경우가 많다. 특수한 목적이란 음식의 재료가 한약재이며 또한 식품에 해당되는 재료를 혼합하였기 때문에 질병을 예방하거나 치료 목적으로 섭취하는 경우를 말한다. 특수한 목적없이 단순히 생명유지를 위해 섭취하는 단순한 식품은 한방식품으로 보기는 힘들다. 또한 그냥 쌀을 밥으로 만들어 먹었다면 생명유지를 위한 것에 지나지 않지만 밥에다가 기타 재료를 첨가하여 특수한 목적으로 섭생을 해야 한방식품으로 볼수 있다. 예를 들면 삼계탕의 경우, 죽에 닭고기만 넣어서 먹으면 일반적인 닭죽에 지나지 않지만 닭죽에 인삼, 대추, 황기 등을 첨가한다면 일종의 기능성 식품으로 볼수가 있고, 이런 것을 한방식품이라 한다.

2 한방식품의 역사

고대의 본초약에 기재된 약재중에서 상당부분은 음식에 포함되어 있다. 예를 들면 생강이나 마늘, 파, 인삼 등, 이런 약재들을 약으로 사용하기도 하였지만 음식으로 사용하는 재료이기도 하다. 고대문헌에 〈황제내경〉의 반하갱미탕(半夏粳米湯)이나 〈금궤요략〉의 당귀양육탕(當歸羊肉湯)등을 보더라도 유구한 역사를 가졌다고 볼수가 있다. 〈동의보감〉에도 약이(藥餌)라는 단어가 있고, 탕액(湯液)편에는 주로 사용하는 음식재료들이 기재되어 있다. 우리선조들은 고대로부터 생활에서 '약식동원(藥食同源)'을 실천해 왔다.

최근에 들어 과학, 생화학, 기타 상관 학문의 발달로 인해 각 식품에 들어있는 성분과 효능이 밝혀짐으로 과거의 오류를 새롭게 인식하고, 미개척 분야를 더욱 발전시키고 있다.

3 한방식품의 응용

한방식품은 오랜 역사에서 다양하게 사용해 왔고, 건강증진에 톡톡한 한몫을 하였다. 지금도 한방 전통음식이 여러 가지 종류로 응용되고 있다. 또한 지금은 미생물학, 생화학, 약리학 등의 발달로 안전하면서 명확하게 사용할 수 있다. 특히 약리, 임상적인 효능이 입증되어 건강회복에 직접적으로 영향을 미칠 수 있도록 제조한 기능성 식품은 한차원 더 발전된 변화라 볼 수 있다.

고대와 현대에서 자주 응용해 온 한방식품의 형태를 알아보면 대략 아래와 같다.

1) 주식과 반찬

① 약밥

약밥은 고대로 만들어 먹든 전통음식으로 아주 훌륭한 기능성 식품이다. 이 약밥은 몇 가지의 형태가 있는데, 그중 첫째는 밥을 할 때 약액을 물로 사용하는 것이다. 이렇게 밥을 지으면 약액은 쌀에 스며들어 밥이 된다. 이 때 쌀을 청결히 씻은 후 약액에 1시간 정도 담가두면 약액이 쌀에 스며들기 때문에 수증기로 낭비되는 것을 방지 할 수 있다. 두 번째 방법은 밥을 할 때 재료를 직접 넣은 것이다. 물이 끓으면 재료도 삶기면서 약액이 우러나고, 또한 쌀로 스며드는 것이다. 이때 건조한 생약을 넣어 밥을 지으면 약이 다 우러 나오지 않는다. 약을 충분히 우려내려면 약을 물에 1-2시간 정도 담가두었다가 사용한다. 또한 재료가 딱딱하면 딱딱할수록 잘게 부수어야 잘 우러 나온다. 재료 자체에 독성이 없으면 분말로 만들어 사용할 수 있다.

약밥은 주식으로 사용하기 때문에 쓴맛이 강하거나 역겨운 냄새가 나는 것은 재료로 사용하지 않는다.

② 약죽(藥粥)

죽은 기능성 식품으로 고대부터 지금까지 최고 많이 매개체로 사용해왔다. 노인이나 중환자는 소화기능이 떨어지고 삼키기가 힘들기 때문에 많이 사용하고, 죽은 물량을 조절할 수 있고, 또한 그 물을 약액으로 섭취할 수 있기 때문에 자주 사용하였다. 식사와 약을 간단하게 동시에 섭취할 수 있기 때문이다. 또한 죽은 여러 가지 재료를 동시에 사용할 수 있고, 그냥 마실 수 있기 때문에 환자들에게 적합한 방법이다. 그러나 역겨운 냄새가 있거나 독성이 있는 재료를 사용할 시에는 용량이나 법제 등에 주의해야 한다. 약죽을 만드는 방법은 두 가지가 있는데, 하나는 처음부터 쌀과 약을 동시에 넣어서 죽을 만드는 것이고, 다른 하나는 쌀과 약을 분리해서 끓인 후 나중에 혼합하는 방법이다. 두 가지 다 장단점이 있지만 일반적으로 약재의 상황에 따라 결정한다.

③ 탕(湯)

탕은 물에 재료를 넣고 끓인 것을 탕이라 하는데 두 가지의 의미가 있다. 한 가지는 일반음식 요리법을 말하는 것이고, 다른 하나는 한약의 가공법을 말한다.

일반요리에서 조리 방법이 비슷하지만 재료와 물의 양, 그리고 먹는 방법에 따라 탕, 국, 찌게, 전골이 있다. 한방식품으로도 이런 음식을 만들 수 있다. 그러나 한방식품은 특수한 효능이 있는 만큼 증상이 없는 사람과 같이 섭취한다는 것은 부적절하다. 이 음식들은 장시간 끓이지 않기 때문에 경도가 높은 재료는 잘게 부수어야 우러 나오고, 독성이 있는 것이나 역겨운 냄새가 있는 것은 법제를 하는 것이 좋다.

④ 삶기

음식의 재료를 익히는 방법으로 최고 기본적인 것이다. 물속에 재료를 넣어 익을 때까지 삶는 것이다. 고대로 사용해온 방법이고, 지금도 한방요리에 많이 사용하고 있는 방법중의 하나이다. 약액에 직접 담가서 끓이므로 약액의 침투를 용이하게 하고, 지방이 많은 재료는 지방이 액체로 빠져나오는 장점이 있기도 하다. 그러나 재료를 직접 약액에 담그기 때문에 삶은 후 재료에 여러 가지 약찌꺼기가 붙어 있어 비위생적이게 보일 수도 있다.

최근에는 각종 수육을 한방 약액에 넣어 삶아 먹는 것이 유행처럼 퍼져가고 있다. 그러나 개인의 체질을 고려하지 않고 일괄적으로 제조하여 섭취하기 때문에 도리어 해가 될 수도 있을 것이다.

⑤ 찜

이것은 물과 재료를 분리한 상태에서 익히는 요리법이다. 최근 각종 수육을 한방약액으로 찐 요리가 많다. 삶는 것에 비해서 깨끗한 장점이 있는 반면 약액의 침투가 약하기 때문에 기능성 방면에서는 떨어지는 경향이 있다. 그리고 최근에는 각종 압력형 조리기구가 많이 발달하였고, 그것을 이용하여 찌다보니 시간은 많이 단축되는 반면 약액의 침투되는 시간이 짧아져 효능이 감소되었다. 이 방법은 대부분이 수육을 찌는데 많이 이용하지만 그 외에 떡이나 밥 등 기타 요리에도 사용할 수 있다.

⑥ 볶음

재료를 가열된 후라이팬이 놓고 익을 때까지 볶는 방법이다. 이때 일반요리에서는 식용유를 많이 사용한다. 한약을 이용하여 볶을 시에는 세가지 방법이 있는데, 하나는 순수한 약액으로 볶는 것이고, 두번째는 약액과 식용유로 같이 볶는 방법이다. 두 가지 다 장단점이 있다. 순수한 약액으로 볶으면 약액이 금방 증발해 버리기 때문에 동작을 빨리 해야 하고, 온도를 적당하게 조절해야 한다. 식용유와 혼합해서 볶으면 약액침투에 영향을 줄 수 있다. 세 번째는 약액을 다른 형태로 바꾸어서 사용하는 것이다. 예를 들면 조청, 식초, 술같은 경우이다. 이런 재료들은 볶음 요리는 물론 각종 요리에 사용한다.

⑦ 조림

이 요리법은 재료에 물을 넣고 익은 후에도 계속 열을 가해서 한편으로는 수분을 증발시키고, 다른 한편으로는 양념이 재료에 스며들게 하는 조리법이다. 약선에서도 이 방법을 자주 사용한다. 재료에 가미한 약액을 넣고 끓이면 된다. 이 조리법은 비교적 장시간 끓이기 때문에 약액이 재료 푹 스며들 수 있는 장점이 있다. 이 방법은 보(補)하는 식품에 적합한 요리법이다. 그리고 이 방법의 장점은 장시간 끓이다 보니 양념이 농축되어 보존성이 뛰어나다. 쇠고기 장조림시 양념에 한약액을 넣어서 만든다면 그 약액이 쇠고기 스며들기 때문에 기능성 식품이라 할수 있다.

⑧ 장아찌(절임)

장아찌와 절임은 제조와 재료상에 있어 약간 차이는 있다. 그러나 재료를 장기간 보관하기 위하여 혹은 변화를 유도하기 위하여 다른 보료(輔料)에 절여두는 것은 동일하고, 채소나 육류를 소금, 간장, 된장, 고추장, 설탕, 식초, 꿀 등에 절여 숙성시킨 저장 식품이다. 이 음식의 역사도 상당히 오래 되었고, 계절의 기온차가 심한 지역에서 비타민 섭취를 위한 방편으로 많이 사용한 방법이다. 과거에는 단순히 장기간 보관하기 위해서 짠 음식에 절였지만 지금은 효능을 증강 혹은 변화시키기 위해서 약액을 사용하기도 한다.

이 방법은 제조가 간편하고, 보존율이 좋은 장점이 있다.

⑨ 생식

최고 간편한 방법이고, 선조들이 오랫동안 애용해온 방법중의 하나이다. 인삼, 대추, 당귀잎, 마늘, 생강, 방풍, 구기자, 산사, 산약 등 다양한 한방재료를 생식해 왔다. 생식도 장단점이 있는데, 특히 주의해야 할 것은 바로 위생과 독성이다. 한두번의 가공을 거치면 유효율이 감소되기도 하지만 상당부분 독성도 줄어든다. 생식하면 약효는 강할지 모르나 불필요한 독성까지 섭취해야 하는 단점이 있다. 특수한 약효가 있는 한약재를 장기간 대량으로 생식할 경우 필히 개인의 건강상태를 체크후 섭취해야 한다.

2) 한방양념 재료

① 간장

간장은 염분을 섭취하는 한 방법일 뿐만 아니라 요리에 있어 아주 중요한 재료이다. 과거에는 단순히 조미와 간 조절용으로 사용하였지만, 지금은 그 기능을 넘어 기능성 식품으로도 각광을 받고 있다. 일상에서 간장의 사용빈도는 아주 많고, 없어서는 안 되는 식품이다. 사용빈도수가 많으므로 각종 유효물질을 첨가시켜 그 효능을 유지시킬 수 있다.

유효성분을 추가하는 방법은 세 가지가 있다. 첫 번째는 간장 만들때 재료를 넣는 것이고, 두 번째는 간장을 다 만든 후 여과했는 간장에 재료를 넣는 것이고, 마지막은 완성된 간장에 약액을 넣어서 숙성시키는 방법이다. 세 가지 방법중 비교적 안정적이고 간단한 방법은 세 번째 방법이다. 간장은 소금의 농도 높아 부패되지 않기 때문에 장기간 두고 섭취할 수 있는 장점이 있고, 또한 각종 요리에 들어가는 양념이기 때문에 사용하기에 편리하다.

② 된장

된장은 한국의 전통적인 식품이고, 인체에 유익한 각종 영양소를 많이 함유한 아주 우수한 발효식품이다. 된장은 자체를 요리로 사용하기도 하고, 다른 요리의 양념으로 사용하기도 한다. 그리고 각종 채소나 육류를 절이는 데도 사용하기도 한다.

된장은 간장 만들 때 메주를 소금물에 넣어두었다가 꺼낸 것이다. 메주는 콩으로 만든다. 콩을 삶아 으깬 후 짚으로 묶어서 매달아두면 푸른곰팡이가 생기면서 별효된다. 6개월 정도 두었다가 잘 익으면 소금물과 같이 넣어두면 간장이 된다. 간장을 걸러낸 후 남은 메주가 바로 된장이다. 간장 만들 때 약액을 넣어두면 간장도 약간장이 되고, 된장도 약된장이 된다. 그리고 된장에도 약액을 넣거나 아니면 재료를 장아찌처럼 넣어두면 그 성분이 된장에 우러나온다. 다른 한 방법은 된장으로 요리할 때 재료를 직접 넣거나 약액으로 조리하기도 한다.

③ 고추장

고추장도 우리의 대표적인 전통식품중의 하나이다. 고추장의 재료는 고춧가루, 메주분말, 물엿, 찹살가루 등이 필요하다. 상기의 재료를 보면 고추장의 영양학적인 가치를 능히 짐작할 수 있다. 게다가 다른 효능이 있는 약액이나 분말을 첨가하므로 그 효능을 증강시킬 수 있다. 최근에는 각종 보약위주의 한약을 첨가하여 만들기도 한다. 첨가하는 방법은 다양하다. 약액으로 물엿을 만들어 첨가하기도 하고, 분말을 직접 넣기도 한다. 죽염 또한 한방적인 재료에 해당된다고 볼 수 있다.

④ 조청(엿)

엿도 유구한 역사를 가진 먹거리이다. 수분 함유량이 적고 경도가 높은 엿은 간식거리 사용하고, 수분 함유량이 많고 부드러운 엿은 간식은 물론 요리용으로도 많이 사용한다. 엿은 재료에 따라 이름을 달리 하는데 고대로 다양한 재료를 이용하여 엿을 만들었다. 자주 사용한 재료는 곡식은 물론 채소까지 사용하였고, 심지어 꿩고기까지 사용하여 엿을 만들었다.

최근 아이들 간식으로 서양식 과자가 주류를 이루고 있지만 엿에 비하면 그 가치가 낮다고 생각한다. 엿은 순수한 곡식으로 만든 당이고, 다른 화학적인 첨가물이나 색소가 들어가지 않아 인체에 무해하다고 볼 수 있다. 특히 다양한 약재뿐만 아니라 과일, 채소, 육류까지 넣어서 만들 수도 있고, 더군다나 실온에서 장기간 두어도 상하지 않는 장점이 있다.

⑤ 소금

소금은 인간에게 있어 필수적인 물질이다. 과거에는 단순히 짠맛을 섭취하기 위해서 소금을 사용하는데, 지금은 소금에 다양한 한방재료를 넣어 변화를 추구하고 있고, 용도도 식용에서 외용으로 다양하다. 최근에 시중에 판매중인 한방소금, 죽염, 구운 소금은 대중들에게 인기를 얻고 있다.

3) 기타 기호식

① 감주(단술)

감주는 우리 선조들이 만들어 먹던 최고의 기호식품이 아닐지 모르겠다. 만들기도 간편하고, 또한 기타 약선재료를 넣어서 가미할 수 있어 훌륭한 기능성 식품으로도 각광을 받았다. 지금은 각종 가전제품이 발달하여 만들기가 훨씬 수월하고, 보존하기도 용이하다.

그리고 감주는 맛이 달기 때문에 식사대용으로도 섭취할 수 있고, 쓴 약을 싫어하는 아이들에게 약을 먹이기 위한 방법으로도 사용할 수 있다.

우리 선조들이 즐겨 만들어 먹은 감주의 종류는 아주 다양하다. 아무것도 넣지 않은 것에서 채소에서 약재까지 넣어 만든 감주가 있었는데, 예를 들면 고추감주, 생강감주, 인삼감주 등 아주 다양하다. 기호식으로 먹는 것에서부터 특정한 목적을 가지고 섭취한 기능성 감주까지 있었고, 보약에서 위장병, 감기 등에 효능이 있는 치료적인 부분까지 응용하였다.

② 술

인간이 만든 식품중에서 일상에 최대 많은 영향을 끼친 것은 술이 아닐지 모르겠다. 술은 우리나라뿐만 아니라 전세계에 다 있는 음식이다.

술은 지역의 환경적, 자연적, 문화적 특성에 따라 발전하였다. 고대 우리나라에서는 약주라는 단어를 사용하였다. 이 약주에 대해서는 여러 가지 학설이 있지만, 이유야 어째든 술이 인체에 의학적인 변화를 주기 때문에 붙이지 않았을까 생각한다. 그리고 〈고려도경〉이나 〈규합총서〉에 보면 약주에 대해서 잘 나와 있고, 특히 〈규합총서〉에는 구기자주, 오가피주, 복사꽃술, 연잎술, 진달래술, 소국주, 과하주 등 각종 약주에 대해서 수록되어 있다. 이것만 보더라도 우리의 선조들이 약주를 얼마나 즐겼는지 알 수 있다.

약주를 만드는 방법은 두 가지가 있다. 하나는 막걸리 형식이고, 다른 하나는 소주에 약재를 넣어서 우려내는 방법이다. 또한 막걸리 형식은 두 가지가 있는데, 하나는 술 만들 때 약재나 약액을 넣는 것이고, 다른 하나는 막걸리가 다 된 상태에서 약액을 넣는 것이다. 그리고 막걸리 형태로 섭취하기도 하지만 술을 걸러 청주 형식으로 만들기도 한다. 막걸리는 보존성이 떨어지지만 소주나 청주형식은 보존성이 좋다.

약주는 확산이 빠르고, 순환을 좋게 하는 장점이 있는 반면 대량으로 장기간 섭취하면 간기능이 나빠져서 간경변 등의 질병을 초래할 수 있는 단점도 있다.

③ 차(茶)

한방차의 역사는 아주 유구하고, 종류도 다양하다. 처음에는 녹차 위주로 복용하였는데, 그후부터는 한약을 단방(單方)으로 복용하였고, 나중에는 복방(複方)으로 복용하였다. 방제학을 보면 상당부분의 처방이 식품으로 구성되었고, 과거 선비들은 스스로 의학을 배웠고, 처방도 스스로 하였다. 지금은 다양한 제품이 개발되어 시중에 판매중이고, 전세계적으로 각종 기능성 건강차가 개발되어 판매중이다.

④ 사탕

과거에는 간식거리의 종류가 한정되어 있었고, 종류도 많지 않았지만 지금은 정말 다양하다. 최근 들어 각종 생약성분을 사탕으로 만들어 판매하고 있다. 인삼사탕, 박하사탕, 계피사탕 등이 대표적인 제품이다. 지금 시중에 판매중인 제품들은 기능성보다는 기호식으로 제조한 것들이 대부분이다. 앞으로는 다양하게 연구하여 기능성으로 전환한다면 국민의 건강증진은 물론 국익에도 도움이 될 것으로 사료된다.

⑤ 떡, 한과

떡과 한과도 우리조상들이 대대로 만들어 먹던 음식으로 유구한 역사를 가진 음식이다. 둘다 종류가 다양할 뿐만 아니라 지역에 따라 그 재료와 만드는 법이 다 다르다. 고대에도 떡과 한과에 한약재를 넣어 만들기도 하였지만 최근 들어 이 분야를 연구하는 학자들이 많고, 제품의 종류도 날로 늘어가고 있다. 제조시 약분말을 넣기도 하고, 약액을 혼합해서 만들기도 한다. 식품에 생약의 분말을 직접 넣는 것은 좋은 방법이 아니다. 가공을 한 단계 더 거친 약액은 비교적 위생적이고 안전적이다.

⑥ 잼

잼이 우리나라에 들어온 지 그리 오래되지 않았다. 그러나 우리 선조들은 고대로 조청이나 물엿을 잼 대용으로 사용하였다. 최근 설탕의 발명으로 각종 과일잼을 간편하게 생산하고 있는데 설탕은 건강에 그리 좋은 식품은 아니다. 인공적인 당분을 사용하지 않은 순수한 곡식으로 만든 자연당인 조청이나 물엿의 영양학적인 가치는 더 높다고 볼 수 있다.
최근에는 과일잼에 설탕을 사용하지 않고 조청을 사용하는 상품이 늘어나고 있는 실정이다. 그리고 인삼이나 각종 과일성 한약재를 담글 때도 조청을 사용하기도 한다. 잼에도 한약재를 첨가한다면 그 효능이 한층 더 증강될 것이다.

⑦ 즙

즙은 최고 간편한 섭생법으로 신선한 것은 녹즙기로 갈아서 즙을 복용하면 된다. 최근 믹스기의 발달로 건강식의 재료인 곡식 혹은 약초, 채소, 과일, 견과류 등을 갈아서 복용한다. 단일 품목을 복용하기도 하고, 여기가지 혼합해서 복용하기도 한다.

그러나 생약의 즙을 바로 짜서 복용하는 방법은 안전성이나 위생상에 있어 좋은 방법은 아니다. 생약안에는 다양한 성분이 함유되어 있고, 또한 여러 가지 생약을 혼합하면 화학성분간의 충돌로 성분이 변형될수 있다. 검증되지 않은 생약을 함부로 섭취하는 것은 자칫 큰 화를 불러 일으킬수 있음을 유념하기 바란다.

4 한방재료에 대한 이해

한의학적인 이론 근거와 한방재료를 이용하여 만든 음식을 한방식품이라 한다. 한의학적인 이론 근거는 상기의 음양오행과 장상(臟象)의 생 · 병리적인 내용을 말하고, 한방재료는 일반적으로 식물의 뿌리, 잎, 껍질, 과실을 많이 사용한다. 한방식품의 기원은 수 천년 전으로 추정하고 음식의 종류도 다양하다. 환자의 병리적인 상황과 기타 가정적 혹은 사회적 환경을 고려하여 제형(製形)을 선택했을 것이다. 급성병이고 위독하면 탕약으로 많이 선택했을 것이고, 오랜된 만성병으로 그리 위독하지 않으면 죽(粥)이나 차로 섭취를 많이 했을 것이다. 그리고 환자가

술을 마실 수 있다면 약주로 만들어서 섭취하고, 술을 못마신다면 감주나 조청으로 선택 했을 것이다.

한방적인 재료는 한편으로 약으로 사용하고, 한편으로는 식품으로 사용해 왔고, 식용해 온 모든 재료들은 한의약적으로 성질을 분류하였고, 또한 효능도 인식하였다. 그 시대에 인식한 모든 이론들이 다 맞는 것은 아니지만 상당부분은 현대 과학에서도 동일시 하고 있고, 나름대로 의미가 있으므로 참고 해 볼 가치가 있다.

아래의 내용들은 본초학에 관한 내용들이다. 고대의 본초학 책에 보면 각종 동 · 식물에 대하여 상세히 기록이 되어 있다. 이 중에는 약에 해당되는 것도 있지만 식품에 해당되는 것들도 많이 있다. 그래서 이 책에는 각종 식품에 대한 기본적인 성질과 효능에 대해서 본초학 내용을 따르기로 하였다.

1) 한방재료의 성능(性能)

한약을 치료에 응용하려고 성질, 맛 등을 세분화하였다. 성(性), 미(味), 귀경(歸經), 승강부침(昇降浮沈), 유독(有毒), 무독(無毒) 등인데, 이것들을 각종 재료의 성능(性能)이라 한다. 이것은 본초학에 나오는 내용이지만 한방식품도 특수한 효능을 목적으로 하고, 동일한 재료를 사용하기 때문에 이 이론을 근거하면 더 효능을 높일 것으로 생각한다.

(1) 사기(四氣)와 오미(五味)

① 사기(四氣)

한(寒) · 열(熱), 온(溫) · 량(凉), 4종의 약성(藥性)을 사기(四氣)라고 불렀다. 온(溫)과 열(熱), 그리고 한(寒)과 량(凉)은 같은 성질이고, 정도의 차이일 뿐이다. 온은 열보다 약하고, 량은 한보다 약하다. 약의 한 · 열, 온 · 량이라는 것은 인체에 작용하여 발생하는 반응을 나타내는 것을 말하는 것이다. 그 반응을 질병에 응용하는데 증상이 차면 더운 성질의 재료를 이용하고, 증상에 열이 있으면 찬 성질의 재료를 사용한다. 〈신농본초경 (神農本草經)〉은 "한(寒)을 치료할 때에는 열약(熱藥)으로, 열(熱)을 치료할 때에는 한(寒)한 약으로 한다" 라고 하였고, 〈소문지진요대론(素問至眞要大論)〉에서는 "한자열지, 열자한지(寒者熱之, 熱者寒之)"라고 하였는데 이것은 한약 사용의 기본적인 규율인 것이다. 그 외에 평성(平性)의 약이 있는데 약성의 한열이 뚜렷하지 않은 재료를 가리킨다.

② 오미(五味)

오미 (五味)란 다섯 종류, 즉 신(辛) · 감(甘) · 산(酸) · 고(苦) · 함(鹹)한 맛을 말한다. 듬듬한 맛이나 떫은 맛도 있지만, 오미와 유사하고, 기본적인 맛이 다섯 가지이기 때문에 여전히 오미(五味)라고 부른다. 맛에 따라 작용이 다르고, 맛이 같은 약재는 그 작용이 서로 비슷하거나 공통점이 있다. 맛을 음양으로 구분하는데 신(辛) · 감(甘) · 담(淡)은 양(陽)에 속하고, 산(酸) · 고(苦) · 함(鹹)은 음(陰)에 속한다.

- **신(辛):** 발산(發散) · 행기(行氣: 기를 돌림) · 행혈(行血: 혈액을 순환시킴)의 작용이 있다. 일반적으로 표증(表證)을 치료하는 약재로서 자소, 생강, 파, 박하 등이 있고, 기혈어체(氣血瘀滯: 기와 혈이 막힘)를 치료하는 약재로는 목향, 홍화 등이 있는데 모두 매운 맛을 가지고 있다.

- **감(甘):** 보익(補益) · 화중(和中: 비위를 편안케 함) · 완급(緩急: 급한 증상을 완화시킴) 등의 작용이 있으며, 일반적으로 허증을 치료하는 약재

로는 당삼, 대조 등이 있고, 구급통증(拘急疼痛)을 완화시키고, 약과 조화시키는 약재는 이당(飴糖), 감초(甘草) 등이 있고, 단맛은 그 성질이 윤(潤)하여 자조(滋燥: 건조한 증상을 축축하게 함)하는 작용이 있다.

산(酸) : 수렴(收斂) · 고삽(固澀)의 작용이 있다. 신맛을 가진 약재는 식은땀, 설사 등의 병증에 사용하는데 산수유, 오미자, 오매 등이 대표적인 것이다.

삽(澁) : 산미약(酸味藥)과 작용이 비슷하다. 대부분 허한(虛汗), 설사, 빈뇨, 정액누설, 출혈 등의 병증을 치료하는데 사용한다.

고(苦) : 설(泄), 조(燥) 작용이 있다. 설(泄)은 세가지 뜻이 있다. 통설(通泄)이 가리키는 것은 대황으로 열성변비를 통하게 하는 것을 의미하고, 강설(降泄)은 행인으로 폐기상역(肺氣上逆: 폐기가 위로 올라감)의 천식, 기침에 사용하는 것이고, 청설(淸泄)은 치자로 열이 심한 심번(心煩: 가슴답답함)에 사용하는 것을 말한다.

조(燥)는 습증(濕證)에 사용하는 것을 말한다. 습증(濕證)에는 한습(寒濕)과 습열(濕熱)이 있다. 약재의 성질이 따뜻하면서 쓴 것은 한습(寒濕)에 사용하고, 차면서 쓴 약재는 습열(濕熱)에 사용한다. 또한 쓴맛은 음액을 지키는 작용이 있다.

함(鹹) : 이 맛의 약재는 연견산결(軟堅散結: 딱딱한 것을 풀어줌) · 사하(瀉下: 아래로 내림)의 작용이 있다. 대부분 갑상선비대, 임파선 종대, 열이 뭉친 변비 등의 병증에 사용한다. 연견산결(軟堅散結)의 대표적인 약재는 와릉자이고, 사하(瀉下)의 대표적인 약재는 망초이다.

담(淡) : 삼습(滲濕: 습을 투과시킴) · 이뇨 작용이 있어 수종, 배뇨장애 등을 치료하는데 사용하고, 대표적인 약재는 저령, 복령 등이 있다.

약의 성질과 맛은 반드시 일치하는 것은 아니다. 맵다고 다 더운약은 아니고, 쓰다고 다 찬 약은 아니므로 약의 효능을 잘 알고 사용해야 한다.

2) 승, 강, 부, 침(昇, 降, 浮, 沈)

각종 질병 증상의 형태를 향상(向上), 향하(向下), 향외(向外), 향내(向內) 4가지로 표현한다. 각 형태별로 관련 증상을 알아보면 아래와 같다.

- **향상(向上)** : 구토, 기침, 천식
- **향하(向下)** : 설사, 자궁이상 출혈, 탈항 등
- **향외(向外)** : 자한(自汗: 활동 후 흘리는 땀), 도한(盜汗: 수면 후 흘리는 식은땀) 등
- **향내(向內)** : 표증(表證)이 해결되지 않고 안으로 들어가는 것

약재도 승, 강, 부, 침의 작용이 있다. 승(昇)과 강(降), 부(浮)와 침(沈)은 상대적인 것인데, 승(昇)은 상승(上昇)을 말하며, 강(降)은 하강(下降)을 말하고, 부(浮)는 발산(發散)한다는 뜻이고, 침(沈)은 가라앉는 작용을 의미하는 것이다. 이 작용을 질병 치료에 응용하는데 질병이 상승하면 침강하는 약재를 사용하고, 증상이 침강하면 약재는 상승시키는 것을 사용한다. 두 가지 작용을 구체적으로 알아보면 아래와 같다.

① 승부약의 작용

- **승양발표**(昇陽發表: 양기를 끌어 올리고, 표를 발산 시킴)
- **거풍산한**(祛風散寒: 바람과 찬 기운을 없앰)
- **용토**(涌吐: 토하게 함)

개규(開竅: 뇌 부위의 막힌 것을 통하게 함)

② 침강약의 작용

청열사하(淸熱瀉下: 열을 없애고 대변을 통하게 함)

이뇨삼습(利尿滲濕: 습을 없애고 소변을 통하게 함)

중진안신(重鎭安神: 마음을 안정시킴)

잠양식풍(潛陽息風: 올라간 양기를 내리고 바람을 잠 재움)

소도적체(消導積滯: 소화기가 막힌 것을 뚫어주고 소화시킴)

강역(降逆: 위로 올라간 것을 아래로 내림)

수렴(收斂: 새는 것을 막아 줌)

지해평천(止咳平喘: 기침과 천식을 누그러뜨림)

그러나 일부 약재들은 승강부침(昇降浮沈)의 성능이 명확하지 않거나 두 가지 성질을 가지고 있으나 이러한 경우는 적다.

약재의 승강부침(昇降浮沈)과 성미(性味)는 밀접한 관계이며, 승부(昇浮)할 수 있는 약재들은 대부분 신(辛), 감(甘)의 맛과 온열(溫熱)한 성질을 띠고 있고, 침강(沈降)할 수 있는 약재들은 대부분 산(酸), 고(苦), 함(鹹), 삽(澁)의 맛과 찬 성질을 지니고 있다.

그 외에 약의 승(昇), 강(降), 부(浮), 침(沈)은 가공과 포제(炮製), 처방에 따라 달라 질수 있다. 포제시 술에 넣으면 성(性)은 상승하게 되고, 생강즙에 볶으면 성질이 발산하게 되고, 식초에 볶으면 수렴하게 되고, 소금물에 볶으면 아래로 내려가는 성질을 갖게 된다.

3) 귀경(歸經)

귀경이란 약재가 인체의 어느 특정 장기에 선택적으로 들어가는 작용을 말한다.

예를 들면 동일한 해열작용이 있더라도 폐에서는 작용이 현저하나 간이나 기타 다른 장기에서는 작용이 미비한 것을 의미한다. 이 이론은 고대에 인식한 것이지만 현대에서는 인정받지 못하는 편이고, 각종 실험에서 그 작용이 현저하지 않은 것으로 밝혀졌다.

4) 약재의 응용

한방약재의 용법에는 배합금지, 사용금지, 용량, 복용방법 등 몇 가지 주요한 내용들을 포함하고 있다. 이러한 약재의 지식과 방법을 파악하고, 병의 상태를 정확히 알아야 그 효능을 충분히 발휘할 수 있고, 또한 약재를 안전하게 사용할 수 있다.

(1) 배오(配伍: 배합)

증상이 간단하면 단방으로 치료가 가능하지만 복잡하면 단방으로는 효능이 저조하다. 두 가지 약을 배합할 시 적절한 선택방법이 바로 배오이고, 옛날 사람들은 배합관계를 7가지로 총결(總結)하였는데 이를 약물의 칠정 (七情)이라 하였다. 그중 단행(單行)을 제외하고 6가지는 상용한다.

두 가지 이상의 약재 사용시 약재와 약재간의 상호작용으로 일부 약재는 원래 가지고 있던 효능이 증가되거나 감소되기도 하고, 일부 약재는 독성과 강한 자극이 경감되고, 일부 약재는 독성 혹은 부작용이 발생한다. 그 내용들을 구체적으로 알아보면 아래와 같다.

① 상수(相須)

성능과 효능이 유사한 약재들을 배합하면 본래의 치료효과가 증강되는 경우를 말한다. 예를 들면 황기와 백출을 동시에 사용하여 보중익기(補中益氣: 기와 비위를 보함)의 효능이 증강되는 것을 말한다.

② 상사(相使)

성능과 효능이 비슷한 성질의 약재들을 배합하여 응용하는 것을 말하는데 한 가지 약재를 주약(主藥)으로 하고, 기타 약재를 보조로 하여 배합했을 때 주약의 치료효과를 높일 수 있는 경우이다. 예를 들면 보기이수(補氣利水: 기를 보하고 이뇨시킴)하는 황기와 이수건비(利水健脾: 이뇨시키면서 비장을 튼튼하게 함)하는 복령을 배합하면 복령이 황기의 보기이수(補氣利水) 작용을 증강시킨다.

③ 상외(相畏)

한 가지 약재의 독성 반응이나 혹은 부작용이 다른 약재에 의해 감소되거나 소실될 수 있는 것을 말한다. 생반하와 생남성의 독성이 생강 때문에 감소되거나 제거될 수 있으므로 생반하와 생남성은 생강을 외(畏)한다고 한다.

④ 상쇄(相殺)

한 가지 약재가 다른 종류 약재의 독성 혹은 부작용을 감소시키거나 제거할 수 있는 것을 말한다. 즉, 생강은 생반하와 생남성의 독성 혹은 부작용을 감소시키거나 제거할 수 있어 생강은 생남성과 생반하의 독을 쇄(殺)한다고 말한다. 여기에서 알 수 있는 것은 상외(相畏)와 상쇄(相殺)는 동일한 배오관계이다. 상외는 피동이고, 상쇄는 주동이다.

⑤ 상오(相惡)

두 가지 약재를 배합하면 하나의 약재가 다른 종류의 약재와 작용하여 원래의 효능이 저하되거나, 심하면 상실되는 것을 말한다. 인삼은 라복자를 오(惡)하는데 그 이유는 라복자가 인삼의 보기(補氣) 작용을 약화시키기 때문이다.

⑥ 상반(相反)

두 가지 약재를 배합했을 때 독성반응이나 부작용을 일으킬 수 있는 경우를 말한다. 고대에는 이것을 "십팔반(十八反)", "십구외(十九畏)"라 하였다. 이 약재들은 대부분이 독성이 있는 약들이기 때문에 식품으로는 사용하지 않는다.

5) 한방재료의 채집

한방약재는 대부분이 식물을 사용하고, 부위는 뿌리(根), 줄기(梗), 잎(葉), 꽃(花), 과실(子), 껍질(皮), 종자(子, 仁), 과육(肉)이다. 부위마다 성분이 다르고 계절에 따라서도 성분이 달라질 수 있다. 효능을 최대로 하기 위해서는 식물의 종류와 부위에 따라 달리 채집해야 한다. 식물의 각 부위별 채집시기를 보면

① **식물 전체**: 식물이 충분히 자라거나 개화시기에 채집을 하고 뿌리에 가까운 지상부위를 잘라서 사용한다.

② **잎**: 최고의 성장기에 해당되는 꽃이 피기 시작할 때 채집한다.

③ **꽃**: 피기 시작할 때 채집을 한다. 시간을 너무 지체하면 꽃잎이 떨어지거나 색이 탈색되고 성분의 변화가 있을 수 있다. 금은화같은 꽃은 피기 전에 꽃봉오리를 채집하고, 홍화는 황색에서 귤색으로 바뀌면 채집한다.

④ **과실**: 과실은 성숙한 후에 채집을 한다(탱자, 청피, 오매는 미성숙시 채집).

⑤ **종자**: 과육이 성숙하면 채집하여 종자를 꺼집어 내고, 종자가 작은 것은 땅에 떨어지면 모으기가 힘들기 때문에 땅에 떨어지기 전에 채집한다.

⑥ **뿌리**: 늦가을이나, 겨울, 초봄에 채집을 한다.

⑦ **껍질**: 봄이나 성장이 왕성한 시기에 채집을 한다. 그때 채집해야 수분이 올라가서 벗기기가 용이하고 약효가 있다. 어떤 것은 가을에 채집하기도 한다.

4) 한방재료의 복용 방법과 용량

한방약재의 복용시 목적에 따라 용량, 제형, 방법, 횟수 등이 달라질 수 있다. 기호로 복용시에는 1회에 대량으로 복용하지 않지만 특수한 효능을 목적으로 복용한다면 어떤 제형이든 일정용량을 복용해야 효능을 낼 수 있다. 아래의 복용법은 탕약으로 복용하는 것을 기준으로 한 것이다.

(1) 복용방법

① **복용온도**: 특수한 목적을 제외하고는 따뜻하게 복용하는 것이 좋다. 차게 복용하면 흡수시간이 늦어질수 있고 흡수방해로 설사를 할 수도 있다.

② **복용시간**: 일반적으로 보약은 식전에 복용하고, 구충약과 사하약(瀉下藥)은 대부분 공복에 복용한다. 건위약(健胃藥)과 위장 자극성

이 강한 약재는 식후에 복용한다. 기타 수면제 같은 약재는 수면전에 복용해야 하고, 이뇨성분이 많은 약재나 산성(酸性)성분이 많은 약재를 저녁에 복용하면 수면방해나 위장통증을 초래할 수 있다.

③ **복용횟수**: 일반적으로 1첩을 1일 3회로 복용한다. 경미한 증상에는 1일 1-2첩, 중증(重症)에는 1일 2-4첩까지 복용할 수도 있다. 그리고 증상과 약의 농도에 따라 달라질 수도 있고, 설사나 발한(發汗)하는 약재들은 자주 복용해서는 안 된다.

(2) 복용용량

증상에 따라 약재를 가감(加減)하여 약을 만들고 일반적으로 상용범위 내에서 사용하고 사람의 체질, 나이, 증상에 따라 약재의 양(量)을 구분해야 한다. 성인과 어린이, 마른사람과 뚱뚱한 사람, 건강한 사람과 허약한 사람, 증상이 중(重)한 사람과 가벼운 사람을 구별해서 용량을 정하고, 그리고 생리중인 여자, 임신중인 여자는 신중을 기해야 할 것이다.

제 3 장

한방식품 재료

1. 곡식류
2. 과일류
3. 채소류
4. 육류
5. 어패류
6. 견과류

1 곡식류

소맥(小麥: 밀)

약재의 기원 벼과에 속한 밀의 종자이다.

성미와 귀경 감(甘) · 량(凉)하고, 심(心), 비(脾), 신(腎)에 들어간다.

효능과 응용

1. 양심건비(養心健脾)—여성 히스테리(臟躁), 정신불안
2. 제번지갈(除煩止渴)—구강건조
3. 배뇨—배뇨장애

경험방

1. 신선한 소맥 추출물에는 고단백질, 고섬유소, 불포화지방산, 각종 비타민 등을 함유하고 있고, 이 물질은 인슐린 합성에 필요한 성분이다. 2형 당뇨병 환자 53명에게 보조 치료제로 사용한 결과 현저한 효과가 39.6%였고, 총유효율은 98.1%였다.

소맥의 성분표(100g당)

성분	함량	성분	함량	성분	함량
단백질(g)	12.0	비타민B_2(mg)	0.14	아연(mg)	3.51
섬유질(g)	10.2	비타민E(mg)	1.91	구리(mg)	0.34
당류(g)	76.1	나트륨(mg)	107.4	인(mg)	436
회분(g)	1.7	철(mg)	5.9	셀렌(ug)	4.05
비타민B1(mg)	0.48	망간(mg)	3.49		

2. 과도한 사고(思考)나 장의 음액이 부족하여 발생한 정신불안, 불면증 등의 증상과 갱년기 장애 등의 병증에 소맥10g, 감초10g, 대추30g을 탕액으로 복용한다.

대맥(大麥: 보리)

약재의 기원 벼과에 속한 보리의 종자이다.

성미와 귀경 감(甘)·함(鹹)·량(凉)하고, 비·위·방광에 들어간다.

효능과 응용

1. 보비화위(補脾和胃)－비위허약으로 인한 식욕부진, 설사
2. 제번지갈(除煩止渴)－번열(煩熱), 구강건조, 소갈증
3. 관장이수(寬腸利水)－배뇨장애, 수종
4. 기타－화상(火傷)

경험방

1. 대맥에는 α, β－아밀라제 성분이 있어 전분을 맥아당과 덱스트린으로 분해한다. 대맥은 실험에서 인간 위장의 위산과 펩신을 경미하게 촉진시켰다.
2. 대맥 침출액을 토끼와 정상인에게 내복시킨 결과 혈당이 하강하였고, 5%의 주사약을 만들어 토끼에게 200mg을 주사한 결과 혈당이 40%하강하였고, 지속시간은 7시간이었다.
3. 급작스럽게 배뇨장애와 배뇨통증이 있으며 소변이 황색이면 대

맥100g을 수전한 후 생강즙, 꿀을 각 1술 첨가하여 식전에 3회로 나누어 복용한다.

대맥의 성분표(100g당)

성분	함량	성분	함량	성분	함량
수분(g)	13.1	비타민B_1(mg)	0.43	마그네슘(mg)	158
단백질(g)	10.2	비타민B_2(mg)	0.14	망간(mg)	1.23
지방(g)	1.4	비타민B_3(mg)	3.9	아연(mg)	4.36
섬유질(g)	9.9	비타민E(mg)	1.23	구리(mg)	0.63
당류(g)	63.4	칼륨(mg)	49	인(mg)	381
회분(g)	2.0	칼슘(mg)	66	셀렌(ug)	9.80

찹쌀

약재의 기원 벼과에 속한 찰벼의 종자이다. 강미(江米), 나미(糯米)라고도 한다.

성미 감(甘) · 평(平)하고, 비 · 위 · 간에 들어간다.

효능과 응용

1. 보비위(補脾胃)-비위허약으로 인한 피로, 신체허약, 소화불량, 설사증
2. 익폐기(益肺氣)-폐기부족으로 인한 자한, 기침, 호흡무력

경험방

1. 비위허약성 만성설사

방약: 나미500g을 하루동안 물에 담가 두었다가 건져서 건조 후 약한 불로 서서히 볶아서 산약분말50g에 혼합한다. 매회 15~30g을 설탕으로 가미하여 복용한다.

2. 기허성 자한증

방약: 나미15g, 밀기울15g을 볶은 후 분말로 만들어 매회10g을 쌀미음으로 복용한다.

3. 위음(胃陰) 부족성 구강건조

방약: 나미분말30g, 꿀30g을 물에 혼합해서 죽으로 만들어 복용한다.

용법용량 죽으로도 사용하고, 환약이나 산제로도 사용한다.

주의사항 염소를 많이 함유한 수돗물로 밥을 짓지 않는다. 염소냄새가 강하면 물을 끓여서 염소성분을 휘발시킨 물로 밥을 짓는다.

찹쌀의 성분표(100g당)

성분	함량	성분	함량	성분	함량
수분(g)	14.2	비타민B_3(mg)	1.9	Fe(mg)	0.8
단백질(g)	9.0	비타민E(mg)	0.93	Mn(mg)	0.86
지방(g)	1.0	K(mg)	136	Zn(mg)	1.2
회분(g)	0.5	Na(mg)	1.2	Cu(mg)	0.25
비타민B_1(mg)	0.1	Ca(mg)	8	P(mg)	48
비타민B_2(mg)	0.03	Mg(mg)	50	Se(ug)	2.80
식이섬유(g)	0.6	당분(g)	74.7		

흑두(黑豆)

약재의 기원 콩과에 속하는 껍질이 검은 콩을 말한다.

성미와 귀경 감(甘) · 평(平)하고, 비 · 신장에 들어간다.

효능과 응용

1. 활혈이뇨(活血利尿)-수종창만(水腫脹滿)
2. 거풍해독(祛風解毒)-황달부종, 산후풍
3. 보신양간(補腎養肝)-소갈증, 요통, 어지러움, 이명, 시력부족

경험방

1. 신체부종: 흑두500g에 물2500ml를 넣고 1500ml로 수전한 후 술2500ml를 첨가하여 다시 1500ml로 수전해서 3회로 나누어 복용한다.
2. 폐경: 흑두30g, 홍화6g을 수전 후 홍탕(紅糖)60~90g을 첨가하여 온복(溫服)한다.

흑두의 성분(100g당)

성분	함량	성분	함량	성분	함량
열량(KJ)	1594	비타민A(ug)	5	칼슘(mg)	224
수분(g)	9.9	비타민B_1(mg)	0.20	마그네슘(mg)	243
단백질(g)	36.1	비타민B_2(mg)	0.33	철분(mg)	7
지방(g)	15.9	비타민P(mg)	2.0	망간(mg)	2.83
섬유질(g)	10.2	비타민C(mg)	-	구리(mg)	1.56
당분(g)	23.3	비타민E(mg)	17.36	Zn(mg)	4.18
회분(g)	4.6	칼륨(mg)	1377	인(mg)	500
카로틴(ug)	30	Na(mg)	3.0	Se(ug)	6.79

교맥(메밀)

약재의 기원 마디풀과에 속하는 1년생 식물인 메밀의 종자이다.

성미와 귀경 감(甘) · 량(凉)하고, 비 · 위 · 대장에 들어간다.

효능과 응용

1. 개위관장(開胃寬腸)－식욕부진, 소화불량
2. 하기소적(下氣消積)－복부팽만
3. 기타－단독

경험방

1. 교맥추출물을 토끼에게 투여한 결과 지질 산화물질의 생성을 감소시켰다.
2. 교맥분말은 빈혈을 억제시키는 작용이 있었다.
3. 외상성 출혈에 교맥잎을 찧어서 붙인다.
4. 루틴성분이 있어 고혈압 환자에게 장기간 교맥을 복용시키면 뇌출혈을 감소시킬수 있고, 모세혈관을 튼튼하게 해서 심장병과 고혈압을 예방한다.
5. 이뇨작용이 있어 노폐물을 배출한다.
6. 섬유질이 많으며 성질이 차기 때문에 열성변비와 치질에 양호한 효능이 있다.

고량(수수)

약재의 기원 벼과에 속한 수수의 종자이다.

성미와 귀경 감(甘) · 삽(澁) · 온(溫)하고, 비 · 위에 들어간다.

효능과 응용

1. 건비온중(健脾溫中)-비위허약성 식욕부진 및 설사
2. 고장위(固腸胃)-설사
3. 삼습지리(滲濕止痢)-이질

경험방

1. 고량(炒)60g, 대추10개(종자제거)를 분말로 만들어 매회6~12g을 온수로 복용하고, 비위허약으로 인한 식욕부진, 설사 등의 병증에 사용한다.
2. 고량30g, 의이인15g, 차전자15g을 수전하여 탕약으로 복용하고, 비위허약으로 인한 설사에 복용한다.

고량의 성분표(100g당)

성분	함량	성분	함량	성분	함량
수분(g)	15.0	섬유(g)	0.6	비타민B_1(mg)	0.36
단백질(g)	7.9	회분(g)	1.3	비타민B_3(mg)	4.1
지방(g)	4.5	칼슘(mg)	7		
당류(g)	70.7	인(mg)	188		
열량(kc)	1485.3	철(mg)	4.1		

옥미(玉米: 옥수수)

약재의 기원 벼과에 속한 옥수수의 종자이다. 원재료를 주식으로 사용하기도 하고, 분말을 떡이나 빵으로 만들어 먹기도 한다. 혹은 볶아서 차 형식으로도 복용한다.

성미와 귀경 감(甘) · 평(平)하고, 비 · 방광에 들어간다.

효능과 응용

1. 건위화중(健胃和中) : 비위허약성 식욕부진
2. 통리소변(通利小便) : 배뇨장애, 수종
3. 기타 : 고지질혈증, 심장병

옥수수의 성분표(100g당)

성분	함량	성분	함량	성분	함량
수분(g)	13.2	비타민B_2(mg)	0.13	망간(mg)	0.48
단백질(g)	8.7	비타민B_3(mg)	2.5	아연(mg)	1.70
지방(g)	3.8	비타민E(mg)	3.89	구리(mg)	0.25
섬유질(g)	6.4	칼륨(mg)	300	인(mg)	218
당류(g)	66.6	나트륨(mg)	3.3	셀륨(mg)	3.52
회분(g)	1.3	칼슘(mg)	14	베타-카로틴(ug)	17
카로틴(ug)	100	마그네슘(mg)	96		
비타민B_1(mg)	0.21	철(mg)	2.4		

경험방

1. 옥미30g, 천사리(天賜梨:Rosa roxbunghii)15g을 수전하여 차

대용으로 복용하여 소화불량, 식욕부진, 설사 등의 병증을 치료한다.

2. 옥미30g, 옥미수15g을 수전하여 만성신장염으로 인한 수종에 차 대용으로 복용한다.
3. 고지질혈증, 고혈압, 심장병 등의 병증에 옥수수분말 30~60g을 물에 넣고 죽으로 만든 후 참기름, 생강, 파, 소금으로 가미하여 복용한다.

2 과일류

사과

약재의 기원 장미과에 속하는 사과나무속의 열매이다. 신선한 것을 생식하거나 즙을 내서 먹기도 하고, 혹은 삶아서 먹거나 썰어서 건조하여 먹기도 한다.

성미와 귀경 감(甘)·량(凉)·평(平)하고, 비(脾)·신장에 귀경한다.

효능과 응용

1. 윤폐생진(潤肺生津)-폐의 음액 부족으로 인한 마른 기침
2. 해서제번(解暑除煩)-소갈증
3. 개위(開胃)-식욕부진, 복부팽만
4. 알콜해독

경험방

1. 유, 소아의 소화불량에 사과즙을 복용시킨다.
2. 노인성 변비에 저녁식후에 1개 복용한다.
3. 부종, 고혈압에 매일 1개 복용한다.
4. 기관지염, 대량가래, 가슴이 답답할 때에 오후에 1~2개 복용하면 윤폐관흉(潤肺寬胸)의 효능이 있다.
5. 경미한 설사에 사과분말10g을 온수로 복용한다.
6. 기침: 껍질을 제거한 사과1개, 배1개에 진피, 설탕을 소량 배합하여 탕액으로 복용한다.
7. 사과, 산약, 설탕을 배합하여 산제로 만들어 복용하면 소화불량, 식욕부진, 비위허약에 효능이 있다.
8. 사과의 껍질에 있는 팩틴이라는 성분은 항콜레스트롤 효능이 있어 심혈관을 튼튼하게 해주고, 또한 칼륨은 동맥경화를 예방하고, 혈압을 하강시키는 작용이 있다.

사과의 성분(100g당)

성분	함량	성분	함량	성분	함량
수분(g)	84.0	섬유소(g)	1.0	카로틴(mg)	0.08
단백질(g)	0.2	회분(g)	0.2	비타민B_1(mg)	0.01
지방(g)	0.1	칼슘(mg)	11.0	비타민B_2(mg)	0.01
당분(g)	15.0	인(mg)	9.0	비타민B_3(mg)	0.1
열량(kj)	259.4	철분(mg)	0.3	비타민C(mg)	5.0

배

약재의 기원 장미과에 속하는 배나무속의 열매이다. 신선한 열매를 생식하거나 즙을 내서 복용하기도 하고, 혹은 수전하여 복용하기도 한다.

성미와 귀경 감(甘) · 미산(微酸) · 미한(微寒)하고, 폐 · 위장에 들어간다.

효능과 응용

1. 생진윤조(生津潤燥)-열병으로 진액이 고갈되어 발생한 번조(煩燥), 구강건조, 소갈증
2. 청열화담(淸熱化痰)-폐열로 발생한 기침, 객혈
3. 기타-변비

경험방

1. 번갈증: 배의 껍질과 종자를 제거한 후 속에 얼음설탕을 넣고 찐다. 설탕이 완전히 녹으면 복용한다.
2. 폐열기침: 배즙에 꿀을 넣고 농축한 후 밀봉보관하고, 1일 1숟가락을 복용한다. 혹은 배 1개(종자제거)에 패모3g과 얼음설탕 넣고 삶아서 복용하거나 배 1개에 노근30g과 얼음설탕을 넣고 삶아서 복용한다.
3. 소화불량성 구토: 배 안에 정향15개 넣고 습지(濕紙)로 4~5겹 싼 후 구워서 복용한다.
4. 황달: 배를 썰어서 식초에 담가 두었다가 매일 1개 복용한다.

주의사항

1. 콜티솔 호르몬제재와 동시에 복용하지 않는다.
2. Sulfonamides, Sodium Bicarbonate 제재와는 동시에 복용하

지 않는다.

3. 게와 같이 섭취하지 않고, 배를 먹은 후 냉수를 많이 마시지 않는다.

포도

약재의 기원 포도과에 속하는 덩굴식물이며 열매를 말한다. 포도는 열매뿐만 아니라 뿌리와 줄기도 약재로 사용한다. 열매는 신선한 것을 생식하거나 즙을 내서 복용하기도 하고, 혹은 건조하여 복용하기도 한다.

성미와 귀경 감(甘) · 산(酸) · 평(平)하고, 폐(肺) · 비(脾) · 신장에 들어간다.

효능과 응용

1. 보기양혈(補氣養血): 피로, 어지러움
2. 보신강골이뇨(補腎强骨利尿)-요통, 사지무력, 배뇨장애, 부종
3. 안태(安胎)

경험방

1. 병후 신체허약: 건포도30g을 매일 2회, 장기간 복용한다.
2. 영양불량성 부종: 건포도30g, 생강피15g을 수전하여 1일 2회 복용한다.
3. 혈뇨: 신선한 포도120g, 신선한 연뿌리250g의 즙을 내서 복용한다.

4. 고혈압: 포도즙15ml, 샐러리즙15ml를 매일 2회 온수로 복용한다.
5. 태동불안(胎動不安): 건포도30g, 대추15g을 수전하여 복용한다.
6. 관절통: 백포도나무뿌리100~150g, 돼지 족발1개(혹은 잉어 1~2마리)를 수전하여 복용한다.
7. 골절: 포도나무뿌리를 찧어서 환부에 도포한다.
8. 임신성 구토: 건포도10g을 수전하여 복용한다.
9. 포도에는 각종 비타민이 풍부하여 성인병 예방에 도움을 주고, 특히 콜레스트롤을 감소시켜 동맥경화를 예방하는 효능이 양호하여 심장병 예방에 도움을 준다.

포도의 성분표(100g당)

성분	함량	성분	함량	성분	함량
수분(g)	88.0	섬유질(g)	1.6	카로틴(mg)	0.04
단백질(g)	0.2	회분(g)	0.2	비타민B_1(mg)	0.01
지방(g)	-	칼슘(mg)	4.0	비타민B_2(mg)	0.01
당류(g)	10.0	인(mg)	15.0	비타민B_3(mg)	0.1
열량(Kj)	171.5	철분(mg)	0.6	비타민C(mg)	4.0

감(柿)

약재의 기원 시수과(柹樹科)과에 속하는 낙엽교목식물인 감나무의 열매이다. 다 익은 열매나 곶감을 생식하기도 하고, 떡이나 차로 만들어 먹기도 한다. 감잎도 약재로 사용한다.

성미와 귀경 감(甘) · 삽(澁) · 한(寒)하고, 심 · 폐 · 대장에 귀경한다.

효능과 응용

1. 청열지갈(淸熱止渴)–열로 인한 갈증, 구강궤양
2. 윤폐(潤肺)–기침, 토혈, 만성기관지염(곶감)
3. 삽장이뇨(澁腸利尿)–설사, 배뇨장애, 부종, 요로감염, 방광염

경험방

1. 지역성 갑상선종: 감이 익지 않았을 때 즙을 내서 복용한다.
2. 동유(桐油) 중독: 곶감을 2~3개 복용한다.
3. 혈압하강작용: 감의 탄닌성분을 위험성 고혈압이 있는 쥐에게 투여한 결과 생명이 연장되었고, 체외실험에서 탄닌의 rocyanidin 성분은 혈관의 수축을 억제시키는 작용이 있었다.
4. 감에는 과당, 비타민C, frutose의 성분이 있어 알콜해독에 도움을 준다.

감의 성분표(100g당)

성분	함량	성분	함량	성분	함량
수분(g)	82.2	섬유질(g)	3.1	카로틴(mg)	0.16
단백질(g)	0.7	회분(g)	2.9	비타민B_1(mg)	0.01
지방(g)	0.1	칼슘(mg)	10.0	비타민B_2(mg)	0.02
당류(g)	11.0	인(mg)	19.0	비타민B_3(mg)	0.2
열량(kj)	200.8	철분(mg)	0.2	비타민C(mg)	16.0

주의사항

1. 대량으로 섭취하면 소화장애를 유발하므로 빈혈이 있는 사람이

나 비, 위장이 허약한 사람은 주의한다.

2. 탄닌의 수렴작용이 있어 변비를 유발하므로 변비가 심한 사람은 주의한다.

감귤(柑橘)

약재의 기원 운향과에 속한 귤나무의 열매이다. 열매는 대부분 생식하거나 꿀에 담가서 먹고, 껍질은 진피(陳皮)라고 하는데 말려서 사용하고, 종자는 귤핵(橘核)이라 한다.

성미와 귀경 감(甘) · 산(酸) · 량(凉)하고, 비 · 위 · 방광에 들어간다.

효능과 응용

1. 생진지갈(生津止渴)-열병으로 인한 구강건조
2. 성주이뇨(醒酒利尿)-음주후 갈증, 배뇨장애

경험방

1. 만성 기침, 가래 대량: 신선한 귤1개(껍질 포함), 빙당(氷糖)15g, 생강2쪽을 1시간 30분 동안 삶은 후(물과 분리하여) 복용한다.
2. 폐기종: 신선한 귤1개(껍질 포함), 대추5개를 1시간 30분 동안 삶은 후(물과 분리하여) 복용한다.
3. 고환부종: 귤핵30g, 소회향9g을 수전하여 조석으로 복용한다.
4. 유즙불통, 유방의 뭉침(紅腫熱痛): 귤핵15g, 미주(米酒)30g을 수전하여 매일 2회 복용한다.

5. 비타민C를 많이 함유하고 있어 감기예방, 피로회복, 항암 등의 효능이 있고, 비타민P도 함유하고 있어 동맥경화 예방에 도움을 준다.

주의사항

1. 홍당무, 오이, 동물의 간과는 동시에 섭취하지 않는다. 귤은 비타민C가 많은 식품으로 홍당무의 비타민C발효효소나 오이의 비타민C분해효소는 귤의 비타민C를 파괴하고, 간에 있는 구리, 철분은 비타민C를 산화 시킨다.

귤의 성분표(100g당)

성분	함량	성분	함량	성분	함량
수분(g)	90.0	섬유질(g)	0.3	카로틴(mg)	0.2
단백질(g)	0.6	회분(g)	0.3	비타민B_1(mg)	0.11
지방(g)	0.1	칼슘(mg)	0.3	비타민B_2(mg)	0.08
당류(g)	9.0	인(mg)	26.0	비타민B_3(mg)	0.2
열량(kj)	163.2	철분(mg)	15.0	비타민C(mg)	49.0

복숭아

약재의 기원 장미과에 속하고 낙엽교목인 복숭아 나무의 열매이다. 생용하거나 삶아서 복용한다. 종자(桃仁)와 뿌리(桃根)도 약으로 사용한다.

성미와 귀경 감(甘)·산(酸)·온(溫)하고, 위·대장에 들어간다.

효능과 응용

1. 보중익기(補中益氣)－기혈부족으로 인한 심계기단(心悸氣短), 피로
2. 양음생진(養陰生津)－소갈증, 음액부족
3. 윤장통변(潤腸通便)－변비
4. 활혈거어(活血祛瘀)－적취

경험방

1. 급성황달형 전염성 간염: 도화(桃花), 백화등(白花藤)각 10~15g을 수전하여 복용한다.
2. 황달: 도근(桃根)100g을 수전하여 복용한다.
3. 심근경색: 신선한 복숭아2개, 검은깨20g, 행인2개, 대추5개를 매일 1~2회 복용한다.
4. 흉부통증(심장):복숭아가지1개, 황주(黃酒)적당량, 먼저 복숭아가지를 잘게 자른 후 황주에 넣어 끓인 후 복용한다.
5. 복수부종: 백도화(白桃花)9g을 수전하여 매일 1~2회 복용한다.

복숭아의 성분표(100g당)

성분	함량	성분	함량	성분	함량
수분(g)	87.5	섬유질(g)	4.1	카로틴(mg)	0.01
단백질(g)	0.8	회분(g)	0.5	비타민B_1(mg)	0.01
지방(g)	0.1	칼슘(mg)	8.0	비타민B_2(mg)	0.02
당류(g)	7.0	인(mg)	20.0	비타민B_3(mg)	0.7
열량(kj)	133.9	철분(mg)	1.0	비타민C(mg)	6.0

주의사항

1. 장어나 돼지고기와는 같이 복용하지 않는다.
2. 알레르기 환자는 주의한다.

살구

약재의 기원 장미과에 속하고 낙엽교목인 살구나무의 열매이다. 생용하거나 말려서 복용한다. 종자(杏仁)도 약으로 사용한다.

성미와 귀경 감(甘) · 산(酸) · 온(溫)하고, 심(心) · 간(肝) · 위(胃)에 들어간다.

효능과 응용

1. 생진지갈(生津止渴)-음액이 부족하여 생긴 진액부족증, 구강건조증
2. 윤폐정천(潤肺定喘)- 폐기가 위로 올라가 생긴 기침

살구의 성분표(100g당)

성분	함량	성분	함량	성분	함량
수분(g)	87.0	섬유질(g)	1.4	카로틴(mg)	1.79
단백질(g)	0.9	회분(g)	0.6	비타민B_1(mg)	0.02
지방(g)	0.0	칼슘(mg)	26.0	비타민B_2(mg)	0.03
당류(g)	10.0	인(mg)	24.0	비타민B_3(mg)	0.6
열량(kj)	184.1	철분(mg)	0.8	비타민C(mg)	7.0

자두

약재의 기원 장미과 속하는 오얏나무의 열매이다.

성미와 귀경 감(甘) · 산(酸) · 평(平)하고, 간(肝) · 신장에 들어간다.

효능과 응용

1. 청간제열(淸肝除熱)-음액이 부족하여 생긴 소갈증, 발열증
2. 생진이수(生津利水)-간담의 습열로 인한 복수, 배뇨장애

경험방

1. 소화불량: 신선한 자두를 조석으로 각 1개 복용한다.
2. 치은출혈: 신선한 자두를 조석으로 각 1개 복용한다.
3. 구강궤양, 만성인후염, 편도선염, 치주염: 신자두2개(종자포함)를 찧은 후 소금과 뜨거운 물을 넣고 잘 혼합한 뒤 구강을 행군다.
4. 간경화, 배뇨장애: 잘 익은 자두2~3개(종자포함)를 찧은 후 온수 1컵에 넣어 복용하고, 1일 2회 복용한다.
5. 부스럼으로 부은 곳: 신자두1~2개를 찧어서(종자포함) 환부에 도포한다.
6. 습진, 가려움증: 신자두250~500g을 찧은 후 수전하여 환부를 세척해준다.

주의사항

1. 자두와 백출은 같이 복용하지 않는다.
2. 신체허약자나 만성질병을 앓는 자는 대량으로 섭취하지 않는다. 고대〈滇南本草〉에서는 대량으로 복용하면 비위의 기를 손상시킨다고 하였고, 〈千金 · 食治〉에서는 대량으로 복용하면 허해진다고 하였다.
3. 그외에 고대로 자두는 계란, 꿀 등과는 같이 복용하지 않는다고 하였다.

자두의 성분표(100g당)

성분	함량	성분	함량	성분	함량
수분(g)	90.0	섬유질(g)	0.2	카로틴(mg)	0.11
단백질(g)	0.5	회분(g)	-	비타민B_1(mg)	0.01
지방(g)	0.2	칼슘(mg)	17.0	비타민B_2(mg)	0.02
당류(g)	9.0	인(mg)	20.0	비타민B_3(mg)	0.3
열량(kj)	167.4	철분(mg)	0.5	비타민C(mg)	1.0

바나나

약재의 기원 파초과, 파초속에 속하는 나무의 열매를 말한다. 신선한 것을 생식하거나 죽에 넣어 먹기도 하고, 말려서 복용하기도 한다. 열대지방에서 재배되고, 껍질도 약으로 사용한다.

성미와 귀경 감(甘)、한(寒)하고, 비 · 위에 들어간다.

효능과 응용

1. 청열해독(淸熱解毒)－열독으로 인한 부스럼
2. 윤폐지해(潤肺止咳)－폐가 조열(燥熱)하여 발생한 기침
3. 윤장통변(潤腸通便)－열독으로 인한 변비, 치질

경험방

1. 바나나는 당대사를 촉진시키고, 칼륨이 많아 근육의 피로회복을 촉진시키기 때문에 운동전후에 복용하면 피로회복에 도움을 준다. 그리고 칼륨은 나트륨의 흡수를 억제시키는 작용이 있어 혈

압을 하강시키는 효능이 있다. 연구에 의하면 하루에 바나나 한 개를 섭취하면 혈압이 10%하강한다고 하였다. 그러나 바나나에는 전분이 많이 함유되어 있기 때문에 장기간 대량으로 복용하면 비만증이 생길수 있다.

2. 바나나에는 용해성 섬유소가 있어 소화를 촉진시키므로 변비에 효능이 있다.
3. 바나나의 단백질에는 아미노산이 함유되어 있어 신경을 안정시키는 효능이 있으므로 수면전에 복용하면 불면증에 일정의 효능이 있다.
4. 바나나 껍질에는 세균을 억제시키는 성분이 있어 각종 피부병에도 효능이 있다. 그리고 바나나 껍질을 피부에 문지르면 동상을 예방할뿐만 아니라 갈라지는 증상을 완화시킨다고 한다.
5. 건선치료: 바나나 껍질로 장기간 환부를 문지르면 일정의 효과가 있다고 하고, 주부의 수포성 물집에 바늘로 터뜨린 후 바나나 껍질로 문지르면 양호한 효능이 있다고 한다.
6. 고혈압: 바나나 껍질을 건조후 수전하여 복용한다. 일반적으로 1개월간 복용하면 일정의 효능이 있다고 한다.
7. 바나나죽: 신선한 바나나250g, 빙당(氷糖)100g, 찹쌀100g을 죽으로 만들어 복용하면 진액이 부족하여 생긴 변비, 치질에 효능이 있고, 또한 기침, 고혈압에도 일정의 효과가 있다고 한다.
8. 위궤양: 최근 연구에 의하면 바나나는 위점막 세포의 성장을 촉진시키는 작용이 있어 위벽을 보호한다고 하고, 위궤양을 예방하고 치료하는 효능이 있다고 한다.

주의사항

1. 성질이 차기 때문에 비위가 허약한 사람은 대량으로 복용하지 않

고, 양기부족으로 인한 부종, 설사가 있는 사람도 대량으로 복용하지 않는다.

2. 칼륨 함유량이 많기 때문에 신장염, 신부전 환자에게는 적합하지 않고, 당뇨병 환자도 대량으로 복용하는 것은 적합하지 않다.
3. 다 익지 않은 바나나를 많이 복용하면 도리어 변비를 유발한다.
4. 공복에 바나나를 대량으로 복용하지 않는다. 바나나에는 대량의 마그네슘을 함유하고 있다. 마그네슘은 심혈관을 억제시키는 작용이 있다. 공복에 대량으로 복용하면 칼슘과 균형이 깨져 심장에 영향을 줄수 있다.

바나나의 성분표(100g당)

성분	함량	성분	함량	성분	함량
수분(g)	75.8	회분(g)	0.6	비타민E(mg)	0.24
단백질(g)	1.4	비타민A	10	칼슘(mg)	7
지방(g)	0.2	카로틴(mg)	60	인(mg)	28
열량(kj)	91	비타민B_1(mg)	0.02	칼륨(mg)	256
섬유소(g)	1.2	비타민B_2(mg)	0.04	나트륨(mg)	0.8
탄수화물(g)	22	비타민B_3(mg)	0.7	마그네슘(mg)	43
콜레스트롤(g)	0	비타민C(mg)	8	철분(mg)	0.4
아연(mg)	0.18	구리(mg)	0.14	요오드(mg)	2.5
셀렌(mg)	0.87	망간(mg)	0.65		

딸기(草莓)

약재의 기원 장미과에 속하며, 덩굴식물인 딸기나무의 열매이다.

성미와 귀경 감(甘) · 산(酸) · 량(凉)하고, 폐(肺) · 비(脾)에 들어간다.

효능과 응용

1. 청서해열(淸暑解熱)－더위먹은 증상이나 열병
2. 생진지갈(生津止渴)－열병 후 진액부족으로 인한 소갈증 등
3. 이뇨지사(利尿止瀉)－비허로 인한 식욕부진, 배뇨장애
4. 이인지해(利咽止咳)－폐열로 인한 기침

약리와 임상 딸기에는 비타민C를 많이 함유하고 있어 동맥경화, 고지질혈증, 심근경색, 고혈압, 간경화 등의 병증에 효능이 있는 것으로 인식하고 있다. 그리고 펙틴과 섬유질이 많아서 변비나 치질, 대장암 예방에 도움을 준다. 또한 아민 성분이 있어 백혈병이나 재생불량성 빈혈에도 일정의 효능이 있는 것으로 밝혀졌다.

경험방

1. 기침: 가래가 없는 마른 기침에 딸기6g, 빙탕30g을 끓여서 1일 3회 복용한다.
2. 소화불량: 딸기100g, 산사30g을 수전하여 복용한다.
3. 배뇨장애: 딸기60g을 짓이겨서 물로 복용하고, 1일 3회 복용한다.
4. 기혈부족: 딸기250g, 건포도100g, 설탕100g을 수전하여 복용한다.
5. 기허(氣虛) 빈혈: 딸기100g, 대추50개, 여지간(茘枝干)30g, 찹살150g을 죽으로 만들어 섭취한다.

6. 고지질혈증: 딸기100g, 산사30g, 하엽15g, 동과피15g, 동과자 15g을 수전하여 복용한다.

주의사항

1. 담을 형성하므로 가래가 많은 기침에는 사용하지 않는다.
2. 설사자나 비뇨기 결석이 있는 자는 섭취하지 않는다.

딸기의 성분표(100g당)

성분	함량	성분	함량	성분	함량
열량(kj)	30	비타민E(mg)	0.71	철분(mg)	1.80
탄수화물(g)	10	비타민B_1(mg)	0.02	아연(mg)	0.14
지방(g)	0.2	비타민B_2(mg)	0.03	구리(mg)	0.04
단백질(g)	1.0	비타민B_3(mg)	0.30	망간(mg)	0.49
섬유소(g)	1.10	카로틴(mg)	30.0	칼륨(mg)	131.0
비타민A(mg)	5.0	마그네슘(mg)	12.0	인(mg)	27.0
비타민C(mg)	47	칼슘(mg)	18.0	나트륨(mg)	4.20

파인애플

약재의 기원 파인애플과에 속하는 과일이다. 신선한 것의 껍질을 벗겨서 복용하거나 건조해서 복용한다.

성미와 귀경 감(甘)、평(平)하고, 폐、대장에 들어간다.

효능과 응용

1. 청서해열(淸暑解熱)－더위 먹은 증상이나 열증으로 인한 구강건조
2. 건비소종(健脾消腫)－식욕부진, 부종
3. 거습이뇨(祛濕利尿)－부종

경험방

1. 만성기관지염: 파인애플120g, 꿀30g을 수전하여 1일 2회 복용한다.
2. 소화불량: 파인애플1개, 귤2개의 즙을 내어 매회20ml, 매일 2회 섭취한다.
3. 당뇨병 구강갈증: 파인애플즙을 냉수에 혼합하여 차 대용으로 섭취하면 당뇨병의 갈증, 소변혼탁에 효능이 있다.
3. 파인애플은 단백질가수분해 효소(proteinase) 성분이 있어 소화기능을 촉진 시키는 작용이 있고, 비타민B가 많아 피로회복에도 효능이 있다. 그리고 섬유질이 많아 배변을 촉진시키므로 변비예방에도 도움을 준다.

주의사항

1. 파인애플은 단백질가수분해 효소(proteinase)의 성분이 있어 알러지를 유발할수 있다. 또한 위궤양, 신장증후군, 혈액응고에 장애가 있는 환자는 주의한다.

   파인애플 섭취후 1시간내에 급작스런 복통, 구역질, 구토, 설사, 두통, 어지러움, 혹은 반점 등이 출현하면 과민반응이므로 바로 병원에 가 치료를 받아야 한다. 이런 알러지 반응을 없애는 방법은 두 가지가 있다. 한 가지는 파인애플을 잘라서 잠시 동안 삶는 것이다.

단백질가수분해 효소(proteinase) 성분은 섭씨45~50℃에 기능을 상실하고 100℃에서는 90%이상 파괴된다. 다른 한 방법은 소금물에 30분간 담가두는 방법이다.

2. 글루코시드 성분이 있어 피부와 점막에 자극성이 있다. 접촉한 후 씻지 않으면 가려움, 감각이상 등의 증상이 있을 수 있다.
3. 5-hydroxy tryptamine 성분이 있어 혈관을 수축시키므로 혈압을 상승시킬수 있고, 대량으로 섭취하면 두통이 발생하기도 한다.

파인애플의 성분표(100g당)

성분	함량	성분	함량	성분	함량
당류(g)	9.3	칼슘(mg)	18	비타민C(mg)	24
단백질(g)	0.4	인(mg)	28	비타민B_1(mg)	0.08
지방(g)	0.3	철분(mg)	0.5	비타민B_2(mg)	0.02
섬유질(g)	0.4	카로틴(mg)	0.08	비타민B_3(mg)	0.2

유자

약재의 기원 운향과에 속한 유자나무의 열매이다. 신선한 것을 복용하거나 꿀에 절여서 복용한다.

성미와 귀경 감(甘)·산(酸)·한(寒)하고, 폐·비장에 들어간다.

효능과 응용

1. 생진지갈(生津止渴)-위음 부족이나 과도한 음주로 인한 구강갈증

2. 소적화위(消積和胃)-소화불량, 식욕부진, 구역질

경험방

1. 노인성 기침: 유자의 껍질을 차 대용으로 복용한다.
2. 폐열기침: 유자100g, 배100g을 삶은 후 꿀 적당량을 혼합하여 복용한다.
3. 가래성 기침: 유자(껍질, 종자 제거)를 술에 하룻밤 담가 두었다가 삶은 후 꿀과 혼합하여 복용한다.
4. 두통: 유자잎과 총백의 동일량을 분쇄 후 태양혈에 도포한다.
5. 관절통:유자잎, 생강[각]20g을 분말로 만들고 동유(桐油)20g에 개서 통증부위에 도포한다.
6. 소화불량: 유자피15g, 계내금, 산사[각]10g, 사인5g을 수전하여 복용한다.
7. 최근 어떤 연구에 의하면 유자즙에 인슐린의 효능과 유사한 성분이 있어 혈당을 감소시킨다고 하였다.

주의사항

1. 고지질혈증의 환자가 유자즙 1잔과 Lovastatin(고지질증 치료약) 1알을 복용한 결과, Lovastatin의 12~15알에 상당하는 효능이 있었다. 상기의 방법으로 복용하면 환자는 근육통이 출현하기도 하고 심하면 신장장애가 출현한다. 소수의 환자는 Terfenadine Granules(항-알러지 약) 복용기간중에 유자나 유자즙을 섭취후 어지러움, 가슴두근거림, 부정맥 등이 출현하였고, 심지어 사망한 자도 있다. 그 외에 유자와 동시에 복용하면 부작용이 출현하는 약들이 있으므로 주의해야 한다.
2. 미국의 한 보고에 의하면 피임약 복용전후 유자나 유자즙(1~2

개분량)을 복용하면 피임약의 효능이 저하되어 피임의 효과가 상실한다고 보고하였다.

3. 유자는 성질이 차기 때문에 비장의 양기가 허약한 자는 대량으로 복용하지 않는다.
4. 고혈압으로 인해 혈압강하제를 복용하는 환자는 유자나 유자즙을 섭취해서는 안된다. 어떤 보고에 의하면 고혈압 환자가 혈압강하약과 유자를 동시에 복용후 혈압이 급작스럽게 하강하여 어지러움, 구역질, 피로 등의 증상이 출현하였다고 했다. 상기와 같은 상황에서 유자를 대량으로 섭취하면 심각한 저혈압으로 심근경색이나 뇌경색으로 사망할수 있다고 한다.
5. 한 보고에 의하면 유자중에는 알수 없는 성분이 정상적인 대사를 방해하고, 간의 해독작용에 영향을 미친다고 하였다. 심하면 중독증상까지 유발한다고 하였다.
6. 유자에는 칼륨성분이 많기 때문에 신부전 환자는 유의해서 섭취한다.

유자의 성분표(100g당)

성분	함량	성분	함량	성분	함량
수분(g)	84.0	섬유질(g)	0.8	카로틴(mg)	0.12
단백질(g)	0.7	회분(g)	0.9	비타민B_1(mg)	0.07
지방(g)	0.6	칼슘(mg)	41.0	비타민B_2(mg)	0.02
당류(g)	13.0	인(mg)	43.0	비타민B_3(mg)	0.5
열량(kj)	251.0	철분(mg)	0.9	비타민C(mg)	41.0

3 채소류

배추

약재의 기원 십자화과에 속하는 1~2년살이 식물인 배추의 잎이다.

성미와 귀경 감(甘) · 미한(微寒)하고, 대장 · 위장에 들어간다.

효능과 응용

1. 익위생진(益胃生津)-열증으로 구강이 건조한 증상
2. 청열제번(淸熱除煩)-발열성 감기나 담열성(痰熱性) 기침, 가슴 답답함
3. 통리장위(通利腸胃)-대 · 소변의 배출장애

경험방

1. 폐열기침: 배추의 중심부만 남기고 겉은 솎아낸 후 젓가락으로 구멍을 몇군데 뚫은 뒤 빙당(氷糖)을 넣고 삶아서 먹는다.
2. 감기: 건조한 배추1개, 붉은 설탕50g, 생강3쪽을 수전하여 복용한다.
3. 감기성 기관지염: 배추의 뿌리와 총백을 수전하여 복용한다.
4. 풍치: 배추뿌리의 즙을 짜내서 환측의 귀에 주입한다.
5. 위 · 십이지장 궤양: 작은 배추250g을 썰어서 소금에 10분간 담가두었다가 즙을 짜낸 후 적당량의 설탕을 넣고 1일 3회 공복에 복용한다.

주의사항

1. 비타민K 복용시 배추를 복용하지 않는다. 배추의 비타민C가 비

타민K의 효능을 감소시킨다.

2. 삶은 지 오래된 배추는 복용하지 않는다. 세균에 오래동안 노출되어 있으면 성분이 변해서 헤모글로빈에 영향을 줄 수 있다.
3. 밀폐된 용기에 장시간 삶아서 섭취하지 않는다.
4. 구리로 된 용기에 삶지 않는다.

배추의 성분표(100g당)

성분	함량	성분	함량	성분	함량
수분(g)	95.4	섬유질(g)	0.4	카로틴(mg)	0.04
단백질(g)	1.1	회분(g)	0.5	비타민B_1(mg)	0.02
지방(g)	0.2	칼슘(mg)	41.0	비타민B_2(mg)	0.04
당류(g)	2.4	인(mg)	35.0	비타민B_3(mg)	0.3
열량(kj)	16.0	철분(mg)	0.6	비타민C(mg)	19.0

무(蘿蔔)

약재의 기원 십자화과에 속하는 1~2년살이 식물인 무의 뿌리와 잎이다.

성미와 귀경 감(甘)·신(辛)·한(寒)하고, 폐·위장에 들어간다.

효능과 응용

1. 소적체(消積滯), 하기관중(下氣寬中)−복부팽만, 식욕부진, 복통, 변비

2. 화담열(化痰熱)-가래가 많은 기침, 천식, 편두통
3. 지혈해독(止血解毒)-토혈, 비혈, 이질

경험방

1. 트리코모나스 질염
   무를 청결히 씻고 다시 알콜로 소독한 뒤 잘게 분쇄 후 소독한 거즈에 2숫갈 싸서 질내부에 삽입하고 1일 1회 교환을 해준다. 이 방법으로 68명을 치료한 결과 62명이 완치하였다.
2. 규소침전
   무즙과 띠즙(茅根汁)으로 규소 침전성 질환을 치료한 결과 양호한 효능이 있었다.
3. 폐결핵 객혈
   붉은 무1000g을 100ml로 수전하여 명반9g, 꿀90g을 넣어 매일 조석으로 공복에 50ml를 복용한다.
4. 당뇨병으로 인한 갈증에 생즙을 내서 복용하면 효능이 있다.
5. 무껍질에 비타민C가 많고, 잎에도 비타민A, C가 많이 함유되어 있다.

주의사항

1. 무와 사과 배, 포도 등과는 같이 복용하지 않는다. 식물성 색소가 다량 함유한 과일과 같이 복용하면 위장, 소장을 경과하면서 갑상선 억제시키는 물질이 생성된다.
2. 비타민K가 많은 물질이나 당근, 동물의 간 등과 같이 복용하지 않는다. 무의 비타민C 성분이 파괴될 수 있다.

무의 성분표(100g당)

성분	함량	성분	함량	성분	함량
수분(g)	91.7	비타민P(mg)	0.5	철분(mg)	0.5
단백질(g)	0.6	섬유(g)	0.8	비타민B_1(mg)	0.02
지방(g)	0	비타민C(mg)	30.0	비타민B_2(mg)	0.04
회분(g)	0.8	칼슘(mg)	49.0	열량(KJ)	104.6
당류(g)	5.7	카로틴	0.02	인(mg)	34

시금치

약재의 기원 명아주과에 속하는 1년생 혹은 2년생 초본식물인 시금치의 전초이다.

성미와 귀경 감(甘) · 신(辛) · 량(凉)하고, 대장 · 위장에 들어간다.

효능과 응용

1. 보혈지혈(補血止血)－어지러움, 빈혈, 각종 출혈증
2. 자음평간(滋陰平肝), 양간명목(養肝明目)－간의 양기가 상승하여 생긴 고혈압, 두통, 안구충혈, 안구건조
3. 윤장지갈(潤腸止渴)－대장에 진액이 고갈된 변비, 노인성 변비
4. 이장해주(利臟解酒)－오장을 보하고, 알콜을 해독하는 작용이 있다.

경험방

1. 시금치는 대량의 식이섬유소를 함유하고 있어 장의 유동운동을 촉진시키므로 변비에 효능이 있고, 췌장의 기능을 촉진시켜 소

화효소의 생성을 활성화 시킨다.

2. 시금치는 카로틴를 함유하고 있어 비타민A로 전환시키기 때문에 시력을 유지시키고, 상피세포를 건강하게 만든다. 그리고 면역을 증강시켜 각종 질병을 예방하고, 어린이의 발육을 도와준다.
3. 시금치가 함유한 카로틴, 비타민C, 칼슘, 철분과 각종 미량원소들은 신진대사를 촉진시키고 각종 질병을 예방하는 효능이 있다.
4. 시금치 추출물은 세포의 증식을 촉진시키고, 항노화작용이 있다고 한다. 그리고 시금치 녹즙으로 장기간 세수하면 피부 주름과 색소를 감소시킨다고 한다.
5. 석곡, 복령각20g, 사삼12g을 수전하여 200ml약액을 만들고, 생강 몇조각을 땅콩기름에 볶는다. 콩나물국800ml에 약액, 생강, 총백적당량, 시금치400g을 넣고 끓여서 섭취한다.

   상기의 약선은 위장의 음액이 부족한 자에게 복용시키면 효능이 있다.
5. 시금치죽: 찹쌀100g, 대추50g으로 죽을 만든 후 시금치50g을 넣고 다시 끓여서 복용한다.

   상기의 요리는 비장과 기를 보하는 작용과 혈을 생성하는 효능이 있다.
6. 시금치연근무침: 신선한 시금치를 끓는 물에 잠시 동안 담갔다가 건져내고 먹기 좋게 자르고, 연근은 먹기 적당하게 잘라서 끓는 물에 담갔다가 비린내가 없어지면 건져내서 무쳐서 복용한다. 상기의 약선은 간의 열을 내리고 눈을 밝게 하는 작용이 있으므로 간혈부족으로 인한 시력감퇴에 사용한다.

주의사항

1. 신장결석 환자는 1회에 대량으로 시금치를 섭취하는 것을 금하

고, 비장의 양기가 부족하여 설사하는 자도 대량으로 복용하지 않는다.

2. 시금치에는 초산(草酸:oxalic acid) 성분이 많기 때문에 칼슘이 많은 식품과는 궁합이 맞지 않다. 만약 칼슘이 많은 식품과 같이 끓이면 초산칼슘(calcium oxalate)이 형성되어 칼슘의 흡수에 장애가 되고, 소화불량이 발생할 수도 있다.
3. 통풍이 있는 사람은 섭취를 금한다.

시금치의 성분표(100g)

성분	함량	성분	함량	성분	함량
수분(g)	91.8	비타민B_1(mg)	0.04	인(mg)	53
단백질(g)	2.4	비타민B_2(mg)	0.13	철분(mg)	1.8
지방(g)	0.5	비타민B_3(mg)	0.6	칼륨(mg)	502
탄수화물(g)	3.1	비타민B_6(mg)	0.30	나트륨(mg)	98.6
섬유소(g)	0.7	비타민C(mg)	39.0	마그네슘(mg)	34.3
회분(g)	1.5	비타민E(mg)	1.74	구리(mg)	0.1
카로틴(g)	3.87	칼슘(mg)	72	망간(mg)	0.66
열량(kj)	24	아연(mg)	0.85	셀렌(mg)	0.97

오이

약재의 기원 박과에는 속하는 1년생 등굴식물인 오이의 열매이다. 신선한 것을 생식하거나 말려서 사용하기도 한다.

성미와 귀경 감(甘) · 량(凉)하고, 비 · 위 · 대장에 들어간다.

효능과 응용

1. 청열해독(清熱解毒)-열로 인한 구강건조, 부스럼증
2. 이수(利水)-열이 있는 부종

경험방

1. 부종: 늙은 오이1개에 물 2그릇 붓고 1그릇까지 수전한 후 매일 2~3회 복용한다.
2. 황달: 오이껍질을 수전하여 매일 3회 복용한다.
3. 땀띠: 신선한 오이를 잘라 환부에 도포한다.
4. 백전풍: 신선한 오이의 즙을 붕사분말에 개서 환부에 도포한다.

주의사항

1. 생식할 경우 반드시 청결히 한 후 먹는다. 생산과 운반과정중에 오염될 가능성이 높다.
2. 오이를 잘라서 오래두면 수액따라 영양분도 빠져나가므로 주의한다.
3. 오이를 고온으로 요리하거나 소다성분을 첨가하면 영양분이 파괴된다.

오이의 성분표(100g)

성분	함량	성분	함량	성분	함량
열량(kj)	63	비타민A(ug)	15	칼슘(mg)	24
수분(g)	95.6	비타민B_1(mg)	0.02	마그네슘(mg)	15
단백질(g)	0.8	비타민B_2(mg)	0.03	철분(mg)	0.5
지방(g)	0.2	비타민B_3(mg)	0.2	망간(mg)	0.06
섬유소(g)	0.5	비타민C(mg)	9	구리(mg)	0.18
당류(g)	2.4	비타민E(mg)	0.46	아연(mg)	0.05
회분(g)	0.3	칼륨(mg)	102	인(mg)	24
카로틴(ug)	90	나트륨(mg)	4.9	셀렌(ug)	0.38

가지

약재의 기원 가지과에 속하는 1년생 초본식물인 가지의 열매이다. 신선한 것을 생식하기도 하고, 말려서 사용하기도 한다.

성미와 귀경 감(甘) · 량(凉)하고, 비 · 위 · 대장에 귀경한다.

효능과 응용

1. 청열소종(淸熱消腫)−열을 없애면서 이뇨작용이 있어 열이 있으면서 부종이 있는 병증과 열독으로 인한 혈변, 부스럼에 많이 사용한다.
2. 활혈지통(活血止痛)−어혈을 풀어주는 효능이 있어 타박상 등으로 인한 부종과 통증이 있는 증상에 사용한다.
3. 기타−비타민P가 함유되어 있어 동맥경화 예방작용이 있고, 비타민E도 함유되어 있어 항노화 작용이 있다. 그리고 위암을 예방하는 효능도 있다고 한다.

경험방

1. 타박상: 건조한 가지1g을 술이나 온수로 복용한다.
2. 혈뇨배뇨통, 혈변: 훈증으로 건조시킨 가지6g을 술이나 온수로 복용한다. 혹은 가지나무30g을 수전하여 복용한다.
3. 유선염, 피부궤양, 부스럼: 가을에 채집한 늙은 가지를 그늘에서 말린 후 분말을 만들어 소량의 빙편과 혼합하여 환부에 도포한다.
4. 치통: 가을에 채집한 늙은 가지를 그늘에서 말린 후 분말을 환부에 도포한다.

가지의 성분표(100g)

성분	함량	성분	함량	성분	함량
수분(g)	93.2	섬유소(g)	0.8	카로틴(mg)	0.04
단백질(g)	2.3	회분(g)	0.5	비타민B_1(mg)	0.03
지방(g)	0.1	칼슘(mg)	22.0	비타민B_2(mg)	0.04
당류(g)	3.1	인(mg)	31.0	비타민B_3(mg)	0.50
열량(kj)	96.2	철분(mg)	0.4	비타민C(mg)	3.0

토마토

약재의 기원 가지과에 속하는 1년생 식물인 토마토의 열매이다. 신선한 것을 생식하기도 하고, 요리해서 복용하기도 한다.

성미와 귀경 감(甘) · 산(酸) · 미한(微寒)하고, 비 · 위 · 간에 들어간다.

효능과 응용

1. 생진지갈(生津止渴)－열병으로 인한 구강건조, 구강출혈, 입씀, 항노화
2. 건위소식(健胃消食)－위장이 허약하여 생긴 식욕부진, 빈혈
3. 량혈평간(涼血平肝)－간의 양기가 상승하여 생긴 고혈압, 간염
4. 청열해독(淸熱解毒)－열성 피부병

경험방

1. 암예방: 대추100g, 쌀100g으로 죽을 만든 후 토마토250g, 빙당(氷糖) 적당량 넣고 5분간 끓여서 복용한다.

2. 치주출혈: 배3개, 사과2개, 토마토2개로 즙을 짜서 2~3회로 나누어 복용하고, 매일 2~3회 복용한다.
3. 고혈압: 매일 조석으로 공복에 토마토 1~2개를 복용한다.

주의사항

1. 오이와 같이 복용하면 영양소가 파괴되므로 같이 먹지 않는다.
2. 항응혈약과 같이 복용하지 않는다. 토마토는 비타민K성분이 있어 약효에 영향을 줄수 있다.
3. 덜 익은 토마토에는 Solanine 성분이 있어 대량으로 복용하면 중독될 수 있다.

토마토의 성분표(100g당)

성분	함량	성분	함량	성분	함량
열량(g)	79	비타민A(ug)	550	칼슘(mg)	10
수분(g)	94.4	비타민B_1(mg)	92	마그네슘(mg)	9
단백질(g)	0.9	비타민B_2(mg)	0.03	철분(mg)	0.4
지방(g)	0.2	비타민B_3(mg)	0.6	망간(mg)	0.08
섬유질(g)	0.5	비타민C(mg)	19	구리(mg)	0.13
당류(g)	3.5	비타민E(mg)	0.57	아연(mg)	0.06
회분(g)	0.5	칼륨(mg)	163	인(mg)	2
카로틴(ug)	550	나트륨(mg)	5.0	셀렌(ug)	0.15

감자

약재의 기원 가지과, 가지속의 덩이줄기가 있는 감자의 뿌리이다. 생것을 내 · 외용으로사용하기도 하고, 굽거나 삶아서 복용하기도 한다.

성미와 귀경 감(甘) · 평(平)하고, 비 · 위 · 대장에 귀경한다.

효능과 응용

1. 보비익위(補脾益胃)－비위허약으로 인한 식욕부진, 수척, 피로, 위장병
2. 완급지통(緩急止痛)－각종 통증
3. 해독소종(解毒消腫)－피부병, 화상, 부종

경험방

1. 비위허약성 소화불량, 식욕부진: 감자100g, 대추10개, 진피6g, 생강3쪽을 수전하여 복용한다.(돼지고기를 적당량 첨가하여도 무방함)
2. 위장불화성(胃腸不和性) 복통: 감자의 즙을 꿀에 혼합하여 복용한다. 알기닌 성분이 있어 위、십이지장궤양과 신물 넘어오는 병증에도 일정의 효능이 있다.
3. 이하선염: 감자즙을 꿀에 개어서 환부에 도포한다.
4. 화상: 감자즙을 환부에 도포한다.
5. 미용팩: 감자즙이나 썰어서 얼굴에 도포하면 미백효과가 있다.
6. 기타: 감자는 지방성분이 적어 다이어트에도 효능이 있고, 또한 비타민C를 많이 함유하고 있어 우울증 등에도 양호한 효능이 있다.

7. 칼륨성분이 많아 나트륨의 재흡수를 방해하므로 고혈압에도 일정의 효능이 있다.

주의사항

1. 감자의 싹에는 Solanine 성분이 있어서 대량으로 복용하면 중독된다. 심하면 뇌충혈로 뇌수종을 유발할수 있고, 위점막염이나 안구결막염을 유발할수 있다. 중독되면 인후부작열감, 구역질, 구토, 복통, 두통, 발열 등의 증상이 있다.
2. 껍질을 벗기거나 썰어서 물에 장기간 담가두면 수용성 비타민이 손실된다.
3. 열이 많은 체질의 사람이 대량으로 복용하면 혈당이 급상승할 수 있다.

감자의 성분표(100g당)

성분	함량	성분	함량	성분	함량
수분(g)	12	비타민A(mg)	20	인(mg)	123
단백질(g)	7.2	비타민B_1(mg)	0.08	칼륨(mg)	1075
지방(g)	0.5	비타민B_2(mg)	0.06	나트륨(mg)	4.7
열량(kj)	337	비타민B_3(mg)	5.1	마그네슘(mg)	27
탄수화물(g)	77.4	비타민C(mg)	36	철분(mg)	10.7
섬유소(g)	1.4	비타민E(mg)	0.28	아연(mg)	1.22
콜레스트롤(mg)	0	카로틴(mg)	120	망간(mg)	0.37
회분(g)	2.9	칼슘(mg)	171	구리(mg)	1.06

고구마

약재의 기원 매꽃과의 1년생 만생초본식물인 고구마의 뿌리덩이다. 신선한 것을 생식하거나 삶아서 먹기도 한다. 줄기도 식용으로 사용한다.

성미와 귀경 감(甘) · 평(平)하고, 비 · 신에 들어간다.

효능과 응용

1. 보중화혈(補中和血)－비장허약으로 인한 부종, 부스럼
2. 익기생진(益氣生津)－기와 음액이 부족하여 생긴 피로, 구강건조증
3. 관장통변(寬腸通便)－장이 건조하여 생긴 변비

주의사항

1. 고구마내의 전분은 잘 익혀야 소화가 잘 된다. 설 익으면 소화장애나 설사를 유발할 수 있다.
2. 고구마내에는 산화효소가 있어 체내에 들어가면 이산화탄소를 발생시킨다. 그래서 대량으로 섭취하면 방귀가 많고 복부가 팽만하다. 그리고 당이 많아 위장을 자극하여 위산분비를 촉진시키기 때문에 신물이 넘어오거나 흉부(식도부위)에 작열감이 있다. 고구마 섭취시 김치같은 것과 같이 먹으면 소화에 도움을 줄 수 있다.

상추

약재의 기원 국화과의 한해살이풀 또는 두해살이풀이며, 줄기잎은 어긋나고 뿌리잎은 큰 타원형이다. 신선한 잎을 생식하거나 볶아서 복용한다.

성미와 귀경 고(苦) · 미한(微寒)하고, 대장 · 위에 귀경한다.

효능과 응용

1. 청열안신(淸熱安神)-발열, 열성 신경쇠약
2. 청간이담(淸肝利膽)-간의 양기가 상승한 고혈압, 안구충혈, 간염, 담낭염
3. 양위(養胃)-식욕부진, 복부팽만

상추의 성분표(100g당)

성분	함량	성분	함량	성분	함량
수분(g)	96.4	비타민A(mg)	0	인(mg)	35
단백질(g)	1.2	비타민B_1(mg)	0.06	칼륨(mg)	211
지방(g)	0.3	비타민B_2(mg)	0.09	나트륨(mg)	41.50
열량(kj)	46	비타민B_3(mg)	0.30	마그네슘(mg)	0
탄수화물(g)	0.8	비타민C(mg)	4.0	철분(mg)	0.40
섬유소(g)	0.70	비타민E(mg)	2.67	아연(mg)	0.17
콜레스트롤(mg)	0	카로틴(mg)	90.0	망간(mg)	0.08
회분(g)	0.6	칼슘(mg)	46.0	구리(mg)	0.10

약리와 임상

상치의 Lactucin성분은 최면진통과 콜레스트롤을 감소시키는 작용이 있어 신경쇠약증에 복용하면 일정의 효능이 있다. 그리고 mannitol 성분은 이뇨와 혈액순환을 촉진시키는 효능이 있다.

주의사항

1. 생식시 청결히 세척 후 섭취한다.
2. 사과, 배, 바나나와는 같이 보관하지 않는다.

샐러리

약재의 기원 미나리과에 속한 일년살이 혹은 두해살이 식물인 샐러리의 줄기와 잎이다. 신선한 것을 생식하거나 볶아서 복용한다.

성미와 귀경 감(甘) · 량(凉)하고, 폐 · 위 · 간에 들어간다.

효능과 응용

1. 청열간열(淸熱肝熱)－고혈압, 어지러움, 두통, 안구종적(眼球腫赤)
2. 거풍이습(祛風利濕)－혈림(血淋), 부스럼

약리와 임상

1. 혈압강하

   마취된 토끼, 개에게 샐러리 추출물을 정맥주사하거나 샐러리 즙을 복용시킨 결과 혈압이 현저하게 하강하였다.

2. 혈중콜레스트롤 감소

   샐러리의 추출물은 혈중 콜레스트롤, TG, LDL의 량을 감소시켰다.

3. 자궁에 미치는 영향

   샐러리 종자의 추출물은 임신중인 자궁이나 미임신한 자궁을 수축하는 작용이 있어서 생리통 치료에 효능이 있을 것으로 사료된다.

4. 기타작용

   이외에 기억력증강, 진균, 진정, 항-경련, 이뇨작용이 있는 것으로 밝혀졌다.

5. 고혈압 치료

   방약: 신선한 샐러리즙에 동일량의 꿀을 넣어 복용한다.

6. 유미뇨 치료

   방약: 길이 10cm정도의 신선한 샐러리 10개를 수전하여 복용한다.

7. 고콜레스트롤증 치료

   방약: 샐러리뿌리 10개, 대추10개를 수전하여 복용한다.

8. 신경성 피부염 치료

   방약: 샐러리 종자300g, 황정300g을 75%주정 500ml에 넣어 봄, 겨울에는 1개월간, 가을, 여름에는 15일간 담가 두었다가 여과 후 밀봉 보관한다. 30g의 샐러리를 수전 후 환부를 세척한 뒤 주정으로 도포하고 매일2회, 연이어 2주간 실시한다.

주의사항

1. 비위허약자, 개창환자, 간질환자는 복용을 금한다.
2. 장시간 삶지 않는다.

유채(油菜)

약재의 기원 십자화과의 이년생 초본식물인 유채의 줄기와 잎이다. 신선한 것을 생식하거나 볶아서 복용한다.

성미와 귀경 신(辛), 한(寒)하고, 간 · 폐 · 비장에 들어간다.

효능과 응용

1. 산혈소종(散血消腫)-변혈, 토혈, 산후복통
2. 해독-부스럼, 부종
3. 기타-회충증

경험방

1. 단독치료

   방약: 신선한 유채를 찧어서 환부에 매일2~3회 도포해주고, 유채즙을 매회30ml, 매일2~3회 온복(溫服)한다.

2. 장중첩증 치료

   방약: 유채기름120g을 1회에 복용한다.

주의사항

(1) 유채를 썬 후에는 세척을 하지 않는다. 썬 후에 세척하면 수용성 비타민이 물에 용해되어 소실되기 때문이다.

(2) 동물간, 오이, 토마토, 비타민K 등과는 같이 복용하지 않는다. 유채가 함유하고 있는 비타민C가 소실되거나 파괴되기 때문이다.

유채의 성분 (100g)

성분	함량	성분	함량	성분	함량
수분(g)	93.5	섬유질(g)	0.5	카로틴(mg)	3.15
단백질(g)	2.6	회분(g)	1.0	비타민B_1(mg)	0.08
지방(g)	0.4	칼슘(mg)	140.0	비타민B_2(mg)	0.11
당(g)	2.0	인(mg)	30.0	비타민P(mg)	0.9
열량(KJ)	92.0	철분(mg)	1.4	비타민C(mg)	51.0

당근

약재의 기원 산형과에 속한 이년생 초본식물인 당근의 뿌리이다. 신선한 뿌리를 생식하거나 삶아서 섭취한다. 홍당무라고도 한다.

성미와 귀경 감(甘) · 평(平)하고, 폐 · 비장에 들어간다.

효능과 응용

1. 명목(明目)－야맹증, 시력감퇴
2. 건비화체(健脾化滯)－소화불량, 설사
3. 보혈(補血)－어지러움, 발육장애
4. 기타－기침, 고혈압

경험방

1. 수두치료

   방약: 당근200g, 배150g, 원채(芫荽)150g, 발제(荸薺)100g을 수전하여 복용한다.

2. 백일해 치료

방약: 당근200g, 대추12개에 물3그릇을 넣고 1그릇까지 수전 후 10회로 복용한다.

3. 디프테리아 치료

방약: 당근을 수전하여 차 대용으로 복용하고 보조 치료법으로 한다.

4. 야맹증, 각막 건조증 치료

방약: 당근을 수전하여 복용하거나 생식으로 10일간 복용한다.

5. 고혈압 치료

방약: 당근500g을 즙을 내어 매일 3회 복용한다.

당근의 성분(100g)

성분	함량	성분	함량	성분	함량
수분(g)	98.3	칼슘(mg)	19.0	비타민B_2(mg)	0.04
단백질(g)	0.6	인(mg)	29.0	섬유질(g)	0.8
지방(g)	0.3	철(mg)	0.7	회분(g)	0.7
당분(g)	8.3	카로틴(mg)	1.35	비타민C(mg)	12.0
열량(KJ)	159	비타민B_1(mg)	0.04		

호박

약재의 기원 박과의 덩굴성 한해살이풀인 호박이다. 과육과 종자를 식용한다.

성미와 귀경 감(甘) · 온(溫)하고, 비(脾) · 위(胃)에 들어간다.

효능과 응용

1. 보중익기(補中益氣)-비위가 허약해서 생긴 피로, 식욕부진, 부종
2. 소담지통(消痰止痛)-담으로 인한 신체통증
3. 해독살충(解毒殺蟲)-각종 독성물질의 해독, 부스럼

경험방

1. 회충: 생호박500g(성인, 소아는 250g)을 복용하고 2시간 뒤에 설사약을 복용한다. 연이어 2일을 복용하면 유효율이 60%에 도달한다.
2. 아편해독: 생호박즙을 자주 관장한다.
3. 화상: 호박즙을 도포한다.
4. 폐옹(肺癰): 호박500g, 쇠고기250g을 같이 삶아서(소금가미 금지) 연이어 몇 차례 복용하고, 육미지황탕 5~6첩을 복용한다. 이때 기름진 음식을 섭취하지 않는다.
4. 당뇨병: 찐 호박을 자주 복용하거나 호박씨의 분말을 자주 복용한다.

호박의 성분표(100g당)

성분	함량	성분	함량	성분	함량
수분(g)	97.8	섬유질(g)	0.3	카로틴(mg)	2.40
단백질(g)	0.3	회분(g)	0.3	비타민B_1(mg)	0.05
지방(g)	0	칼슘(mg)	11.0	비타민B_2(mg)	0.06
당(g)	1.3	인(mg)	9.0	비타민P(mg)	-
열량(KJ)	25.1	철분(mg)	0.1	비타민C(mg)	4.0

주의사항

1. 시금치, 유채, 토마토, 배추와는 동복하지 않는다.
2. 양고기와 동복하지 않는다.

마늘(大蒜)

약재의 기원 백합과에 속하는 다년생 초본식물인 마늘의 뿌리이다. 신선한 것을 생식하거나 각종 요리에 양념으로 사용하기도 한다. 줄기도 식용으로 사용한다.

성미와 귀경 신(辛)·온(溫)하고, 비(脾)·위(胃)·폐(肺)에 들어간다.

효능과 응용

1. 소종(消腫)-소종(消腫)·해독(解毒)·살충(殺蟲)의 효능이 있어 옹절종독(癰癤腫毒)·선창(癬瘡)에 외용으로 많이 사용한다.
2. 해독(解毒)-해독작용이 강하기 때문에 폐결핵, 돈해(頓咳), 이질, 설사에 사용한다.
3. 살충(殺蟲)-구충(鉤蟲), 요충병에 사용하고, 빈랑, 학슬(鶴蝨), 고련피 등을 배합하면 치료의 효과가 증강된다.

이 밖에도 본 약재는 유행성 감기를 예방·치료하며, 식해중독(食蟹中毒) 등을 치료하는 데도 사용한다.

약리와 임상 최근 약리연구에 의하면 결핵, 폐렴, 백일해, 위축성위염, 고지질혈증, 동맥경화, 신장염 등의 병증에 효능이 있는 것으로 밝혀졌다.

용량과 주의 외용시에는 적당량을 찧어 붙이며, 얇게 썰어서 바르거나 마늘 편(片)을 놓고 뜸을 뜬다. 내복할 때에는 3~5개를 생식할 수도 있고, 탕약, 죽, 시럽으로 만들어 복용할 수도 있다. 피부에 장시간 도포하지 않는다. 장시간 도포 후에는 피부발적, 작열감, 수포, 궤양이 발생할 수 있다. 마늘은 자극성 강하고 인간의 적혈구에 접촉하면 갈색으로 변하고 고농도에서는 적혈구가 용해될 수도 있다. 음허화왕(陰虛火旺)과 목질(目疾)이 있고, 설(舌) · 후(喉) · 구치(口齒)에 질환이 있는 사람들은 복용하지 않는 것이 좋다. 임산부는 관장법(灌腸法)을 사용하지 않는다. 성장중인 아동에게는 대량으로 복용시키지 않는다. 대량으로 복용시에는 정기를 손상시키고 정액을 죽이고 발육에 저해될 수 있다.

마늘의 성분(100g)

성분	함량	성분	함량	성분	함량
수분(g)	69.8	칼슘(mg)	5.0	회분(g)	1.3
단백질(g)	4.4	인(mg)	44.0	비타민B_1(mg)	0.24
지방(g)	0.2	철분(mg)	0.4	비타민B_2(mg)	0.03
당분(Kj)	23.6	카로틴(mg)	0.02	비타민C(mg)	3.0
열량(g)	472.8	섬유질(g)	0.7		

양파

약재의 기원 백합과에 속하는 이년생 초본식물인 양파의 뿌리이다.

신선한 것을 생식하거나 각종 요리의 양념으로 사용하기도 한다.

성미와 귀경 신(辛)·온(溫)하고, 간·비·폐·위장에 들어간다.

효능과 응용

1. 발표온양(發表溫陽)-한성(寒性) 감기, 콧물
2. 해독(解毒)-각종 부스럼, 트리코마성 질염, 외상, 궤양
3. 온비개위(溫脾開胃)-식욕부진, 위장통, 설사.

약리와 임상

1. 살균, 살충작용

   양파 추출물의 결정은 1:10만 비율에서 금황색포도구균, 디프테리아간균을 죽이는 작용이 있었다.
2. 지질감소 작용

   건강한 남자가 양파60g 수전액을 복용한 결과 고지질 음식으로 인한 고콜레스트롤을 억제시켰고, fibrinolysin의 활성을 하강시켰다.
3. 혈당강하 작용

   Uroxin이나 아드레날린으로 인한 고혈당을 강하시키는 작용이 있었다.
4. 기타 작용

   동물실험에서 양파는 위장, 소장의 수축성과 분비를 증강시켰다.
5. 불면증

   양파1~2개를 십자로 잘라 머리맡에 두고 잔다.
6. 이질치료

   양파7개, 설탕50g을 쌀에 넣어 죽을 만들어 복용한다.
7. 백일해 치료

양파50g, 돼지소장을 볶은 후 쌀뜨물로 끓여서 복용한다.

8. 각기종통(脚氣腫痛) 치료

   양파50g, 래복자50g을 수전하여 복용한다.

9. 류마티스 관절통

   양파100g, 닭다리5개, 생강100g을 수전하여 조석으로 복용한다.

주의사항

1. 소금물에 절여서 복용하지 않는다. 소금물에 절이면 양파의 유효성분이 빠져나가기 때문이다.
2. 장시간 볶아서 복용하지 않는다. 비타민이 파괴되기 때문이다.

양파의 성분(100g)

성분	함량	성분	함량	성분	함량
수분(g)	88.3	섬유질(g)	1.1	카로틴(mg)	미량
단백질(g)	1.8	회분(g)	0.8	비타민B_1(mg)	0.03
지방(g)	0.0	칼슘(mg)	40.0	비타민B_2(mg)	0.02
당류(g)	8.0	인(mg)	50.0	비타민P(mg)	0.2
열량(KJ)	163.2	철분(mg)	1.8	비타민C(mg)	8.0

표고버섯

약재의 기원 담자균류에 속하는 느타리과의 식용버섯이다. 신선한 것이나 말린 것을 삶아서 복용한다.

성미와 귀경 감(甘) · 평(平)하고, 비장 · 간에 들어간다.

효능과 응용

1. 익기조식(益氣助食)－신체허약, 피로, 식욕부진
2. 치풍파혈(治風破血)－고혈압, 각종 부스럼, 홍역, 각종 암

약리와 임상

1. 면역증강

   버섯의 발효액은 T임파세포의 활성을 증강시켰고, 쥐의 T세포 면역을 증강시켰다.

2. 항암 작용

   체외실험에서 인간의 위암세포 증식을 현저하게 억제시켰다. 쥐의 체내실험에서 버섯의 추출물은 폐암 등의 증식을 억제시키는 작용이 있었다. 버섯의 다당류를 항암치료제와 동시에 사용한 결과 항암작용이 양호하였다.

3. 노화방지 작용

   버섯은 파리의 SOD의 활성을 증강시켰고, Lipofuscin 량을 감소시켰고, 수명을 연장시켰다.

4. 보간(補肝) 작용

   버섯의 종균 배양액 추출물은 만성 B형간염 환자 혈청의 HBe 항원을 음성으로 전환시켰다.

5. 지질감소 작용

   버섯분말, 버섯의 다당류는 쥐, 고지질혈증 환자의 콜레스트롤, TG 등을 현저하게 감소시켰고, 그 기전은 콜레스트롤 합성 억제, 흡수억제, 배출촉진이었다.

6. 자궁경부암, 위암 치료

버섯 매일 6~10g을 식용한다.

7. 고혈압 치료

마른 버섯을 매일3~4개 복용한 결과 양호한 효능이 있었다.

표고버섯의 성분(100g)

성분	함량	성분	함량	성분	함량
수분(g)	10.8	섬유질(g)	7.4	비타민B_1(mg)	0.16
단백질(g)	16.2	회분(g)	3.6	비타민B_2(mg)	1.59
지방(g)	1.8	칼슘(mg)	76.0	비타민P(mg)	23.4
당류(g)	60.2	인(mg)	280		
열량(KJ)	1347.2	철분(mg)	8.9		

목이(木耳)버섯

약재의 기원 담자균류에 속하는 목이과의 식용버섯이다. 신선한 것이나 말린 것을 삶아서 복용한다.

성미와 귀경 감(甘) · 평(平)하고, 폐 · 위 · 대장에 들어간다.

효능과 응용

1. 량혈지혈(凉血止血)−혈액에 열이 있는 토혈, 변혈, 치질성 변혈, 자궁이상출혈
2. 윤폐익위(潤肺益胃)−폐의 건조성 기침, 위음부족으로 인한 구강건조
3. 윤장(潤腸)−장에 진액이 부족하여 생긴 변비, 치질

약리와 임상

1. 고혈압, 동맥경화

목이 버섯은 약리실험에서 항진균, 항암, 항동맥경화 작용이 있는 것으로 밝혀졌고, 목이3g을 수전 후 기호에 맞게 설탕을 첨가한 뒤 매일 1회 복용한다.

2. 자궁경부암, 질암 치료

방약: 목이10g, 당귀, 백작약, 황기, 용안(龍眼), 진피, 감초각 3g을 수전하여 복용한다.

3. 빈혈치료

방약: 목이20g, 홍대추30개를 수전하여 복용한다.

4. 사지마비(저린감) 치료

방약: 목이120g, 도인120g, 꿀120g을 혼합 후 수전하여 4일 동안 복용한다.

5. 경폐(經閉) 치료

방약: 목이120g, 호도120g, 홍탕(紅糖)240g을 분말로 만들어 따뜻한 물이나 황주(黃酒)로 복용한다.

6. 기타

이외에 치칠출혈, 설사, 생리과다 등을 치료한 보고가 있다.

목이버섯의 성분(100g)

성분	함량	성분	함량	성분	함량
수분(g)	10.9	섬유질(g)	7.0	비타민B_1(mg)	0.15
단백질(g)	10.6	회분(g)	5.8	비타민B_2(mg)	0.55
지방(g)	0.2	칼슘(mg)	357.0	비타민P(mg)	2.7
당류(g)	65.5	인(mg)	201.0	카로틴	0.03
열량(KJ)	1280.3	철분(mg)	185.0		

양배추

약재의 기원 십자화과에 속한 일년생 초본식물인 양배추의 잎이다. 신선한 것을 생식하거나 삶아서 복용한다.

성미와 귀경 감(甘) · 평(平)하고, 비(脾) · 위(胃)에 들어간다.

효능과 응용

1. 보골수(補骨髓)-관절통, 요통, 건망증
2. 익장부(益臟腑)-피로, 식욕부진, 불면증
3. 조심력(助心力)-부정맥
4. 기타-양배추는 열량이 낮아 다이어트에 양호한 채소이다. 그리고 각종 미량원소가 많아 빈혈, 임산부 등에도 이로운 채소이고, 감기예방, 항노화에도 일정의 효능이 있다. 신선한 양배추에는 항균작용과 소염작용이 있어 각종 염증에 효능이 있고, 궤양을 낫게 하는 효능이 있어 웨궤양, 각종염증 등에도 사용하면 효능이 있다.

양배추의 성분표(100g당)

성분	함량	성분	함량	성분	함량
수분(g)		섬유질(g)	0.8	비타민B1(mg)	0.04
단백질(g)	1.5	비타민C(mg)	31.0	비타민B2(mg)	0.05
지방(g)	0.1	칼슘(mg)	50.0	비타민B3(mg)	0.60
탄수화물(g)	3.2	인(mg)	31.0	카로틴(ug)	31.0
열량(Kc)	17.0	철분(mg)	0.70	비타민A(ug)	20.0
비타민E(mg)	0.76	나트륨(mg)	57.50	아연(mg)	0.38
칼륨(mg)	124	마그네슘(mg)	11.0	구리(mg)	0.05

부추(韭菜)

약재의 기원 백합과에 속한 여러해살이 초본식물인 부추의 잎이다. 신선한 것을 생식하거나 즙을 내서 복용하기도 하고, 또한 다른 요리에 넣어서 복용하기도 한다. 종자도 약으로 사용한다.

성미와 귀경 신(辛) · 온(溫)하고, 간(肝) · 위(胃) · 신(腎)에 들어간다.

효능과 응용

1. 온중행기(溫中行氣)－비위가 허한하여 생긴 복통, 식욕부진, 구토, 설사증에 사용한다.
2. 산혈(散血)－외상성 어혈증에 사용한다.
3. 해독(解毒)－독충에 쏘인 증상에 사용한다.

경험방

1. 성기능장애: 부추400g, 호도100g을 참기름에 볶아 매일 1회, 1개월간 복용한다. 혹은 부추종자30g, 파고지30g을 분말로 만들어 매회9g, 매일3회 복용한다.
2. 신물트림: 구채즙100g, 우유1잔, 생강즙25g을 혼합하여 끓인 후 복용한다.
3. 소갈증: 구채의 싹150~250g(1일 분량)을 볶거나 죽을 만들어 복용한다(소금사용금지). 청명이 지난 후에는 복용하지 않는다.
4. 외상성 어혈: 부추와 밀가루를 3:1 비율로 혼합하여 반죽한 후 환부에 도포한다.
5. 백대하: 부추의 뿌리에 계란과 홍당(紅糖)을 넣은 후 끓여서 복용한다.

주의사항

1. 음액이 부족하여 열이 있는 증상에는 사용하지 않는다.
2. 여름에는 대량으로 섭취하지 않는다
3. 요리시 장시간 삶지 않는다.
4. 생식하면 섬유질이 소화가 잘 안되므로 가능한 한 익혀서 섭취한다.

부추의 성분표(100g당)

성분	함량	성분	함량	성분	함량
수분(g)	92.0	섬유질(g)	1.1	비타민B_1(mg)	0.03
단백질(g)	2.1	회분(g)	1.0	비타민B_2(mg)	0.09
지방(g)	0.6	칼슘(mg)	48.0	비타민B_3(mg)	0.9
당류(g)	3.2	인(mg)	46.0	비타민C(mg)	39.0
열량(KJ)	113.0	철분(mg)	1.7	카로틴	3.21

고추(辣椒)

약재의 기원 가지과에 속하는 일년생 초본식물인 고추의 열매이다. 신선한 것을 생식하거나 다른 요리에 양념으로 사용한다. 잎도 복용한다.

성미와 귀경 열(熱)·신(辛)하고, 심(心)·비(脾)에 들어간다.

효능과 응용

1. 온중개위(溫中開胃)－비위의 허한성(虛寒性) 통증, 식욕부진, 설

사, 복부팽만

2. 산한(散寒)-한사(寒邪)로 인한 관절통

경험방

1. 동상: 물에 고춧가루분말30g을 넣고 끓여서 환부에 찜질한다.
2. 탈모: 고추분말6g을 술30g에 10일간 담가 두었다가 여과한 뒤 환부에 도포한다.
3. 류마티스 관절통: 고추10개, 무1개를 같이 분쇄 후 환부에 도포한다.
4. 요통: 고춧가루분말, 바세린, 황주(黃酒)를 혼합하여 환부에 도포한다.
5. 수족무력: 고추나무 뿌리2개, 닭발15개, 땅콩100g, 대추6개를 수전하여(물1/2, 술1/2) 복용한다.

주의사항

1. 비타민K, 지혈제와는 동복(同服)하지 않는다.
2. 홍당무, 오이, 호박, 동물의 간과는 같이 복용하지 않는다. 동복하면 고추의 비타민C가 파괴된다.

고추의 성분표(100g당)

성분	함량	성분	함량	성분	함량
수분(g)	14.6	섬유질(g)	41.7	비타민B1(mg)	0.53
단백질(g)	15.0	망간(mg)	11.70	비타민B2(mg)	0.16
지방(g)	12.0	칼슘(mg)	12	비타민B3(mg)	1.2
당류(g)	11.0	인(mg)	29	카로틴(ug)	-
열량(Kj)	887	철분(mg)	6.0	비타민C(mg)	198
비타민E(mg)	8.76	나트륨(mg)	1.8	아연(mg)	8.21
칼륨(mg)	1085	마그네슘(mg)	131	구리(mg)	0.61

미나리

약재의 기원 미나리과에 속하는 여러해살이 초본식물인 미나리의 줄기와 잎이다. 신선한 것을 생식하거나 삶아서 복용하고, 건조 후 사용하기도 한다.

성미와 귀경 신(辛) · 량(凉)하고, 폐 · 위 · 방광경에 들어간다.

효능과 응용

1. 청열이수(淸熱利水)-발열, 부종, 배뇨장애, 비뇨기 감염
2. 화담하기(化痰下氣)-가래가 많은 기침, 천식, 고지질혈증, 고혈압, 부정맥, 불면증
3. 해독소종(解毒消腫)-열이 있는 각종 염증, 부스럼, 부종
4. 건비화위(健脾和胃)-식욕부진, 복부팽만

약리와 임상

1. a-naphthyl isothiocyanate로 인한 쥐의 중독성 간염에 50%의 미나리 수전액 24ml/kg을 위장에 투여하거나 50%의 미나리 주사약 15ml/kg을 쥐의 복강에 3일간 투여한 결과 혈중 TBIL이 현저하게 감소하였고 각38%, 39% 하강하였다. 그러나 GPT에는 특별한 변화가 없었다.
2. CCI4중독성 간염

   CCI4중독성 간염인 쥐에게 50%의 미나리 주사약을 6일간 주사한 결과 2ml/kg 투여시에는 TBIL이 현저하게 감소하였고, 5ml/kg에서는 TBIL의 강하가 아주 현저하였으나 GPT에는 변화가 없었다. 10ml/kg에서는 TBIL, GPT가 감소하였다.

주의사항

1. 성질이 차기 때문에 비위장이 허약한 사람은 대량으로 섭취하지 않는다.
2. 자라와 동복하지 않는다.

영지(靈芝)

약재의 기원 담자균류이고, 구멍장이버섯과의 버섯이다. 껍질이 딱딱하여 잘게 잘라서 사용해야 한다.

성미와 귀경 감(甘) · 고(苦) · 평(平)하고, 심 · 비 · 폐 · 간 · 신에 들어간다.

효능과 응용

1. 안신(安神)-신경쇠약, 불면증, 심계
2. 익정기(益精氣)-피로, 어지러움증, 허약성 기침, 천식
3. 강근골(强筋骨)-각종 관절통, 요통

약리와 임상

1. 진해(鎭咳), 거담, 평천(平喘) 작용

   NH_3 H_2O 분무법으로 인한 기침 실험에서 붉은 영지 수전액, 주정추출물은 진해 작용이 있었고, 페놀 분비 실험에서 붉은 영지 수전액, 주정추출물은 거담작용이 있었고, 붉은 영지액과 균사체의 주정추출물, 농축발효액은 히스타민으로 인한 쥐의 기관지 수축을 억제시키는 작용이 있었다.

2. 심장에 미치는 영향

붉은 영지의 팅크제는 체외에서 두꺼비의 심장을 증강시켰고 약량의 일정한 범위내에서는 비례하였고, 수전액은 뇌하수체후엽소로 인한 심근이 허혈한 토끼의 심장을 보호하는 작용이 있었고, 심근의 순환을 개선하는 작용이 있었다.

3. 혈압에 미치는 영향

영지의 수전액을 쥐와 토기에게 정맥주사한 결과 수축기압과 이완기압이 하강하였으나 심박동수에는 아무런 변화가 없었다. 그 기전은 교감신경을 억제시켜서 발생하는 것이다.

4. 혈지질에 미치는 영향

장기간 적영지의 농축액, 시럽을 복용한 결과 동맥경화가 경감하였고, 고혈압이 있는 쥐에게 투여한 결과 콜레스트롤이 현저하게 감소하였다.

5. 간에 미치는 영향

쥐에게 적영지 팅크제를 위장에 투여한 결과 carbon tetrachlorid 로 인한 간의 병리적인 손상을 경감시켰고, 상승된 GPT를 현저하게 감소시켰다.

6. 부신피질에 미치는 영향

양측의 부신피질을 제거한 쥐에게 복방영지를 투여한 결과 기관지염, 간질성 폐렴의 발병율이 부신피질을 제거하고 약 투여를 하지 않은 대조군보다 낮았다.

7. 면역에 미치는 영향

영지액은 쥐 복강 거식세포의 거식율과 거식지수를 증가시켰고, 영지의 다당류는 면양세포로 유도한 정상적인 쥐의 항체형성이 촉진되었고, conA의 유도한 임파세포 증식반응이 촉진되었다.

8. 진정, 진통 작용

쥐의 복강에 영지발효액이나 균사체를 주사한 결과 바로 진정작용이 발생하여 자발적인 행동, 근육의 긴장도가 현저하게 경감하였고 용량에 비례하였다. 그리고 열판 실험, 전기자극 실험에서 쥐의 통증역치가 증가하였다.

9. 기타 작용

이외에 항-암, 평활근 억제, 항-방사선, 혈당하강, 항-응혈 등의 작용이 있었다.

용량과 주의 일반적으로 3~15g을 사용한다. 분말로 복용시에는 1.5~3g을 복용한다. 비위허한(脾胃虛寒) 자는 주의 한다.

4 육류

쇠고기(牛肉)

약재의 기원 소과에 속하는 포유류인 소의 고기이다. 건조시키거나 익혀서 복용한다.

성미와 귀경 감(甘) · 함(鹹) · 평(平)하고, 비 · 위 · 폐 · 신장에 들어간다.

효능과 응용

1. 보비위(補脾胃)－비 · 위장이 허약하여 식욕이 부진한 체질이나

병증

2. 익기혈(益氣血)-신체 허약으로 인한 어지러움, 신체수척, 성장장애
3. 강근골(强筋骨)-피로, 신체 및 관절통, 요통

경험방

1. 비위허약, 기혈부족: 우육250g, 산약30g, 연자30g, 복령30g, 소회향30g, 대추30g에 물을 적당량 넣고 끓인 후 조미료를 가미하여 복용한다. 소회향을 제외하고 다른 약재는 복용해도 무방하다.
2. 복부냉통, 식욕부진: 우육500g, 호초3g, 사인3g, 필발6g, 귤피6g, 초과6g, 고량강6g, 생강6g의 분말을 생강즙, 파즙, 물 적당량에 혼합하여 2일간 숙성시켰다가 삶아서 우육을 복용한다.
3. 비위허약, 영양불량성 수종: 우육500~1000g을 잘게 썰어서 물에 넣고 푹 삶은 후 농축하여 수시로 복용한다.(소금 소량 첨가)

주의사항

1. 한번 요리한 것을 자주 데워서 먹거나 냉동실에 오래두고 복용하면 항암물질이 생성될 수 있다.
2. 우육은 열을 생성하는 작용이 있으므로 열성체질의 사람은 대량으로 복용하지 않는다.
3. 쇠고기를 훈제하거나 장시간 숙성시키면 nitrosamine(발알물질)이 생성될 수 있다.

우육의 성분표(100g당)

성분	함량	성분	함량	성분	함량
수분(g)	75.2	비타민B_2(mg)	0.13	마그네슘(mg)	21
단백질(g)	20.2	비타민B_3(mg)	6.3	철분(mg)	2.8
지방(g)	2.3	비타민E(mg)	0.35	망간(mg)	0.04
당류(g)	1.2	인(mg)	172	아연(mg)	3.71
회분(g)	1.1	칼륨(mg)	284	구리(mg)	0.16
비타민A(ug)	6	나트륨(mg)	53.6	셀렌(mg)	10.55
비타민B_1(mg)	0.07	칼슘(mg)	9		

돼지고기

약재의 기원 멧돼지과에 속하는 잡식성 포유동물인 돼지의 고기이다. 기생충이 많기 때문에 반드시 충분히 익혀서 섭취한다.

성미와 귀경 감(甘)·함(鹹)·평(平)하고, 비장·위·폐·신장에 들어간다.

효능과 응용

1. 자음윤조(滋陰潤燥)-허성(虛性) 기침, 소갈증, 대장의 건조로 인한 변비
2. 보익허손(補益虛損)-신체 허약, 피로

주의사항

① 돼지의 갑상선은 복용하지 않는다

② 고혈압환자나 콜레스트롤이 높은 자는 자주, 대량으로 복용하지 않는다.

③ 돼지의 부신이나 병변이 있는 임파절은 복용을 금한다.

④ 요리전에 뜨거운 물에 담가 두지 않는다.

⑤ 요리중에 냉수를 첨가하지 않는다

⑥ 소고기, 양간, 대두(大豆), 오매, 대황과는 동복(同服)하지 않는다.

돼지고기의 성분(100g)

성분 \ 함량	종 류		
	비계	삼겹살	살고기
열량(KJ)	3414	1654	598
수분(g)	8.8	46.8	71.0
단백질(g)	2.4	13.2	20.3
지방(g)	90.4	37.0	6.2
당(g)	0	2.4	1.5
비타민A(ug)	29	114	44
비타민B_1(mg)	0.08	0.22	0.54
비타민B_2(mg)	0.05	0.16	0.10
비타민P(mg)	0.9	3.5	5.3
비타민E(mg)	0.24	0.49	0.34
칼륨(mg)	23	204	305
칼슘(mg)	2	6	6
마그네슘(mg)	2	16	25
철분(mg)	1	1.6	3
인(mg)	77	162	189

오리고기

약재의 기원 오리과에 속하고 잡식성 조류인 오리의 육질이다.

성미와 귀경 감(甘)·함(鹹)·량(凉)하고, 비장·폐·신장에 들어간다.

효능과 응용

1. 자음양폐(滋陰養肺)-음허성 발열, 기침, 토혈
2. 이수소종(利水消腫)-수종, 이질

경험방

체내열이 있고 신체가 허약하고 식욕부진, 대변건조, 수종이 있는 자가 복용하면 좋고, 동시에 영양불량, 산후조리, 유정(遺精), 생리량 소량 등에도 복용하고, 또한 암환자, 방사선치료후, 당뇨병, 간경화복수, 폐결핵, 신부전성 수종 등에도 복용한다.

주의사항 허한성 허약체질, 한성(寒性) 소화불량, 설사자, 요통, 한성(寒性) 생리통, 비만증, 동맥경화, 만성장염, 감기환자는 복용을 금한다. 토끼고기, 딸기, 호도, 자라, 호두, 마늘과는 동시에 복용하지 않는다.

오리고기의 성분(100g)

성분	함량	성분	함량	성분	함량
열량(KJ)	240	콜레스트롤(mg)	94	비타민E(mg)	0.27
단백질(g)	15.50	비타민A(ug)	52	칼슘(mg)	6.0
지방(g)	19.70	비타민B_1(mg)	0.08	인(mg)	122.0
탄수화물(g)	0.2	비타민B_2(mg)	0.02	철분(mg)	2.20
비타민B5(mg)	1.13	비타민P(mg)	4.2	아연(mg)	1.33

토끼고기

약재의 기원 토끼과에 속하는 포유류 동물인 토끼의 고기이다.

성미와 귀경 감(甘) · 량(凉)하고, 간 · 대장에 들어간다.

효능과 응용

1. 보중익기(補中益氣)－비허기약(脾虛氣弱)이나 영양불량으로 인한 피로증, 비위음허(脾胃陰虛)로 인한 소갈, 구강건조, 위장의 열증에 사용한다.
2. 량혈해독(凉血解毒)－혈액의 열로 인한 각종 부스럼증

경험방

1. 폐결핵

   방약: 토끼의 태반을 건조한 후 분말로 만들어 매회0.6~1.2g을 매일 3회 복용한다.
2. 소갈, 피로증

   방약: 토끼1마리(내장제거), 산약을 수전한 후 복용한다.
3. 비허기약(脾虛氣弱)

   방약: 토끼고기120g, 산약30g, 구기자15g, 당삼15g, 황기15g, 대추10개를 수전한 후 복용한다.

주의사항

1. 닭고기와 같이 먹으면 설사할 수 있다.
2. 지혈제와 같이 먹으면 효능에 영향을 줄 수 있다.
3. theophylline(기관지 확장제)와는 같이 복용하지 않는다.

토끼고기의 영양성분(100g)

성분	함량	성분	함량	성분	함량
수분(g)	76.2	비타민A(ug)	212	비타민B_1(mg)	0.11
단백질(g)	19.7	회분(g)	1.0	비타민B_2(mg)	0.10
지방(g)	2.2	칼슘(mg)	12.0	비타민P(mg)	5.8
당분(g)	0.9	인(mg)	165		
열량(KJ)	10.2	철분(mg)	2.0		

오골계

약재의 기원 꿩과의 조류인 닭의 한 종류이다.

성미와 귀경 감(甘)·평(平)하고, 간·신에 들어간다.

효능과 응용

1. 보간신(補肝腎)-간신음허(肝腎陰虛)로 인한 도한(盜汗), 구강건조
2. 청허열(淸虛熱)-도한, 허열, 수족심열
3. 보중건비(補中健脾)-비위허약으로 인한 중기(中氣) 부족, 설사, 식욕부진, 비신부족(脾腎不足)으로 인한 여성의 백대하, 유정(遺精)

경험방

1. 간신부족, 비위허약

방약: 오골계(雄)1마리, 인삼15g, 황기15g, 당귀15g, 숙지황15g, 생지황15g, 백작약15g, 오미자15g, 백출15g, 복령15g,

천궁15g, 시호15g, 전호15g, 황연15g, 황백15g, 지모15g, 패모15g으로 환약을 만들어 복용한다.

오골계의 성분(100g당)

성분	함량	성분	함량	성분	함량
수분(g)	73.9	비타민B_3(mg)	7.1	망간(mg)	0.05
단백질(g)	22.3	비타민E(mg)	1.77	아연(mg)	1.60
지방(g)	2.3	칼륨(mg)	323	구리(mg)	0.26
당분(g)	0.3	나트륨(mg)	64.0	인(mg)	210
회분(g)	1.2	칼슘(mg)	17	셀렌(g)	7.73
비타민B_1(mg)	0.02	마그네슘(mg)	51		
비타민B_2(mg)	0.20	철분(mg)	2.3		

염소고기

약재의 기원 소과의 포유동물인 염소의 고기이다.

성미와 귀경 감(甘) · 온(溫)하고, 비 · 신장에 들어간다.

효능과 응용

1. 보혈익기(補血益氣)-기혈부족으로 인한 피로, 허약, 비위허랭(脾胃虛冷)으로 인한 설사, 복통 등의 증상에 사용한다.
2. 온중난신(溫中暖腎)-신양부족으로 인한 성기능 장애, 요통, 빈뇨 등의 증상에 사용한다.

경험방

(1) 비위허한: 양고기250g, 당귀30g, 생강15g을 수전한 후 복용한다.

(2) 신허성 양위증(陽痿證): 양고기250g을 삶아 마늘15g과 같이 복용한다.

양고기의 성분(100g)

성분	함량	성분	함량	성분	함량
수분(g)	66.9	비타민P(mg)	5.2	망간(g)	0.02
단백질(g)	19.0	비타민E(mg)	0.31	Zn(mg)	3.22
지방(g)	14.1	칼륨(mg)	232	구리(mg)	0.75
회분(g)	1.2	Na(mg)	80.6	인(mg)	146
비타민A(ug)	22	칼슘(mg)	6	Se(ug)	32.30
비타민B_1(mg)	0.05	마그네슘(mg)	20		
비타민B_2(mg)	0.16	철분(mg)	2.3		

5 어패류

잉어(鯉魚)

약재의 기원 잉어과의 민물고기이다. 신선한 것을 회로 복용하거나 삶아서 섭취한다.

성미와 귀경 감(甘) · 평(平)하고, 폐 · 비장 · 신장에 들어간다.

효능과 응용

1. 건비익기(健脾益氣)−신체허약, 식욕부진, 부종, 설사, 피로
2. 청열해독(淸熱解毒)−각종 부스럼, 황달
3. 이수소종(利水消腫)−부종, 배뇨장애
4. 하기지해(下氣止咳)−기침 천식, 호흡촉박, 호흡무력
5. 통유증유(通乳增乳)−모유결핍
6. 보익안태(補益安胎)−태동불안(胎動不安), 습관성 유산

주의사항

① 잉어의 양측부위 흰선의 근(筋)은 먹지 않는다.

② 개고기, 팥, 자소, 맥문동, 천문동과 배합해서 복용하지 않는다.

③ 조리 후 반복해서 데우거나 냉방보관 후 다시 데워서 먹으면 단백질 변성으로 인체에 해롭다.

④ 조리시 검게 태우면 단백질 변성으로 유해물질이 형성되어 해롭다.

잉어의 성분(100g)

성분	함량	성분	함량	성분	함량
수분(g)	76.7	비타민B_2(mg)	0.09	칼슘(mg)	53.7
단백질(g)	17.6	당(g)	0.5	철분(mg)	1.0
지방(g)	4.1	비타민P(mg)	2.7	비타민A(ug)	25
회분(g)	1.1	비타민E(mg)	1.27	마그네슘(mg)	33
비타민B_1(mg)	0.03	칼륨(mg)	334	구리(mg)	0.06

붕어(鯽魚)

약재의 기원 잉어과의 민물고기로 붕어를 말한다. 신선한 것을 회로 복용하거나 삶아서 섭취한다.

성미와 귀경 감(甘) · 미온(微溫)하고 비장 · 위장에 들어간다.

효능과 응용

1. 건비이습(健脾利濕)–비장허약으로 인한 식욕부진, 신체허약, 부종, 설사, 간염, 간경화 복수, 당뇨병, 노약자
2. 화중개위(和中開胃)–복부팽만, 식욕부진
3. 활혈통락(活血通絡)–고혈압
4. 온중하기(溫中下氣)–신장염, 수종, 배뇨장애
5. 기타–만성기관지염, 여성질환, 모유결핍

경험방

1. 식욕부진, 소화불량: 붕어1마리의 창자를 꺼집어 내고 초두구6g을 넣고 꿰맨 후 생강6g, 진피6g, 호초0.5g과 같이 물에 넣어 푹 끓인 후 소금으로 가미하여 복용한다.

주의사항

1. 붕어를 복용하기 전후에 녹차를 복용하지 않는다.
2. 감기 등으로 인해 발열이 있으면 대량으로 섭취하지 않는다.
3. 일반적으로 마늘, 사삼, 돼지간, 꿩고기, 사슴고기, 맥문동, 후박 등과는 동복(同服)하지 않는다.

붕어의 성분표(100g당)

성분	함량	성분	함량	성분	함량
수분(g)	75.4	비타민B_2(mg)	0.09	마그네슘(mg)	41
단백질(g)	17.1	비타민B_3(mg)	2.5	철분(mg)	1.3
지방(g)	2.7	비타민E(mg)	0.68	망간(mg)	0.06
당류(g)	3.8	인(mg)	193	아연(mg)	1.94
회분(g)	1.0	칼륨(mg)	290	구리(mg)	0.08
비타민A(ug)	17	나트륨(mg)	41.2	셀렌(mg)	14.31
비타민B_1(mg)	0.04	칼슘(mg)	79		

가물치(鱧魚)

약재의 기원 농어목, 가물치과에 속하는 민물고기이다.

성미와 귀경 감(甘) · 량(凉)하고, 비장에 들어간다.

효능과 응용

1. 보비익기(補脾益氣)－기혈부족, 생리폐경
2. 이수(利水)－비허성(脾虛性)수종, 각기, 배뇨장애

경험방

1. 비허성 수종

   방약: 가물치500g, 동과200g을 끓인 후 파10g, 소금소량으로 가미하여 복용한다.

2. 안면수종, 소변량 감소, 기침, 가래

방약: 가물치500g을 삶은 후 고기를 건져내고 택사10g, 택칠10g, 상백피10g, 자소10g, 행인10g을 넣어 다시 수전 후 식전에 복용한다.

가물치의 성분(100g)

성분	함량	성분	함량	성분	함량
수분(g)	78.7	비타민P(mg)	2.6	철분(mg)	0.7
단백질(g)	19.5	비타민E(mg)	0.97	망간(mg)	0.06
지방(g)	1.2	칼륨(mg)	313	아연(mg)	0.80
회분(g)	1.6	나트륨(mg)	48.8	구리(mg)	0.05
비타민B_1(mg)	0.02	칼슘(mg)	152	인(mg)	232
비타민B_2(mg)	0.14	마그네슘(mg)	33	셀렌(ug)	24.57
비타민A	26				

메기(鮎魚)

약재의 기원 메기목, 메기과에 속하는 민물고기이다.

성미와 귀경 감(甘) · 온(溫)하고, 비장에 들어간다.

효능과 응용

1. 건비이습(健脾利濕): 수종, 배뇨장애, 신장염, 빈혈
2. 통유즙(通乳汁)－유즙불통
3. 자음개위(滋陰開胃)－진액이 부족하여 생긴 구강건조, 식욕부진

경험방

1. 비허성 수종, 배뇨장애: 메기2마리에 향채15g을 배속에 넣고 푹 고은 후 복용한다.
2. 유즙불통: 메기1마리를 푹 고은 후 육즙을 짜낸 뒤 계란2개, 생강, 소금으로 가미하여 복용한다.

메기의 성분표(100g당)

성분	함량	성분	함량	성분	함량
열량(kj)	102	비타민B_3(mg)	2.5	마그네슘(mg)	22
수분(g)		비타민A(mg)	-	철분(mg)	2.1
단백질(g)	78.0	비타민E(mg)	0.54	망간(mg)	0.03
지방(g)	17.3	당류(mg)	0	아연(mg)	0.53
회분(g)	3.7	칼륨(mg)	351	구리(mg)	0.09
비타민B_1(mg)	1.3	나트륨(mg)	49.6	인(mg)	195
비타민B_2(mg)	0.03	칼슘(mg)	42	셀렌(ug)	27.49

미꾸라지(魚鰍)

약재의 기원 잉어목, 기름종개과의 민물고기이다.

성미와 귀경 감(甘) · 평(平)하고, 비장에 들어간다.

효능과 응용

1. 보중익기(補中益氣)－피로, 설사, 음주후 숙취, 당뇨병, 전염성간염, 이질, 소갈증

2. 거습사(祛濕邪)-부종, 각종 피부병

3. 보신장양(補腎壯陽)-성기능장애, 요통, 요실금

경험방

1. 소갈증

   방약: 미꾸라지10마리(머리, 꼬리제거)를 태워 재를 연잎과 동일량으로 매회6g, 1일3회 복용한다.

2. 황달습열, 소변감소: 두부와 미꾸라지를 끓여서 복용한다.

3. 급성간염

   살아있는 미꾸라지를 용기에 넣고 식용유를 몇방울 떨어뜨리고 매일 맑은 물로 갈아준다. 며칠후 오염물질과 배설물이 다 배출하면 건조후 매회10g, 1일3회 온수로 복용한다.

미꾸라지의 성분(100g)

성분	함량	성분	함량	성분	함량
수분(g)	76.6	비타민A(ug)	14	비타민B_1(mg)	0.10
단백질(g)	17.9	회분(g)	1.8	비타민B_2(mg)	0.33
지방(g)	2.0	칼슘(mg)	299	비타민P(mg)	3.2
당분(g)	1.7	인(mg)	302		
열량(KJ)	401.7	철분(mg)	2.9		

장어(鰻魚)

약재의 기원 뱀장어과 속한 민물고기이다.

성미와 귀경 감(甘) · 평(平)하고, 간(肝) · 신(腎)에 귀경한다.

효능과 응용

1. 보허양혈(補虛養血)－신체허약, 수척, 어지러움
2. 거풍습(祛風濕), 살충－관절통, 피부병, 부스럼, 각기부종, 치질 혈변

경험방

1. 폐결핵, 신체수척: 장어500g을 적당한 크기로 잘라 용기에 넣고, 물과 황주(黃酒)를 동일량으로 적당량 붓고 끓인 후 소금, 생강으로 가미하여 복용한다.
2. 풍습 관절통: 장어1마리(잘게 자른다)에 찹쌀250g을 넣고 죽을 만들어 소금, 생강, 파로 가미하여 복용한다.

장어의 성분표(100g당)

성분	함량	성분	함량	성분	함량
수분(g)	67.1	비타민B_3(mg)	3.8	철분(mg)	1.5
단백질(g)	18.6	비타민E(mg)	3.6	당류(mg)	2.3
지방(g)	10.8	칼륨(mg)	207	아연(mg)	1.15
회분(g)	1.2	나트륨(mg)	58.8	구리(mg)	0.18
비타민B_1(mg)	0.02	칼슘(mg)	42	인(mg)	248
비타민B_2(mg)	0.02	마그네슘(mg)	34	셀렌(ug)	33.66

우렁이(田螺)

약재의 기원 중복족목(中腹足目), 논우렁이과의 연체동물이다.

성미와 귀경 감(甘) · 함(鹹) · 량(凉)하고, 간 · 신장에 들어간다.

효능과 응용

1. 청열지갈(清熱止渴)-발열, 구강건조
2. 이뇨통림(利尿通淋)-부종, 비뇨기 감염, 배뇨장애
3. 명목퇴황(明目退黃)-간염, 황달, 안구충혈

경험방

1. 소갈증: 우렁이120g에 물을 적당히 넣어 삶은 후 우렁이를 건져내 껍질을 벗기고 삶은 물에 찹쌀을 넣어 죽을 끓여 쌀이 푹 익으면 우렁이 살(肉)을 넣어 다시 끓여서 먹는다.
2. 알콜성 황달: 우렁이 살100g을 분쇄해서 황주(黃酒)200ml를 넣고 잠시 동안 끓인 후 복용한다.

우렁이의 성분(100g)

성분	함량	성분	함량	성분	함량
수분(g)	82.0	비타민B_2(mg)	0.19	철분(mg)	19.7
단백질(g)	11.0	비타민P(mg)	2.2	망간(mg)	1.26
지방(g)	0.2	비타민E(mg)	0.75	아연(mg)	2.71
당분(g)	3.6	칼륨(mg)	98	구리(mg)	0.80
회분(g)	3.2	나트륨(mg)	26.0	인(mg)	93
비타민B_1(mg)	0.02	마그네슘(mg)	77	셀렌(ug)	16.73

주의사항

1. Levodopa성분의 약을 복용 후에는 우렁이를 복용하지 않는다. 우렁이에 단백질 성분이 많아 약효에 영향을 줄수 있다.
2. 탄닌이 많은 과일과는 같이 섭취하지 않는다. 탄닌과 칼슘, 단백질을 같이 복용하면 소화장애를 유발하여 위장장애를 일으킨다.

별갑(鱉甲)

약재의 기원 자라과의 파충류이다. 껍질, 육질, 혈액을 약용으로 사용한다.

성미와 귀경 함(鹹) · 한(寒)하고, 간(肝)에 들어간다.

효능과 응용

1. 자음잠양(滋陰潛陽)-열병으로 인해 음액이 손상되어 인체내부에서 허성(虛性) 바람이 생긴 병증에 사용한다. 음액을 보하면서 열을 없애는 작용이 있다. 음액을 보하는 작용은 귀판보다는 약하지만 열을 없애는 작용은 강하다. 그래서 음액이 부족하여 발생한 발열증에 많이 사용한다.
2. 연견산결(軟堅散結)-딱딱한 것을 부드럽게 하고, 뭉친 것을 풀어주는 효능이 있어 자궁근종, 폐경, 마라리아 등의 병증에 사용한다.

약리와 임상 최근 약리 연구에 의하면 항방사선, 면역력 증강, 항암, 간보호 등의 효능이 있는 것을 밝혀졌고, 임상에서는 각종 암,

폐결핵, 늑연골염, 간숫치 상승, 성기능장애, 요통, 남성불임증 등의 병변에 사용하고 있다.

용량와 주의 일반적으로 10~30g을 사용하고, 다른 약재보다 먼저 달인다. 자음잠양(滋陰潛陽)할 때에는 생용(生用)하는 것이 좋으며, 연견산결(軟堅散結)할 때에는 식초로 볶아서 쓰는 것이 좋다. 비위허한(脾胃虛寒)으로 인한 식욕부진, 설사, 임산부는 모두 복용을 금한다.

별육(鼈肉)

약재의 기원 자라과의 파충류인 자라의 고기이다.

성미와 귀경 함(鹹) · 한(寒)하고, 간(肝)에 들어간다.

효능과 응용

1. 자보간신(滋補肝腎)-간신음허(肝腎陰虛)로 인한 발열, 허성(虛性) 기침이나 충임허약(冲任虛弱)으로 인한 자궁이상출혈 등에 사용한다.
2. 량혈(凉血)-혈액의 열로 인한 출혈 등의 병증에 사용한다.

경험방

1. 간신허약성 요통

   방약: 자라1마리에 구기자30g, 산약30g, 여정자15g, 숙지황15g을 넣어 수전 후 복용한다.

2. 폐결핵(陰虛發熱者)

방약: 자라1마리, 지모15g, 패모15g, 은시호15g, 행인15g을 수전하여 복용한다.

별육의 성분(100g당)

성분	함량	성분	함량	성분	함량
열량(KJ)	494	당분(g)	2.1	철분(mg)	2.8
수분(g)		비타민A(ug)	139	망간(mg)	0.05
단백질(g)	75	비타민P(mg)	3.3	구리(mg)	0.12
지방(g)	17.8	비타민E(mg)	9.89	인(mg)	114
회분(g)	4.3	NA(mg)	96.9	셀렌(ug)	15.19
비타민B_1(mg)	0.8	칼슘(mg)	70	아연(mg)	2.31
비타민B_2(mg)	0.07	마그네슘(mg)	15	칼륨(mg)	196

전복(鮑魚)

약재의 기원 전복과에 속하는 연체동물중의 하나이다. 껍질도 약재로 사용한다.

성미와 귀경 감(甘)·함(鹹)·평(平)하고, 간(肝)·신(腎)에 들어간다.

효능과 응용

1. 자음청열(滋陰淸熱)-간과 신장의 음액을 보하는 작용이 있어 음허(陰虛)로 인한 도한, 안구충혈 등의 병증에 효능이 있다.
2. 보간명목(補肝明目)-시력감퇴, 요통

3. 기타-전복의 껍질인 석결명은 평간잠양(平肝潛陽), 식풍진정(息風鎭靜) 등의 효능이 있다. 임상에서는 위산과다, 도한, 백내장, 토혈, 불면증의 병증에 사용하고 있다.

경험방

1. 시력감퇴: 전복30g, 석결명30g, 구기자30g, 국화10g에 적당량의 물을 넣어 수전하여 복용한다.

주의사항

1. 통풍환자나 요산이 높은 사람은 주의한다.

전복의 성분표(100g당)

성분	함량	성분	함량	성분	함량
수분(g)	77.5	비타민B_2(mg)	0.16	마그네슘(mg)	59
단백질(g)	12.6	비타민B_3(mg)	0.2	철분(mg)	22.6
지방(g)	0.8	비타민E(mg)	2.20	망간(mg)	0.40
당류(g)	6.6	인(mg)	77	아연(mg)	1.75
회분(g)	2.5	칼륨(mg)	136	구리(mg)	0.72
비타민A(ug)	24	나트륨(mg)	2011.7	셀렌(mg)	21.38
비타민B_1(mg)	0.01	칼슘(mg)	266		

6 견과류

호두(核桃)

약재의 기원 가래나무과의 낙엽교목인 호두나무의 열매이다. 생용 혹은 삶거나 구워서 복용한다.

성미와 귀경 감(甘) · 온(溫)하고, 신(腎) · 폐(肺) · 대장(大腸)에 들어간다.

효능과 응용

1. 보신고정(補腎固精)－신장허약으로 인한 요통, 유정(遺精), 건망증
2. 온폐정천(溫肺定喘)－폐기의 허한으로 인한 호흡무력, 호흡촉박
3. 윤장통변(潤腸通便)－변비

경험방

1. 항노화, 항지방간

   호두에는 불포화지방산이 많아 세포의 노화를 방지하고, 간에 지방이 축적되는 것을 예방한다. 쥐 실험에서 호도는 쥐의 신장과 뇌의 Na^{+}－K^{+}－ATP와 RBC－SOD가 활성화 되었다.

2. 비뇨기결석치료

   ① 호두1kg에 쌀을 넣어 1000ml로 죽을 만들어 끼니때마다 복용한다.

   ② 호두120g을 식용유에 볶아서 설탕을 적당량 넣고 분말을 만들어 물에 타서 1~2일내에 복용한다.

③ 호두(炒黃)500g, 계내금(분말)250g을 꿀500g에 넣어 끓인 후 매일3회, 매회 1순갈, 15~30일간 복용하면 효능이 있다.

3. 신허요통

호두20개, 파고지250g, 두충(생강즙에 볶음)500g의 분말을 마늘200g의 졸인 물로 환약(오동나무종자 크기)을 만들어 매회30알, 따뜻한 술로 복용한다.

4. 성기능 장애: 매일 생호두60g을 1달여간 복용한다.
5. 신허성 기침: 호두, 인삼각6g을 수전하여 복용한다.
6. 오래된 기침: 호두50개(볶아서 껍질 제거), 인삼150g, 행인350개(볶아서 껍질 제거)의 분말을 꿀로 환약(오동종자 크기)을 만들어 인삼물로 공복에 1알씩 복용한다.
7. 피부습진: 호두기름을 짜서 환부에 도포한다.
8. 불면증: 호두, 검은깨, 상엽각30g으로 3g크기의 환약을 만들어 매회3알, 매일2회 복용한다.
9. 호두에는 단백질과 불포화지방산이 많아 대뇌의 대사에 영향을 미쳐 기억력증강의 효능이 있고, 또한 콜레스트롤을 감소시켜 동맥경화를 막아주는 효능이 있다. 다른 보고에 의하면 호도는 2형 당뇨병에 양호한 효능이 있고, 암환자에게는 통증을 완화시키는 작용이 있고, 그 외에 백혈구 증가, 간기능 증강의 효능이 있다고 한다. 그리고 비타민E가 많아 성선증강과 피부보호의 효능도 있다.

주의사항

1. 하루 적당량은 5~6개 정도이다. 대량으로 복용하면 가래가 생기고 심하면 구역질, 설사를 할 수도 있다. 음액이 부족하여 열이 있거나 설사자, 출혈자는 주의한다.

2. 고대로 호두는 꿩고기와 같이 복용하지 않았고, 폐렴, 기관지 확장증에는 주의하라고 하였다. 그리고 술안주로 대량으로 복용하지 말라고 하였다. 술도 열이 있으며 담(痰)을 형성하기 때문이다.

2. 철분제재와는 동복하지 않는다. 탄닌성분이 철분의 흡수를 방해할 수 있다.

3. 효소제재와는 동복하지 않는다. 호두의 탄닌과 효소가 결합하여 알부탄닌이 되면 효소의 흡수장애가 있다.

4. 강심제(digitalis)와는 같이 복용하지 않는다. 탄닌과 결합하여 침전물이 생겨서 흡수 방해가 생긴다.

호두의 성분표(100g당)

성분	함량	성분	함량	성분	함량
수분(g)	4.3	섬유질(g)	5.8	카로틴(mg)	0.17
단백질(g)	15.4	회분(g)	1.5	비타민B_1(mg)	0.32
지방(g)	63.0	칼슘(mg)	119.0	비타민B_2(mg)	0.11
당류(g)	10.0	인(mg)	362.0	비타민B_3(mg)	1.0
열량(kj)	2799.1	철분(mg)	3.5	비타민C(mg)	

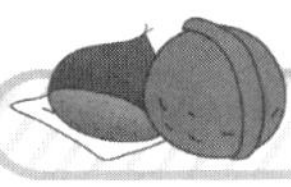

밤(栗子)

약재의 기원 참나무과에 속하는 낙엽활엽교목인 밤나무의 열매이다. 생용 혹은 삶거나 구워서 복용한다.

성미와 귀경 감(甘)·온(溫)하고, 비(脾)·위(胃)·신(腎)에 들어간다.

효능과 응용

1. 양위건비(養胃健脾)-식욕부진이나 신물 넘어오는 증상, 설사
2. 보신강근(補腎强筋)-신장허약으로 인한 사지무력, 요통, 관절통
3. 활혈지혈(活血止血)-타박상으로 인한 부종과 통증 등의 병증과 토혈, 변혈 등 출혈증에도 사용한다.

경험방

1. 신허요통: 밤, 흑미, 마늘로 죽을 만들어 복용한다.
2. 소아하체무력: 3~4세쯤 된 소아의 걸음걸이가 시원찮고, 하체에 힘이 없으면 매일 생밤9개를 복용한다.
3. 요통, 백대하, 유정: 밤20개, 돼지 신장1개, 호두2개를 수전하여 복용한다.
4. 노인성만성 기관지염: 밤250g을 살코기와 같이 삶아서 복용한다.
5. 밤에는 탄수화물과 비타민B군, 비타민C가 많이 들어 있어 식량대용으로도 사용가능하다.
6. 불포화지방산이 있어 동맥경화예방, 심장병에도 도움을 주고, 비타민B1은 구강궤양 예방에도 일정의 효능이 있고, 그 외 각종 미량원소들은 항노화에도 도움을 준다.

주의사항

1. 당뇨병 환자는 대량으로 복용하지 않는다.
2. 전분이 많아 소화가 잘 안되므로 대량으로 섭취하지 않는다.
3. 상한 밤은 중독될 수 있으므로 주의한다.
4. 습이 많은 관절통에는 섭취하지 않는다.

밤의 성분표(100g당)

성분	함량	성분	함량	성분	함량
수분(g)	47.4	섬유질(g)	1.2	카로틴(mg)	0.24
단백질(g)	4.8	회분(g)	1.1	비타민B_1(mg)	0.19
지방(g)	1.5	칼슘(mg)	15.0	비타민B_2(mg)	0.13
당류(g)	44.0	인(mg)	91.0	비타민B_3(mg)	1.2
열량(kj)	874.5	철분(mg)	1.7	비타민C(mg)	40(생것) 25(삶은 것)

잣(松子)

약재의 기원 소나무과에 속하는 상록침엽교목인 잣나무의 열매이다. 생식하거나 다른 요리에 첨가하여 복용하기도 한다.

성미와 귀경 감(甘) · 온(溫)하고, 간 · 폐 · 대장에 들어간다.

효능과 응용

1. 양음윤폐(養陰潤肺)-폐음이 부족해서 생긴 기침, 토혈, 호흡무력, 호흡촉박
2. 보익기혈(補益氣血)-기혈부족으로 인한 어지러움, 빈혈, 피로
3. 윤장통변(潤腸通便)-장이 건조해서 생긴 변비

경험방

1. 잣껍질의 산성물질의 다당류는 쥐에게서 S180종류를 현저하게 억제시켰다.

2. 잣껍질의 산성물질의 다당류는 T, B임파세포를 증식시키는 작용이 있었다.
3. 폐조(肺燥) 기침: 잣30g, 호두60g의 분말을 꿀15g에 혼합하여 매회 6g을 복용한다.
4. 어지러움(肝腎陰虛): 잣10g, 검은깨10g, 구기자10g, 국화10g를 두 번 수전하여 매일 2회로 나누어 복용한다.
5. 잣은 보하는 작용이 있고 비타민E를 많이 함유하고 있어 임산부가 복용하면 유산을 방지할 수 있다. 영양가가 많아 통변의 작용이 있지만 정기를 손상시키지 않는다. 각종 미량원소가 많아 대뇌와 신경에 양호한 효능이 있다.

그 외 관절통, 어지러움, 건조한 기침, 변비, 토혈 등의 병증에 사용한다.

주의사항

1. 설사자, 활정(滑精), 가래가 많은 기침 증상에는 사용하지 않는다.
2. 담낭의 기능이 심하게 좋지 않은 사람은 주의한다.

잣의 성분표(100g당)

성분	함량	성분	함량	성분	함량
열량(kj)	2920	회분(g)	3	칼슘(mg)	78
수분(g)	0.8	비타민A(mg)	2	인(mg)	569
단백질(g)	13.4	카로틴(mg)	10	칼륨(mg)	502
지방(g)	70.6	비타민B_1(mg)	0.19	나트륨(mg)	10.1
탄수화물(g)	12.2	비타민B_2(mg)	0	마그네슘(mg)	116
섬유질(g)	10	비타민B_3(mg)	4	철분(mg)	4.3
콜레스트롤(mg)	0	비타민E(mg)	32.79	구리(mg)	0.95

제 4 장

한방식용 약재

1. 해표약(解表藥)
2. 청열약(淸熱藥)
3. 사하약(瀉下藥)
4. 풍습약(祛風濕藥)
5. 방향화습약(芳香化濕藥)
6. 이수삼습약(利水滲濕藥)
7. 온리약(溫裏藥)
8. 이기약(理氣藥)
9. 소화약(消化藥)
10. 지혈약(止血藥)
11. 활혈 어약(活血祛瘀藥)
12. 화담 · 지해평천약(化痰 · 止咳平喘藥)
13. 안신약(安神藥)
14. 평간식풍약(平肝息風藥)
15. 개규약(開竅藥)
16. 보허약(補虛藥)
17. 수삽약(收澀藥)

1 해표약(解表藥)

개요 체표에 들어온 사기의 발산시키고, 표증(表證: 감기증상)을 치료하는 약재를 해표약이라 한다. 이 약들은 대부분 매운 맛을 가지고 있는데, 매운 맛은 발산시키는 작용이 있기 때문에 체표의 사기를 외부로 내몰거나 땀으로 제거한다. 발산시키는 작용과 바람을 제거하는 작용이 폐기(肺氣)를 선발(宣發)시킨다. 일부 해표약들은 습을 없애는 작용과 통증을 완화 시키는 작용도 있어 풍습(風濕)으로 인한 관절통에도 사용한다. 해표약은 신온(辛溫) 해표약와 신량(辛凉) 해표약으로 분류한다.

배합 표증이 있으며 정기(正氣)가 허약하면 보양약(補養藥)을 배합하고, 호흡기의 전염성 질환에는 신량 해표약에 청열해독약(淸熱解毒藥: 열과 독을 없애는 약)을 적당히 배합한다.

주의 해표약은 땀내는 힘이 강하므로 대량으로 복용하지 않고, 땀을 많이 흘렸거나 열병(熱病)의 후기에 진액이 부족하면 복용을 금하고, 오래된 부스럼, 배뇨장애, 출혈 환자는 표증(表症)이 있더라도 주의해서 사용한다.

1) 신온해표약(辛溫解表藥: 맵고 따뜻하면서 표증을 없애는 약)

효능 맵고 따뜻하기 때문에 거풍해표(祛風解表: 바람을 없애고 표증을 제거함), 발표산한(發表散寒: 체표의 한사를 발산시킴)의 효능이 있다.

증상 오한발열, 기침, 천식, 무한(無汗), 두통, 신통(身痛), 설태박백(舌苔薄白: 설태가 엷음), 맥부긴(脈浮緊) 등의 표실증(表實證: 증상이 강한 표증)에 사용하고, 그외 수종, 부스럼 , 풍습비통(風濕痹痛: 바람과 습으로 인한 관절통) 등의 병증에도 사용한다.

주의 발산의 효능이 강하기 때문에 허약한 사람은 주의해야 한다.

자소(紫蘇)

약재의 기원 순형과에 속하는 차조기의 잎이다. 여름에 채집하여 음지에서 건조 후 사용한다.

성미와 귀경 신(辛) · 온(溫)하고, 폐(肺) · 비(脾)에 들어간다.

효능과 응용

1. 발표산한(發表散寒: 체표를 발산시켜 한사(寒邪)를 제거함)–표한(表寒)의 발산과 폐기(肺氣)를 개선시키는 효능이 있어 찬바람으로 인한 오한발열, 두통, 코막힘, 기침, 혹은 가슴 답답함이 있는 증상에 사용한다. 주로 생강과 배합하고, 기침을 하면 행인, 전호 등을 배합하여 사용한다. 기가 막혀 가슴이 답답하면 향부, 진피 등을 배합하여 사용한다(香蘇散).
2. 행기관중(行氣寬中: 비위의 기를 통하게 함)–기(氣)를 돌게 하고, 가슴을 넓혀주고, 위장을 편안하게 하고, 구토증상을 없애는 효능이 있어 비위의 기가 막혀서 생긴 가슴답답함, 구토 등의 증상에 사용한다. 한증(寒症)에는 곽향을 배합하여 사용하고, 열증(熱症)에는 황련을 배합하여 사용한다. 기가 막히고 담이 뭉친 증상에는 반하와 후박을 배합한다. 임신성 구토, 가슴답답함, 복부팽

만 등에는 진피와 사인을 배합하여 지구(止嘔), 안태(安胎: 태아를 편안케 함)의 효능을 강화시킨다.

3. 해어해독(解魚蟹毒: 해산물의 독을 제거함)—생선이나 게를 잘못 복용하여 생긴 식중독의 증상에 생강을 배합하여 복용한다.

약리와 임상 최근 약리 연구에 의하면 자소는 해열, 항균, 혈액응고, 장운동 촉진, 항-방사선, 항-구토, 지해거담(止咳祛痰) 등의 작용이 있는 것으로 밝혀졌고, 임상에서는 만성기관지염, 감기, 신부전 등의 병증에 사용한 보고가 있다.

용량과 주의 일반적으로 6-10g을 사용한다. 장시간 끓이지 않는다. 자소는 독성이 있어 민감하게 자극하고, 자소 추출물10mg/kg을 산양(山羊)에게 정맥주사한 결과 사망하였다. 음이 허약한 자에게는 사용하지 않는다.

생강(生薑)

약재의 기원 생강과에 속한 여러해살이 초본식물인 강의 뿌리이다. 즙을 내면 생강즙이라 하고, 껍질은 생강피이고, 볶으면 외강(煨姜)이라 한다.

성미와 귀경 신(辛) · 온(溫)하고, 폐(肺) · 비(脾)에 들어간다.

효능과 응용

1. 발한해표(發汗解表: 땀을 내서 표증을 없앰)—맵고 발산시키는 효능이 있으므로 외감풍한(外感風寒)으로 인한 오한발열, 두통, 코막힘 등의 증상에 사용한다.

2. 온중지구(溫中止嘔: 비위를 따뜻하게 해서 구토를 멎게 함)－위장을 따뜻하게 하고, 상승한 위장의 기를 내리는 효능이 있어 위장이 찬 구토증에 사용하고 죽여, 황련 등을 배합하여 복용한다.

3. 온폐지해(溫肺止咳: 폐를 따뜻하게 해서 기침을 멎게 함)－폐를 따뜻하게 하고, 가래를 없애며, 기침을 멎게 하는 효능이 있어 찬바람이 폐에 침범하여 생긴 기침에 사용하고, 찬 기운을 없애고, 기침을 억제시키는 약재를 배합하여 사용한다. 이 밖에 반하, 남성, 바닷게의 독을 제거 할 수 있다.

약리와 임상 최근 약리 연구에 의하면 생강은 항궤양, 항구토, 위액분비증가 등의 작용이 있는 것으로 밝혀졌고, 임상에는 구토, 천식, 위장병, 부정맥 등에 사용한 보고가 있다.

용량과 주의 얇게 쓸어서 2－5편을 사용한다. 대량으로 사용하면 급성 신장염을 유발한다는 보고가 있다. 음이 허약한 병증이나 고열이 있는 증상에는 사용하지 않는다.

총백(葱白)

약재의 기원 백합과에 속한 여러해살이 초본식물인 파의 뿌리에 가까운 줄기이다. 채취하여 신선한 것을 약재로 사용한다.

성미와 귀경 신(辛)·온(溫)하고, 폐(肺)·위(胃)에 들어간다.

효능과 응용

1. 발한해표(發汗解表: 땀을 내서 표증을 제거함)－매워서 표사(表邪)를

발산시키므로 찬바람으로 인한 경미한 감기에 사용하고, 생강, 담두시를 배합하면 효능이 증강된다.

2. 산한통양(散寒通陽: 한사를 없애고 양기를 통하게 함)-음한(陰寒)의 내성(內盛)으로 양(陽)이 외부에 격리되어 나타나는 복사궐랭(腹瀉厥冷: 설사와 사지 냉한)과 맥이 약한 사람에게 사용하고 건강 등을 배합하여 온리거한(溫裏祛寒: 속을 따뜻하게 하여 한사를 없앰)의 작용을 돕는다. 총백을 볶아서 배꼽에 찜질하면 산한통양(散寒通陽)의 효능이 있는데, 한사(寒邪)가 뭉쳐 기가 통하지 않아 생긴 복부의 냉통 혹은 방광의 기화(氣化) 기능 상실로 나타나는 배뇨장애 등의 증상에 사용한다

3. 해독산결(解毒散結: 독을 없애고 뭉친 것을 풀어줌)-외용으로 각종 부스럼을 치료한다. 꿀과 혼합하여 분쇄 후 환부에 도포하면 해독산결의 효과가 더욱 좋다.

약리와 임상 약리연구에 의하면 성기능증강, 항암, 진균 등의 작용이 있는 것으로 밝혀졌고, 임상에서는 감기, 복통, 고지질혈증, 알러지, 스트레스성 소화불량, 음낭수종, 부인배뇨장애, 가려움증 등의 병증에 많이 사용한다.

용량과 주의 일반적으로 신선한 것 3~5개를 사용한다. 신선한 총백과 봉밀(蜂蜜)을 혼합하여 복용 후 사망한 보고가 있음으로 주의를 요한다.

방풍

약재의 기원 산형과에 속한 다년생 초본식물인 방풍의 뿌리이다. 춘추계절에 채취하여 건조 후 사용한다.

성미와 귀경 신(辛) · 감(甘) · 미온(微溫)하고, 방광 · 간 · 비장에 들어간다.

효능과 응용

1. 거풍해표(祛風解表: 바람을 제거하여 체표의 사기를 없앰)−외감풍한으로 인한 두통, 신통(身痛), 오한에 사용한다(형방패독산). 방풍의 성질이 미온하여 풍한증(風寒證)뿐만 아니라 풍열증(風熱證)에도 기타 청열(淸熱) 작용이 있는 약재를 배합하여 사용할수 있다. 특히 풍열로 인한 각종 가려움증에도 효능이 있다.
2. 거습지통(祛濕止痛: 습과 통증을 없앰)−바람과 한사를 없애면서 또한 습을 제거하고 통증을 완화시키는 효능이 있어 풍한습비(風寒濕痹)로 인한 관절통, 사지경련 등에 사용한다(견비탕).
3. 해경(解痙: 경련을 없앰)−간경(肝經)에 귀경하고, 거풍해경(祛風解痙)의 효능이 있어 파상풍이나 각종 경련 증상에 사용한다(옥진산).

약리와 임상 약리연구에 의하면 해열, 항균, 진정, 진통, 면역증강 등의 효능이 있는 것으로 밝혀졌고, 임상에는 천식, 관절통에 많이 사용한다.

용량과 주의 일반적으로 3~10g을 사용한다. 탕약, 약주, 환약으로 사용한다. 음액이 부족하여 열이 많아 생긴 병증이나 혈액이 부족하여 생긴 경련에는 사용하지 않는다. 부자와 배합하여 사용시 부자의 독성이 감소되고, 황기와 배합하면 황기의 효능이 증강된다고 한다.

2) 신량해표약(辛凉解表藥)

효능 청열해표(淸熱解表: 해열과 체표의 사기를 없앰), 소산풍열(疎散風熱: 풍열을 없앰) 등의 효능이 있다.

증상 발열, 경미한 오한, 인후부 건조, 설태박황(舌苔薄黃: 엷고 누런 설태), 빠르고 뜨는 맥 등에 사용한다. 일부 약물은 청두목(淸頭目: 머리와 눈을 시원하게 함), 인후부를 통하게 하고, 혹은 선폐지해(宣肺止咳: 폐를 통하게 해서 기침을 멎게 함)와 산사투전(散邪透疹: 사기를 발산시키고 발진을 통하게 함)의 작용이 있으므로 풍열성(風熱性) 눈병, 인후부 부종 및 통증, 발진이 잘 안되는 증상, 혹은 풍열로 인한 기침 등의 병증에 사용하고, 청열(淸熱), 해독(解毒)의 약을 배합하여 사용한다.

주의 일반적으로 허한성(虛寒性) 설사증에는 사용하지 않는다.

박하(薄荷)

약재의 기원 순형과(脣形科)에 속한 여러해살이 초본식물인 박하의 줄기와 잎이다. 채집후 음지에서 건조한 다음 사용한다.

성미와 귀경 신(辛) · 양(凉)하고, 간(肝) · 폐(肺)에 들어간다.

효능과 응용

1. 소산풍열(疏散風熱: 풍열을 발산시킴)-차면서 발산시키는 효능이 있어 외감풍열(外感風熱)과 온병초기(溫病初期)의 두통, 발열 또는 가벼운 오한이 있는 환자에게 사용하고, 신량해표의 약재나 청열해독약(淸熱解毒藥)과 배합하면 풍열의 사기를 없애는 효능이 증강된다.
2. 청리두목(淸利頭目: 머리와 눈을 시원하게 함), 이인(利咽: 인후부를 시원하게 함)-약성이 가볍고 위로 올라가는 특성이 있어 머리와 눈을 시원하게 한다. 풍열의 사기가 인체 상부를 침범하여 발생한 두통, 안구충혈, 인후부 부종과 통증 등의 증상에 사용하고, 국화, 상엽 등을 배합한다.
3. 투진(透疹: 발진시킴)-홍역초기나 풍열이 체표에 들어와 발생한 발진(發疹) 안되는 경우에도 사용한다.
4. 소간해울(疎肝解鬱: 간을 소통시키고 막힌 것을 풀어준다)-간기(肝氣)의 울체(鬱滯)로 인한 가슴답답함, 옆구리의 창통(脹痛: 팽창으로 인한 통증) 등을 치료할 수 있고, 시호, 백작약 등을 배합하여 사용한다.

약리와 임상 약리연구에 의하면 해열, 진통, 지양(止痒), 거담진해(祛痰鎭咳), 항-알러지 작용이 있는 것으로 밝혀졌고, 임상에서는 감기나 기관지염에 많이 사용한다.

용량과 주의 일반적으로 1.5-6g을 사용하고, 병이 중한 자는 9g까지 사용한다. 장시간 끓이지 않는다. 박하유를 쥐의 피하에 주사한 결과 치사량은 2.0g/kg이었다. 표허(表虛)로 인한 자한증에는 사용하지 않는다.

상엽(桑葉)

약재의 기원 상과에 속한 낙엽소교목인 상수의 잎이다. 서리가 내린 후에 채취하여 건조후 생용(生用) 혹은 자용(炙用: 꿀이나 설탕물에 넣어서 볶음)한다.

성미와 귀경 고(苦) · 감(甘) · 한(寒)하고, 폐(肺) · 간(肝)에 들어간다.

효능과 응용

1. 소풍청열(疏風淸熱: 바람을 없애고 해열시킴)－외감풍열(外感風熱)로 인한 발열, 두혼두통(頭昏頭痛: 머리가 멍하고 아픔) 및 인후부 부종과 통증 등에 사용하고 국화, 길경 등을 배합한다. 조열(燥熱)로 폐가 손상되어 발생한 기침, 끈적이는 가래, 비강과 후두의 건조증에는 상엽을 밀자(蜜炙)하여 사용하고, 맥문동 등을 배합하여 사용한다.
2. 청간명목(淸肝明目: 간의 열을 없애고 눈을 맑게 함)－간경실열(肝經實熱) 혹은 풍열(風熱)로 인한 목적(目赤: 안구충혈), 삽통(澁痛), 다루(多淚: 눈물이 많음) 등의 증상에 사용하고 국화, 차전자, 결명자 등을 배합하며, 수전후 세안(洗眼)할 수 있다. 만일 간음(肝陰)이 부족하여 눈이 어둡고 어지러우면 검은깨와 배합하여 밀환(蜜丸)을 만들어 복용한다.
3. 양혈지혈(凉血止血: 혈액을 차게 하여 지혈시킴)－혈열(血熱)로 인한 경미한 토혈(吐血)에도 사용한다.

약리와 임상 약리 연구에 의하면 혈당감소, 혈압하강, 항균, 항염증, 항경련 등의 작용이 있는 것으로 밝혀졌고, 임상에는 유미뇨,

상피종, 도한(盜汗), 시력감퇴, 안구통증 등의 병증에 사용하고, 피부미용에도 사용한다.

용량과 주의 일반적으로 5~10g을 사용하고, 탕제나 환, 산제로 사용한다. 탕액으로 눈을 씻기도 한다. 10%의 상엽주사약을 실험용의 쥐의 복강에 인간에게 사용하는 안전범위의 250배를, 인간에게 사용하는 용량의 60배를 21일간 주사한 결과 장기(臟器) 손상이 출현하지 않았다.

양기가 부족한 증상에는 사용하지 않는다. 상엽주사액을 근육주사하면 국부에 통증이 극심하고 소수의 환자는 발열, 어지러움 등이 출현한다. 그리고 소수의 환자는 약 복용후 허리나 하체에 통증을 호소하였지만 일반적으로 1-2일후에 소실되었다.

국화(菊花)

약재의 기원 국과(菊科)에 속한 여러해살이 초본식물인 국화의 꽃이다.

성미와 귀경 신(辛) · 감(甘) · 고(苦) · 미한(微寒)하고, 폐(肺) · 간(肝)에 들어간다.

효능과 응용

1. 소풍청열(疏風清熱: 바람과 열을 없앰)-외감풍열(外感風熱), 온병(溫病) 초기의 발열, 두혼통(頭昏痛: 머리가 멍하고 아픔) 등의 증상에 사용하고, 상엽과 상수(相須)하여 사용한다.
2. 해표명목(解表明目: 체표의 사기를 없애고, 눈을 맑게 함)-간경풍열(肝

經風熱) 혹은 간화(肝火)가 위로 올라가서 생긴 목적종통(目赤腫痛: 안구충혈, 통증)에 사용하고, 간신음허(肝腎陰虛)로 인한 눈의 어지러움과 시력감퇴에도 사용하는데, 구기자를 배합하면 량간명목(凉肝明目: 간을 시원하게 하고 눈을 맑게 함)의 효능이 증강된다.

3. 평간식풍(平肝息風: 간의 양기를 내리고 바람을 잠 재움)－간풍두통(肝風頭痛) 및 간양상항(肝陽上亢: 간의 양기가 올라감)의 두통, 어지러움 등에 사용한다.

약리와 임상 최근 약리 연구에 의하면 국화는 항노화, 혈관확장, 강심, 해열, 항염증 작용이 있는 것으로 밝혀졌고, 임상에서는 고혈압, 감기, 심근경색, 편두통 등의 병증에 많이 사용한다.

용량과 주의 일반적으로 10~15g을 사용하고, 탕제나 환, 산제로 사용한다. 외감풍열에는 황국화를 사용하고, 청간명목과 평간(平肝: 간을 양기를 내림)의 목적으로 할 때는 백국화를 사용한다. 국화는 비교적 안전하여 독성 실험한 보고가 없으나 야국화(野菊花)를 쥐에게 정맥주사한 결과 LD_{50}은 10.47g/kg 이었다. 양기가 허약한 증상에는 사용하지 않는다.

갈근(葛根)

약재의 기원 두과(荳科)에 속한 여러해살이 낙엽등본식물인 칡의 뿌리이다. 생용(生用) 혹은 외용(外用)한다

성미와 귀경 감(甘) · 신(辛) · 양(凉)하고, 폐(肺) · 위(胃)에 들어간다.

효능과 응용

1. 발표해기(發表解肌: 체표의 사기를 없애고 근육을 풀어준다)–외감(外感)으로 인한 발열, 두통, 무한(無汗), 목 · 어깨부위 통증 등의 증상을 치료한다.
2. 승양투진(昇陽透疹: 양기를 끌어올리고, 발진하게 한다)–비위의 양기를 상부로 끌어올리고 설사를 멎게 하는 작용이 있어 습열사리(濕熱瀉痢: 이질성 설사), 비장이 허약하여 생긴 설사 등을 치료한다. 홍역초기의 발열, 오한, 피진(皮疹)이 발진하지 않는 증상 등에 사용한다.
3. 해열생진(解熱生津: 열을 없애고 진액을 생성한다)–열병의 번갈(煩渴: 갈증) 및 소갈증(消渴症)으로 인한 구갈다음(口渴多飮) 등의 증상에 사용한다.

약리와 임상 최근 약리 연구에 의하면 갈근은 심장동맥확장, 항심장허혈, 혈압하강, 항부정맥, 뇌혈관개선, 혈당하강, 기억력증강, 지질감소, 간기능보호 등의 효능이 있는 것으로 밝혀졌고, 임상에서는 심근경색, 뇌혈관 병변, 타박상, 고혈압, 두통, 지방간, 당뇨병, 감기, 대장염, 설사, 고지질혈증, 부정맥 등의 병증에 많이 사용하고 있다.

용량과 주의 일반적으로 10~20g을 사용하고, 탕약, 환약, 산제로 사용한다. 쥐에게 알콜로 추출한 갈근 분말 10g/kg, 20g/kg을 연이어 3일간 내복시킨 결과 독성 반응이 없었고, 복강에 주사한 결과 LD_{50}은 2.1±0.12g/kg 이었다. 양기허약으로 인한 설사에는 사용하지 않는다.

2 청열약(淸熱藥)

개요 열을 없애는 작용이 있는 약재를 청열약(淸熱藥)이라 한다. 대부분의 청열약은 성질이 차고 맛은 쓰다. 청열(淸熱: 열을 시원하게 함), 사화(瀉火: 열을 내림), 해독(解毒), 양혈(凉血: 혈액을 차게 함), 청허열(淸虛熱) 등의 효능이 있다. 열병으로 인한 고열, 의식장애, 부스럼과 음허(陰虛)로 인한 열증에 사용한다. 열의 형태와 있는 부위에 따라 구분하는데, 종류는 아래와 같다.

① 청열사화약(淸熱瀉火藥) : 기분(氣分)에 있는 열을 없앤다

② 청열조습약(淸熱燥濕藥) : 약재의 성질이 쓰고 건조하여 습이 있으면서 열이 있는 병증에 사용한다.

③ 청열양혈약(淸熱凉血藥) : 혈분(血分)에 있는 열을 없애준다

④ 청열해독약 : 열과 독을 없애는 효능이 있어 각종 부스럼이나 독증에 사용한다.

⑤ 퇴허열약(退虛熱藥) : 신체가 허해서 발생하는 열증에 사용한다.

배합 만약 표증(表症)이 있으면 먼저 해표(解表)하거나 혹은 표리(表裏)를 같이 치료하고, 기분열(氣分熱), 혈분열(血分熱), 실열, 허열을 정확히 구분해서 치료한다. 두 가지 이상의 병증을 동반했을 시에는 증상에 맞게 배합한다.

주의 청열약은 약성(藥性)이 차기 때문에 비위의 기를 손상시키므로 비위(脾胃)가 허약한 환자는 건비위(健脾胃) 약재를 배합해야 한다. 또한 열병은 진액을 손상시키기 쉬운데, 청열조습약을 사용하면 진액 손상이 더 심해질 수 있다. 음허(陰虛)의 증상이 있으면 자음약(滋陰藥)을 배합한다.

1) 청열사화약(淸熱瀉火藥: 열과 불을 없애는 약)

효능 열을 없애고 불을 끄는 효능이 있어 폐열(肺熱), 위열(胃熱), 심열(心熱), 서열(暑熱)로 인한 각종 실열증(實熱證)에 사용한다.

증상 고열, 발한, 가슴답답함, 갈증, 헛소리, 발광, 소변이 적고 붉으며, 설태가 누렇고 건조하고, 맥에 힘이 있는 병증에 사용한다.

주의 허약한 사람들에게 이 약재들을 사용할 때에는 정기를 보하는 약을 배합한다.

로근(蘆根)

약재의 기원 화본과(禾本科)에 속한 여러해살이 초본식물인 갈대의 뿌리이다. 신선한 것이 양호하다.

성미와 귀경 감(甘) · 한(寒)하고, 폐(肺) · 위(胃)에 귀경한다.

효능과 응용

1. 청열생진 (淸熱生津: 열을 없애고 진액을 생성함)–열병으로 인한 진액 손상, 구강건조, 혹은 혀의 건조와 진액이 없을 때 사용한다.
2. 지구(止嘔: 구토감을 없앰)–위열(胃熱)로 인한 구역질을 치료한다. 청열지구(淸熱止嘔: 열과 구토 제거)의 효능이 있다. 약의 농도를 진하게 농축하여 복용하기도 하고 생강이나 죽여를 배합하여 복용한다.
3. 제번(除煩: 답답함을 없앰)–폐열(肺熱)로 인한 기침, 끈적이는 가

래, 구강건조나 열성감기, 기침에 사용한다. 길경, 상엽 , 행인 등을 배합한다. 또한 폐렴으로 인한 고름성 가래에는 의이인, 금은화, 동과인 등을 배합하여 사용한다.

그 외에 소변이 붉고 통증이 있는 증상에 사용한다. 본 약은 청열이뇨(淸熱利尿: 해열과 이뇨)의 작용이 있고, 백모근, 차전초 등을 배합하면 효능이 증강된다.

약리와 임상 약리연구에 의하면 해열, 진정, 진통, 골격근억제 등의 작용이 있었고, 임상에는 각종 상호흡기 감염, 신장염에 사용한다.

용량과 주의 일반적으로 15~30g을 사용하고, 신선한 것은 2배 이상 사용하고, 즙을 복용하기도 한다. 독성이 낮아 실험용 쥐에게 0.5g/kg을 매일 1회, 연이어 1개월간 위장에 주입한 결과 부작용이 없었다. 폐기(肺氣) 허약성 기침이나 폐한(肺寒)으로 인한 기침에는 사용하지 않는다.

죽엽(竹葉)

약재의 기원 화본과(禾本科)에 속한 담죽의 잎이다. 수시로 채취하며, 신선한 것이 양호하다. 담죽엽(淡竹葉)이라고도 한다.

성미와 귀경 감(甘) · 담(淡) · 한(寒)하고, 심(心) · 폐(肺) · 위(胃)에 귀경한다.

효능과 응용

1. 청열제번(淸熱除煩: 열과 답답함을 없앰)-열병으로 인한 번열(煩熱)과 구강건조증에 사용한다.

2. 생진(生津: 진액을 생성함)-심화상염(心火上炎: 심장의 열이 상부로 올라감)으로 인한 구강궤양 및 소아의 경열(驚熱)에 사용한다. 본 약재는 청심화 (淸心火) 및 정신안정의 효능이 있다.
3. 이뇨(利尿)-심장의 열을 없애면서 이뇨작용이 있어 열림(熱淋)과 심화(心火)가 소장(小腸)에 도달하여 나타난 소변임통(小便淋痛: 핍뇨와 배뇨통)을 치료한다.

약리와 임상 최근 약리연구에 의하면 이뇨, 해열, 항균 등의 작용이 있는 것으로 밝혀졌고, 임상에는 질염, 수종, 심근염, 진폐증, 구강궤양, Behcets sydrome 등의 병증에 사용한다.

용량과 주의 일반적으로 6 ~15g을 사용한다. 쥐에게 실험한 결과 LD_{50}은 64.5g/kg 이었다. 일반적으로 1.5-4.5g을 사용하고 중증에는 9g까지 사용한다. 허한성(虛寒性) 병증에는 주의해서 사용한다.

하고초(夏枯草)

약재의 기원 순형과(脣形科)에 속한 여러해살이 식물인 하고초의 꽃이다.

성미와 귀경 고(苦) · 신(辛) · 한(寒)하고, 간(肝) · 담(膽)에 들어간다.

효능과 응용

1. 청간화(淸肝火: 간의 열을 없앰)-간화상염(肝火上炎: 간의 열이 위로 올라감)으로 인한 안구의 충혈, 부종, 통증, 광선을 싫어하고 눈물이 흐르는 증상에 사용하고, 또한 두통, 어지러움 등의 증상에 사용한다. 안구병이 오래되어 혈허(血虛) 증상이 있으면 당귀,

생지황, 백작약 등 보혈양간(補血養肝: 간과 혈을 보함)의 약재를 배합한다.

2. 산울결(散鬱結: 뭉친 것을 풀어줌)－담화울결(痰火鬱結: 담과 열이 뭉침)로 인한 임파선 · 갑상선 비대증에 사용한다. 본 약재는 청열산결(淸熱散結: 열을 없애고 뭉친 것을 풀어줌)의 효능이 있다. 단방을 복용하거나 환부에 바르고 혹은 곤포 등을 배합하여 사용한다.

그 외에 청설간화(淸泄肝火)의 작용으로 현대에는 간열(肝熱), 양항(陽亢: 양기가 많음)의 고혈압에 사용한다.

약리와 임상 최근 연구에 의하면 혈당감소, 면역증강, 항진균, 혈압하강, 항염, 항－심근경색, 항－혈액응고 등의 효능이 있는 것으로 밝혀졌고, 임상에서는 갑상선 병변, 폐결핵, 고혈압, 간염, 흉막염, 간암, 진폐증 등에 사용한다.

용량과 주의 일반적으로 5~9g을 사용하나 중증에는 15g까지 사용하기도 한다. 본 약의 추출물로 급성, 아급성 실험한 결과 독성 반응은 없었다. 가끔씩 과민 반응을 출현하는 환자가 있는데 그 증상은 위장 부위 불쾌감, 구토, 구역질, 심계(心悸), 복통, 설사, 전신 홍반(紅斑), 가려움증 등이다.

2) 청열량혈약(淸熱凉血藥)

효능 성미가 고(苦), 감(甘), 함(鹹), 한(寒)하여 영분(營分)과 혈분(血分)의 열사(熱邪)를 없애는 효능이 있고, 혈분의 실열증(實熱症)에 주로 사용한다.

증상 열병으로 인한 비강 출혈, 치은 출혈, 토혈, 변혈 등의 증상과 혀가 검붉고, 답답해 하고 심지어 혼미하거나 헛소리하는 증상에 사용한다.

주의 열사(熱邪)가 영분에 침입하면 음액(陰液)을 소모시키므로 청열량혈(淸熱凉血)하면서 진액을 생성할 수 있는 약을 사용한다.

적작약(赤芍藥)

약재의 기원 모간과(毛茛科)에 속한 여러해살이 초본식물인 모과적작과 난엽작약 혹은 작약의 뿌리이다.

성미와 귀경 고(苦) · 미한(微寒)하고, 간(肝)에 들어간다.

효능과 응용

1. 청열양혈(淸熱凉血: 열을 없애고 혈액을 차게 함), 청간(淸肝)−온열병의 열(熱)이 혈분(血分)에 들어가 나타나는 발열, 반점, 토혈, 비강출혈 등의 증상에 사용하고, 목단피와 생지황을 배합하여 사용한다. 혈액을 차게 하고 어혈을 없애고, 진통, 간의 열을 없애는 효능이 있어 부스럼, 목적종통(目赤腫痛: 안구충혈, 부종, 통증) 등의 증상에도 사용한다. 부스럼에는 금은화 등의 약재를 배합하고, 간열(肝熱)로 인해 눈이 붉을 때에는 국화, 하고초 등을 배합한다.
2. 거어지통(祛瘀止痛: 어혈을 풀어주고 통증을 없앰)−혈액이 뭉쳐서 생긴 폐경, 생리통, 타박상, 어체종통(瘀滯腫痛: 혈액이 뭉친 부종과 통증)의 모든 증상에 사용한다. 생리통에는 당귀, 단피, 천궁 등을 배합하고, 외상에는 홍화 등을 배합하여 사용한다.

이 밖에 열림(熱淋: 비뇨기 감염), 혈뇨, 열성(熱性) 설사로 인한 혈변에도 사용한다.

약리와 임상 최근 약리 연구에 의하면 진통, 항경련, 체온하강, 항진균, 항궤양, 항혈전 형성, 보간(補肝), 항염, 관상동맥확장 등의 작용을 하는 것으로 밝혀졌다. 임상에는 심근경색, 간경화, 간염, 폐심병, 뇌혈전, 신경통, 유선염, 피부병, 대상포진 등에 사용한다.

용량과 주의 일반적으로 4~10g을 사용하고, 탕약, 환약, 산제로 사용한다. 본 약의 독성은 낮고 고양이에게 실험한 결과 최대 사용용량은 186g/kg이었고, 이 양은 임상사용양의 1163-2325배였다. 허한성(虛寒性)으로 인한 폐경(閉經)에는 금한다.

생지황(生地黃)

약재의 기원 현삼과(玄蔘科)에 속한 여러해살이 초본식물인 지황의 뿌리이다. 생용 혹은 신선한 것을 사용한다.

성미와 귀경 감(甘) · 고(苦) · 한(寒)하고, 심(心) · 간(肝) · 신(腎)에 귀경한다.

효능과 응용

1. 청열양혈(淸熱凉血: 열을 없애고 혈액을 차게 함)-온열병(溫熱病)의 열(熱)이 영혈분(營血分)으로 들어가 나타난 발열, 구강건조, 혀의 검붉음, 혹은 붉음 등의 증상에 사용하고, 현삼 등을 배합하

여 사용하면 효능이 증강한다. 온열병 후기에 열이 남아 있고, 진액이 손상되어 초래된 발열, 야간에 발열, 아침에 냉(冷)한 증상이나 만성 질병으로 인한 음허내열(陰虛內熱: 음이 부족하여 체내에서 열이 발생함)에도 사용한다. 량혈지혈(凉血止血: 혈액을 차게 해서 지혈 시킴)의 효능이 있어 혈분(血分)의 열로 인한 각종 출혈증에도 사용하고 측백엽, 생하엽, 애엽 등을 배합하여 사용한다. 또한 혈분의 열독(熱毒)이 많아 발생하는 흑자색의 반점에도 적작약 등을 배합하여 사용한다.

2. 양음생진(養陰生津: 음과 진액 생성한다)–열병으로 인한 음액(陰液)의 손상, 붉은 혀, 구강 건조, 혹은 구갈다음(口渴多飮), 소갈증으로 인한 번갈다음(煩渴多飮) 등의 증상에 사용한다. 그외 열이 심해 음액(陰液)이 손상되어 생긴 장(腸)의 건조성 변비도 치료할 수 있다.

약리와 임상 약리실험에 의하면 혈당하강, 강심, 지혈, 이뇨작용이 있었고, 임상에서는 당뇨병, 소화기출혈, 변비, 류마티스, 외상성 혈종, sheehans syndrome, 홍피증(紅皮症), 맥립종, 자궁출혈, 중이염, 면역계질환, 고혈압, 간염 등에 사용하고 있고, 백혈병에도 효능이 있는 것으로 밝혀졌다.

용량과 주의 일반적으로 10~30g을 사용하고, 탕제로 복용하거나 신선한 약즙을 복용하기도 한다. 지황 수전액과 알콜 추출액 60g/kg을 연이어 3일, 18g/kg을 15일간 쥐의 위장에 주입한 결과 독성(毒性) 작용이 출현하지 않았다. 본 약재는 한성(寒性)으로 뭉치기 쉬우므로 비허습체(脾虛濕滯: 비장이 허약하여 습이 뭉침)로 인한 복부팽만, 설사 환자에게는 사용하지 않는다. 소수의 환자는 설사, 복통,

구역질, 피로, 심계(心悸) 등의 부작용이 출현하였으나 며칠이내 소실하였다.

모단피(牡丹皮)

약재의 기원 모간과(毛茛科)에 속한 여러해살이 낙엽소관목식물인 모단 뿌리의 껍질이다. 목심(木心)을 벗겨서 건조하고 생용(生用)하거나 볶아서 사용한다.

성미와 귀경 고(苦) · 신(辛) · 미한(微寒)하고, 심(心) · 간(肝) · 신(腎)에 귀경한다.

효능과 응용

1. 청열양혈(淸熱凉血: 열을 없애고 혈액을 차게 함)—온열병(溫熱病)의 열이 혈분(血分)에 침입하여 나타난 반점, 혈열망행(血熱妄行: 혈액의 열로 인해 과도한 순환)으로 인한 각종 출혈 증상에 사용한다. 단피는 허열(虛熱)을 없애는 효능이 있어 온열병 후기에 음분(陰分)의 여열(余熱)로 인한 발열 혹은 오후발열, 음이 부족하여 생기는 발열 등의 증상에 사용하고, 양혈퇴열(凉血退熱: 혈액을 차게 하여 해열)의 효과는 월경시기가 앞당겨졌거나 월경시 발열 증상에도 사용한다. 일반적으로 백작약 등을 배합하여 사용한다.
2. 활혈산어(活血散瘀: 혈액을 맑게 하고 어혈을 풀어줌)—단피는 어혈을 풀어주는 작용이 있어 순환장애로 인한 생리의 멈춤, 생리통, 자궁근종 등의 병증에 사용한다. 청열양혈(淸熱凉血), 활혈산어(活血散瘀) 작용이 있어 각종 부스럼에도 사용한다.

약리와 임상 약리실험에 의하면 동맥경화 예방, 이뇨, 심근허혈 방지, 혈압하강, 진정, 항경련, 항부정맥 등의 효능이 있는 것으로 밝혀졌고, 임상에서는 혈소판 감소증, 고혈압, 알레르기성 비염, 부정맥, 소화기 출혈, 갱년기장애, 전립선비대 등의 병증에 사용한다.

용량과 주의 일반적으로 6~12g을 사용하고, 탕약, 환약, 산제로 사용한다. 혈허(血虛)의 한증(寒症), 임산부, 생리과다의 환자에게는 적당하지 않다. 독성이 낮고, 고혈압이 있는 개를 치료한 결과 간, 신장, 혈액, 심전도상에 부작용이 출현하지 않았다.

3) 청열해독약(淸熱解毒藥)

효능 열(熱)과 독(毒)을 없애는 효능이 있다.

증상 각종 열독(熱毒)으로 인한 부스럼, 피부질환, 발진, 인후종통, 임파선염, 이질 등의 증상에 사용한다. 일부 약재는 독사에게 물린 증상이나 암에도 사용한다.

주의 열독(熱毒)이 혈분(血分)에 있을 때에는 청열양혈의 약재를 배합해야 하고, 습(濕)을 동반했을 때에는 조습(燥濕) 혹은 이습(利濕)의 약재를 배합하고, 허(虛)한 환자는 보약(補藥)을 적당히 배합한다.

금은화(인동초)

약재의 기원 인동과(忍冬科)에 속한 여러해살이 반상록목질동본(半

常綠木質藤本) 식물인 인동의 꽃봉오리이다. 생용 하거나 노제(露劑: 증류법의 일종)한다.

성미와 귀경 감(甘) · 한(寒)하고, 폐(肺) · 위(胃) · 대장(大腸)에 들어간다.

효능과 응용

1. 소산풍열(疎散風熱)-외감풍열(外感風熱) 혹은 온열병(溫熱病)의 초기에 나타난 발열, 찬바람을 싫어하는 증상에 사용한다. 만약 열이 기분(氣分)으로 들어가 고열, 가슴답답함, 갈증, 강한 맥이 있으면 금은화, 연교 등을 배합하고, 열이 영혈분(營血分)으로 들어가 반진(斑疹)이 있고, 혀가 검붉고 건조하고, 정신혼미 등의 증상이 나타나면 단피, 생지황을 배합하여 사용한다.
2. 청열해독(淸熱解毒: 열과 독을 없앰)-각종 부스럼 증상에 자주 사용하는데, 단독으로 사용할 수도 있고, 포공영, 야국화 등을 배합하여 사용한다. 혹은 신선한 것을 즙으로 만들어 피부에 도포하여도 효과가 좋다. 또한 장(腸)의 염증에도 사용하는데 의이인, 당귀 등을 배합한다. 열독(熱毒)으로 인한 설사, 농혈변(膿血便) 등의 증상에 사용한다. 단방을 농전(濃煎)하여 복용하면 해독, 량혈(凉血), 지사(止瀉)의 효능이 있다.

약리와 임상 최근 약리실험에서 보간이담(補肝利膽: 간을 보하고 담즙을 통하게 함), 항진균, 항염, 해열, 면역증강, 중추흥분 작용이 있는 것으로 밝혀졌다. 임상에서는 폐렴, 편도선염, 상호흡기 감염, 고혈압, 간염, 신장염, 감염성 고열, 이질, 고지질혈증, 피부병 등에 사용한 보고가 있다.

용량과 주의 일반적으로 6-12g을 사용하고, 중증(重症)에는 30-

60g을 사용한다. 양기가 허약한 증상에는 사용하지 않는다. 수전액은 동물실험에서 특이한 독성(毒性) 작용이 발생하지 않았다.

연교(連翹)

약재의 기원 목서과(木犀科)에 속한 낙엽관목식물인 연교의 열매이다. 백로(白露) 전에 채취한 덜 익은 열매를 청교라 한다. 한로(寒露) 전에 채취한 익은 열매를 황교라 한다. 청교가 양호하고, 생용한다.

성미와 귀경 고(苦) · 미한(微寒)하고, 폐(肺) · 심(心) · 담경(膽經)에 귀경한다.

효능과 응용

1. 청열해독(清熱解毒: 열과 독을 없앰)－외감풍열(外感風熱) 혹은 온병초기(溫病初期)에 나타나는 발열, 두통, 구강건조 등의 증상에 사용한다. 심장과 상초(上焦)의 열을 없앤다. 보통 금은화와 상수(相須) 작용이 있어 함께 사용하며, 우방자, 박하 등을 배합하여 사용한다. 연교심은 청심사화(淸心瀉火: 심장의 열을 없앰)의 작용이 양호하므로 열사(熱邪)가 심포(心包)에 침입하여 나타나는 고열, 번조(煩燥), 정신혼미 등의 증상을 치료한다.
2. 소옹산결(消癰散結: 뭉친 것을 풀어줌)－사화해독(瀉火解毒: 열과 독을 없앰)의 작용이 있어 열독이 많아 발생하는 각종 부스럼, 임파선 부종, 결핵 등에 사용한다. 부스럼에는 야국화, 금은화 등을 배합하고, 임파선결핵에는 하고초 등을 배합한다. 각종 부스럼

에 효능이 양호하여 고대에는 '창가(瘡家)의 성약(聖藥)'이라 불렸다.

약리와 임상 약리연구에 의하면 강심, 혈압하강, 항염증, 해열, 구토억제, 보간(補肝), 항진균 등의 효능이 있는 것으로 밝혀졌고, 임상에서는 간염, 신장염, 임파선 결핵, 과민성 자전, 혈소판 감소성 자전, 폐결핵, 화농성 중이염, 변비, 각종 원인으로 인한 수족의 경련, 건선 등에 효능이 있다고 보고하였다.

용량과 주의 일반적으로 6-9g을 사용하고, 중증에는 15-30g을 사용한다. 연교 주사약을 쥐의 복강에 주사한 결과 LD_{50}은 24.85±1.12g/kg이었다. 양기가 허약한 병증에는 사용하지 않는다.

포공영(민들레)

약재의 기원 국과(菊科)에 속한 여러해살이 초본식물인 포공영의 전초(全草)이다. 신선한 것을 사용하거나 생용한다.

성미와 귀경 고(苦) · 감(甘) · 한(寒)하고, 간(肝) · 위(胃)에 귀경한다.

효능과 응용

1. 청열해독(淸熱解毒: 독과 열을 없앰)-열독으로 인한 각종 부스럼에 사용한다. 부스럼에는 금은화, 야국화 등을 배합하여 사용한다. 유선염에는 단독으로 사용할 수 있는데 신선한 것을 내복하거나 혹은 피부에 바른다. 또한 본 약재에 인동등을 배합하여 즙(汁)을 만들어 복용하면 화독(火毒)이 많은 병증을 치료한다. 어성초, 노근, 동과인과 배합하여 사용하면 폐옹(肺癰: 폐렴)으로 인

한 농(膿)과 흉부 통증을 치료할 수 있고, 판람근 등을 배합하면 인후부 부종과 통증을 치료할 수 있다. 이 외에 본 약재를 단방(單方) 혹은 국화, 황금 등을 배합하여 사용하면 목적종통(目赤腫痛: 안구충혈, 부종, 통증)도 치료할 수 있다.

2. 이습(利濕: 습을 없앰)-청열이습(淸熱利濕: 열과 습을 없앰), 해독의 효능이 있어 습열(濕熱)로 인한 황달, 비뇨기 질환인 배뇨장애, 배뇨통증에 사용한다. 전자는 인진호를 많이 배합하고, 후자는 금은화와 백모근을 배합한다.

약리와 임상 약리연구에 의하면 보간이담(補肝利膽: 간을 보하고 담즙을 통하게 함), 위산배출억제, 항궤양, 이뇨, 면역증강 등의 효능이 있는 것으로 밝혀졌고, 임상에서는 유선염, 중이염, 질염, 간염, 위염, 비뇨기 결석, 고지질혈증, 변비, 자궁낭종, 갑상선기능항진으로 인한 안구돌출증에 효능이 있는 것으로 밝혀졌다.

용량과 주의 일반적으로 9-25g을 사용하고, 중증(重症)에는 30-60g을 사용한다. 과다 복용하면 가벼운 설사를 유발할 수 있다.

대청엽(大青葉)

약재의 기원 십자화과(十字花科)에 속한 이년생 초본식물인 숭람(菘藍), 초대청(草大靑) 혹은 작상과(爵床科)에 속한 여러해살이 관목상초본식물인 마람(馬藍) 혹은 요과(蓼科)에 속한 일년생 초본식물인 요람 혹은 마편초과(馬鞭草科)에 속한 낙엽관목식물인 노변청(路邊靑) 등의 잎 또는 가지와 잎이다. 생용 하거나 선용(鮮用)한다.

성미와 귀경 고(苦) · 대한(大寒)하고, 심(心) · 폐(肺) · 위(胃)에 들어간다.

효능과 응용

1. 청열해독(淸熱解毒: 열과 독을 없앰)－온열병의 열독(熱毒)이 혈분(血分)에 들어가 발생한 반점, 고열, 혼미, 번조(煩燥) 등의 증상에 사용하고, 외감풍열(外感風熱) 혹은 온병(溫病) 초기의 두통, 입마름, 발열 등의 병증에도 사용한다.
2. 양혈소반(凉血消斑: 혈액을 차게 하고 반점을 없앰)－청열해독과 인후부를 통하게 하고, 부종을 없애는 효능이 있어 혈분에 열독(熱毒)이 많아 생긴 단독(丹毒), 구강궤양, 인후부 부종과 통증 등의 증상에 사용한다.

약리와 임상 최근 약리 실험에 의하면 심장억제, 항염, 해열, 평활근 억제, 항암, 면역증강 등의 효능이 있는 것으로 밝혀졌고, 임상에서는 고열, 폐렴, 수족농포병, condyloma acuminata 등의 병에 효능이 있다고 보고하였다.

용량과 주의 일반적으로 6－15g을 사용하고, 중증에는 30g까지 사용한다. 대청엽 추출물을 실험용 쥐의 위장에 5g/kg, 매일1회, 5일간 주입한 결과 사망하거나 독성반응은 없었다. 비위의 양기 부족한 증상에는 복용을 금한다.

판람근(板藍根)

약재의 기원 승람 혹은 마람의 뿌리이다.

성미와 귀경 고(苦) · 한(寒)하고, 심(心) · 위(胃)에 들어간다.

효능과 응용

1. 청열해독(淸熱解毒: 열과 독을 없앰)–온열병(溫熱病)의 발열, 두통, 인후부 통증 혹은 반점, 편도선염, 부스럼 등 여러 가지 열독(熱毒)이 왕성한 병증에 사용한다. 청열해독의 효능은 대청엽과 유사하지만 해독산결(解毒散結: 독을 없애고 뭉친 것을 풀어줌)의 작용이 더욱 양호하다. 외감풍열(外感風熱)로 인한 발열, 두통 혹은 온병(溫病) 초기에 상술한 증후가 있을 때에는 금은화, 연교 등을 배합한다.
2. 양혈이인(凉血利咽: 혈액을 차게 하고 인후부를 통하게 함)–풍열외감(風熱外感)이나 열병으로 인한 인후부 통증, 부종에 금은화, 연교 등을 배합하여 사용한다.

약리와 임상 약리연구에 의하면 면역증강, 순환증가, 항진균, 항암, 혈소판억제 등의 효능이 있었고, 이하선염, 인후염, 뇌염, 간염, 통풍, 대상포진, 구강궤양, 사마귀, condyloma acuminata, 단핵세포 증가증에 효능이 있다고 보고한 바가 있다.

용량과 주의 상용 용량은 10~15g이고, 탕약이나 산제로 사용한다. 판람근의 성분 Isatin을 쥐의 복강에 주사한 결과 LD_{50}은 1.1–2.0g/kg이었고, 5g/kg을 위장에 연이어 5일간 주입한 결과 사망하거나 독성반응이 출현하지 않았다. 허약체질이나 한성(寒性) 체질에는 주의한다.

어성초(魚腥草)

약재의 기원 삼백초과(三白草科)에 속한 여러해살이 식물인 약모밀의 전초(全草)이다.

성미와 귀경 신(辛) · 미한(微寒)하고, 폐(肺)에 들어간다.

효능과 응용

1. 청열해독(淸熱解毒: 독과 열을 없앰)—폐렴으로 인한 농혈(膿血), 폐열로 인한 기침, 건조한 가래가 있는 증상에 사용한다. 폐렴을 치료할 때에는 길경, 노근, 의이인 등을 배합하고, 열성 기침을 치료할 때에는 상백피 등을 배합하고, 부스럼에는 단방을 복용하거나 환부에 도포한다. 최근에는 급 · 만성 기관지염, 장염, 요로감염에 많이 사용한다.
2. 배농이뇨(排膿利尿: 고름을 배출시키고, 이뇨작용이 있음)—해독소옹(解毒消癰: 독을 없애고 뭉친것을 풀어줌)의 효능이 있어 열독으로 인한 각종 부스럼에 사용하고 야국화, 포공영, 연교 등을 배합하여 사용하거나 외용으로 사용한다. 청열제습(淸熱除濕: 열과 습을 없앰)과 이뇨통림(利尿通淋: 소변이 통하게 함)의 효능이 있어 열림(熱痳: 비뇨기 감염)으로 인한 소변삽통(小便澀痛: 배뇨장애, 배뇨통)의 증상에 사용하고 석위, 금전초 등을 배합하여 사용한다

약리와 임상 최근 약리실험에 의하면 면역증강, 항염, 항균, 이뇨, 진해(鎭咳), 항암 등의 작용이 있는 것으로 밝혀졌다. 임상에서는 상호흡기 감염증, 간염, 신우신염, 세균성 이질, Leptospirosis감염, 변비, 중이염, 비염, 외과 수술후 감염, 홍반낭창 등의 병증에

사용한다.

용량과 주의 일반적으로 15~30g을 사용하고, 외용시에는 적당량을 사용한다. 쥐의 피하에 주사한 결과 LD_{50}은 1.6±0.081g/kg이었고, 체중이 17-20g인 쥐에게 1.5mg을 정맥주사하고 1주일간 관찰한 결과 사망하지 않았다. 복방 어성초 정제를 장기간 복용시 간기능이나 인체에 특이한 영향은 없으니 인후부 건조, 위장 작열감, 심계(心悸), 수전(手顫) 등이 출현한다는 보고가 있고, 어성초 주사약의 과민 반응으로 쇼크를 일으키기도 하고 심지어 사망하기도 하였다.

4) 청허열약(淸虛熱藥)

효능 신체 음허(陰虛)나 열병(熱病) 후기에 발열 증상을 없애는 작용이 있다.

증상 음허내열(陰虛內熱)로 인한 발열, 골증조열(骨蒸潮熱: 뼈를 찌는 듯한 열감이 주기적으로 발생), 수족심열(手足心熱: 손발의 중앙에 발열감), 구강·인후부 건조, 가슴답답함, 불면증, 도한(盜汗: 수면후 발한), 설홍소태(舌紅小苔: 혀가 붉고 소량 설태), 맥세삭(脈細數) 등의 증상에 사용하고, 온열병 후기에 사열(邪熱)이 남아 있어 진액을 손상시키거나 발열 등의 증상에도 사용한다.

주의 생지황, 맥문동, 현삼, 별갑, 귀판 등 양음(養陰)의 약재와 배합해야 표(標)와 본(本)을 동시에 치료할 수 있다.

지골피(地骨皮)

약재의 기원 가지과(茄科)에 속한 낙엽관목식물인 구기의 근피(根皮)이다.

성미와 귀경 감(甘) · 담(淡) · 한(寒)하고, 폐(肺) · 신(腎)에 귀경한다.

효능과 응용

1. 양혈퇴증(凉血退熱: 혈액을 차게 하고 허열을 없앰)–음허혈열(陰虛血熱), 소아의 감질발열(疳疾發熱), 골증조열(骨蒸潮熱), 도한(盜汗) 등의 증상에 사용한다. 혈열(血熱) 제거로 지혈의 효과가 있어 혈열망행(血熱妄行: 혈액이 더워서 과도한 순환)의 토혈, 비강출혈 등의 증상에 사용하고 백모근, 측백엽 등 양혈지혈약(凉血止血藥)을 배합한다.
2. 청설폐열(淸泄肺熱: 폐의 열을 내림)–폐열(肺熱)로 인한 기침, 천식에 사용하고 상백피, 감초 등을 배합한다. 이 밖에 소갈증에도 사용한다.

약리와 임상 약리실험에 의하면 혈압하강, 해열, 지질감소, 혈당감소, 항균, 면역증강 등의 효능이 있는 것으로 밝혀졌고, 임상에서는 고혈압, 당뇨병, 치주염, 알레르기성 피부염, 티눈, 각종 출혈증, 화농성궤양 등의 병증에 사용한다.

용량과 주의 일반적으로 6~15g을 사용한다. 지골피 수전액을 쥐의 복강에 주사한 결과 LD_{50}은 12.8g/kg이었고, 팅크제를 복강에 주사한 결과 LD_{50}은 4.7g/kg이었다. 외감풍한(外感風寒)으로 인한 발열과 비허(脾虛)로 인한 설사에는 사용하지 않는다. 지골피를 수전하여 복용한 후 부정맥이 발생한 보고가 있다.

3 사하약(瀉下藥)

개요 대장을 윤활하게 하여 설사를 일으키거나 배변(排便)을 촉진시키는 작용을 하는 약재를 사하약이라 한다. 대변을 통하게 하고, 적체(積滯)를 제거하고, 수음(水飮)과 기타 유해물질 또는 실열(實熱)까지 배변을 통하여 없앨 수 있다. 대변건조증, 대 · 소장의 막힘, 실열내결(實熱內結: 열이 내부에 뭉침), 수종(水腫), 담음(痰飮) 등의 리실증(裏實證)에 사용한다.. 사하약은 빼내는 강도와 형태에 따라 공하약(攻下藥), 윤하약(潤下藥), 준하축수약(峻下逐水藥)으로 분류한다. 대부분의 약재들은 일정의 독성이 있어 약으로 분류되었기 때문에 식품으로 사용불가능하다.

배합 이실(裏實)에 표사(表邪)를 동반했을 때 먼저 해표(解表)하고 나중에 공리(攻裏)하며, 필요할 때는 공하약(攻下藥)과 해표약(解表藥)을 함께 사용해서 표리쌍해(表裏雙解: 체내 · 외의 사기를 동시에 치료함)함으로써 표사(表邪)가 내부로 들어가는 것을 막으며, 이실(裏實)에 정허(正虛)가 동반했을 때에는 보익약(補益藥)을 배합해서 공보겸용(攻補兼用: 공격과 보하는 것을 동시에 사용)하여 공하(攻下)로 인한 정기(正氣)의 손상을 막는다.

주의 사하(瀉下) 작용이 강한 약재들은 체질허약자, 임신전후, 생리기간중에는 신중히 사용한다. 본 약재들은 위기(胃氣)를 쉽게 손상시키기 때문에 복용 후 약효가 출현하기 시작하면 복용을 중지해야 한다.

노회(알로에)

약재의 기원 백합과(百合科)에 속한 여러해살이 상록육질식물인 알로에의 액즙을 끓여서 농축시킨 것이다. 보통 환으로 사용한다.

성미와 귀경 고(苦) · 한(寒)하고, 간(肝) · 대장(大腸)에 들어간다.

효능과 응용

1. 사하청간(瀉下淸肝: 아래로 내림, 설사시키고, 간을 시원하게 함)－대변을 통하게 하는 효능과 간화(肝火)를 없애는 작용이 있어 습관성 변비, 열결(熱結: 열이 뭉침)의 변비에 사용한다.
2. 살충(殺蟲)－회충을 죽이는 효능이 있어 소아의 감적(疳積)에 사용한다. 충적(蟲積)의 복통, 면색위황(面色萎黃: 얼굴이 누렇게 뜸), 몸이 마른 소아 감적(疳積)에는 보기건비(補氣健脾: 기와 비장을 보함)와 구충약을 배합하여 사용한다.

약리와 임상 최근 약리 연구에 의하면 상처유합촉진, 보간(補肝), 위점막보호, 면역증강, 항암 등의 효능이 있었고, 임상에서는 각종 출혈증, 녹내장, 여드름, 티눈 등의 병증에 사용하고, 피부미용에도 자주 사용한다.

용량과 주의 일반적으로 1~2g을 사용한다. 환, 산제가 적당하고, 탕제로는 사용하지 않는다. 외용으로는 피부에 바른다. 비위허한(脾胃虛寒)으로 인한 식욕부진, 설사자와 임신부는 사용시 주의한다.

4 거풍습약(祛風濕藥)

개요 기표(肌表)와 경락에 체류(滯留)된 풍습(風濕)을 제거하는 약재를 말한다.

거제풍습(祛除風濕), 해제비통(解除痹痛: 저림과 통증을 제거함) 작용이 있고, 일부는 서근(舒筋: 근육을 이완시킴), 통락(通絡: 경락을 통하게 함), 지통(止痛), 강근골(强筋骨: 힘줄과 뼈를 튼튼하게 함) 등의 작용이 있다. 풍습비통(風濕痹痛), 근맥구급(筋脈拘急: 근맥의 급작스런 경련), 마목불인(痲木不仁: 저려서 감각이상), 반신불수(半身不隨), 요슬산통(腰膝酸痛: 허리와 무릎의 시린 통증), 하지위약(下肢痿弱: 하지가 위축되어 허약함) 등의 증상에 사용된다.

배합 병사(病邪)가 표(表)에 있거나 혹은 통증이 상체에 편중되었으면 거풍해표약(祛風解表藥)을 배합하고, 병사가 경락(經絡)에 들어와 혈응기체(血凝氣滯: 혈액과 기가 막힘)되었으면 활혈통락약(活血通絡藥: 혈액을 맑게 하고 경락을 통하게 하는 약)을 배합하고, 한습(寒濕)이 많으면 온경약(溫經藥: 경락을 따뜻하게 하는 약)을 배합하고, 오래되어 열(熱)이 생기면 청열약을 배합하며, 오래된 병으로 기혈이 부족하면 익기양혈약(益氣養血藥: 기에 이롭고 혈액을 생성하는 약)을 배합하고, 간신부족(肝腎不足)으로 인해 허리 · 다리가 약할 경우에는 간신(肝腎)을 보(補)하는 약을 배합한다. 대부분 비증(痹症)은 만성질환에 속하므로 복용하기 편리하게 약주, 환제, 산제로 만들어 복용한다

주의 신온향조(辛溫香燥: 맵고 따뜻하여 건조함)한 약들은 음혈(陰血)을 쉽게 손상시키므로 신중히 사용한다.

독활(獨活)

약재의 기원 산형과(傘形科)에 속한 여러해살이 초본식물인 중치모당귀(重齒毛當歸)의 뿌리이다.

성미와 귀경 신(辛) · 고(苦) · 온(溫)하고, 간(肝) · 신(腎) · 방광에 들어간다.

효능과 응용

1. 거풍습(祛風濕)−신산고조(辛散苦燥)하고, 거풍습(祛風濕), 진통의 효능이 있어 풍습비통(風濕痹痛)에 사용하고, 풍한습사(風寒濕邪)가 근육과 관절에 머물러 있을 때는 신구(新舊)를 막론하고 사용할 수 있다. 특히 하체의 비증(痹症)에 적당하다.
2. 해표(解表), 지통(止痛)−발산해표(發散解表)의 효능이 있어 풍한표증(風寒表症)에 습사(濕邪)를 동반했을 때에 사용한다. 약력(藥力)은 강활보다 약하고, 강활을 배합하여 잘 사용한다. 이 밖에 본 약은 소음두통(少陰頭痛), 피부의 습진성 가려움증에도 사용한다.

약리와 임상 약리연구에 의하면 혈소판응집, 항혈전, 진통, 항광선민감, 혈압하강, 항경련, 항염, 항균, 항궤양 등의 작용이 있는 것으로 밝혀졌다. 임상에서는 menieres diesease, 건선, 불면증 등의 병증에 이용하고 있다.

용량과 주의 일반적으로 6−9g을 사용하고, 중증자는 12g정도 사용한다. 독활의 화초(花椒) 독소를 쥐의 근육에 주사한 결과 LD_{50}은 16mg/kg이었다.

목과(木瓜)

약재의 기원 장미과에 속한 낙엽관목인 목과의 여문 열매이다.

성미와 귀경 산(酸) · 온(溫)하고, 간(肝) · 비(脾)에 들어간다.

효능과 응용

1. 서근활락(舒筋活絡: 근육을 이완시키고 경락을 통하게 함)-풍습비통(風濕痹痛), 근맥구급(筋脈拘急: 근맥의 급작스런 경련), 각기종통(脚氣腫痛)에 사용하고, 화습(化濕)의 작용이 있어 풍습비통의 치료에 사용하고, 근맥구련(筋脈拘攣) 치료에 중요한 약재이다.
2. 화습화위(化濕和胃: 습을 없애고 위장을 편안하게 함)-습탁(濕濁: 탁한 습)을 없애고, 중초(中焦: 비 · 위장)를 조화(調和)시키고, 서근활락의 작용이 있어 토사전근(吐瀉轉筋: 구토와 설사로 인한 경련)에 사용한다.

이 밖에 본 약재는 소화(消化)작용이 있어 소화불량에도 사용한다.

약리와 임상 최근 약리연구에 의하면 면역억제, 항균, 간보호, 항암 등의 효능이 있었고, 임상에서는 이하선염, 소아유뇨, 장유착, 간염, 탈모, 이질, 무좀 등에 사용한 보고가 있다.

용량과 주의 일반적으로 6-12g을 사용한다. 위산이 많은 자는 대량복용을 금한다.

상지(桑枝)

약재의 기원 상과(桑科)에 속한 낙엽교목인 뽕나무의 어린 가지이다. 생용하거나 약간 노랗게 볶아서 사용한다.

성미와 귀경 고(苦)·평(平)하고, 간(肝)에 귀경한다.

효능과 응용

거풍통락(祛風通絡: 바람을 없애고 경락을 통하게 함)-풍습비통(風濕痹痛), 사지구련(四肢拘攣: 사지의 경련)에 많이 사용하는데 특히 상지(上肢)의 비통에 효과적이다. 이 밖에도 이수작용(利水作用)이 있어 수종(水腫)을 치료한다.

약리와 임상 논문 보고에 의하면 항암, 항균, 항바이러스 등의 효능이 있는 것으로 밝혀졌고, 임상에서는 오십견, 임질 등에 사용한 보고가 있다.

용량과 주의 일반적으로 10~30g을 사용한다. 상색소를 토끼에게 피하주사한 결과 LD_{50}은 8~10g/kg이었다.

오가피(五加皮)

약재의 기원 오가과(五加科)에 속한 낙엽소관목인 오가피의 껍질인데 남오가피(南五加皮)라고도 한다. 생용(生用)한다.

성미와 귀경 신(辛)·고(苦)·온(溫)하고, 간(肝)·신(腎)에 들어간다.

효능과 응용

1. 거풍습(祛風濕: 바람과 습을 제거함), 강근골(强筋骨: 힘줄과 뼈를 강하게 함)−풍습비통(風濕痹痛), 사지구련(四肢拘攣: 사지 경련)의 증상에 사용하고, 강근골(强筋骨)의 작용이 있어 요슬연약(腰膝軟弱: 허리 · 무릎 연약), 소아행지(小兒行遲: 영아의 보행 늦음)를 치료하는데 사용한다. 단방을 술에 담갔다가 복용할 수 있고, 또는 기타 거풍습약재나 보간신(補肝腎) 약재를 배합하여 사용한다.
2. 이 밖에 오가피는 이뇨작용이 있으므로 수종을 치료할 수 있고 복령피, 대복피, 생강피 등을 배합한다.

약리와 임상 최근 약리 실험에 의하면 면역증강, 항피로, 항고온, 간장보호, 혈당하강, 성호르몬 생성 등의 효능이 있는 것으로 밝혀졌다.

용량과 주의 남오가피는 4.5~9g, 북오가피는 3~6g을 사용한다. 남오가피 주사약을 쥐의 복강에 주사한 결과 LD_{50}은 81.85±10.4g/kg이었다.

5 방향화습약(芳香化濕藥)

개요 약재에 향(香)이 있고, 비장의 기능을 향상시켜 습(濕)을 제거하는 약재를 말한다.

맵고 향기가 있고, 따뜻하고 건조하여 기(氣)를 소통시키고, 습하고 탁한 것을 없애고, 비 · 위장을 건강하게 한다. 습탁(濕濁)이 비장을 막으면 운화(運化: 운송과 소화, 흡수)를 못하게 된다. 중초가 습으로 막히면 복부팽만, 구토, 신트림, 묽은 대변, 식욕부진, 피로, 구강이 달고 침이 많고, 설태가 희고 미끈한 증상이 있다.

배합 습(濕)은 한습(寒濕)과 습열(濕熱)로 구별한다. 한습에는 온리약(溫裏藥)을 배합하고, 습열에는 청열조습약(淸熱燥濕藥)를 배합한다. 또한 습은 성질이 끈적하여 기의 흐름까지 막는다. 행기(行氣)는 화습(化濕)에 도움이 되기 때문에 화습약을 쓸 때에는 행기약을 배합한다. 비허(脾虛)로 발생한 습에는 보비약(補脾藥)을 배합한다.

주의 따뜻하고 건조한 것은 음(陰)을 손상시키므로 음허증상이 있으면 신중하게 사용해야 한다. 약재가 향기롭고 휘발성이 있기 때문에 장시간 끓이면 효능이 떨어진다.

창출(蒼朮)

약재의 기원 국과(菊科)에 속한 여러해살이 초본식물인 모창출(茅蒼朮) 혹은 북창출(北蒼朮)의 뿌리이다. 물 또는 쌀뜨물에 푹 적셔 썰고 초황(炒黃)해서 사용한다.

성미와 귀경 신(辛) · 고(苦) · 온(溫)하고, 비(脾) · 위(胃)에 들어간다.

효능과 응용

1. 조습건비(燥濕健脾: 습을 건조시키고 비장을 강하게 함)–습(濕)이 중초(中焦)를 막은 증상에 자주 사용하는데, 습탁(濕濁)이 중초(中焦)를 막으면 비위운화(脾胃運化)를 못하게 되고 복부팽만, 구토,

신트림, 묽은 대변, 식욕부진, 피로, 구강이 달고, 침이 많고, 설태가 희고, 느끼한 증상이 있다. 후박과 진피 등 행기조습약(行氣燥濕藥)을 배합해서 사용한다. 담음(痰飮), 수종(水腫) 등 증상에도 본 약재를 사용할 수 있다.

2. 거풍습(祛風濕: 풍습을 없앰)－신산온조(辛散溫燥)하여 풍습을 제거할 수 있으므로 한습(寒濕)이 많은 비증(痹症)을 치료할 때 사용하고 풍한습비(風寒濕痹), 하지수종, 힘이 없는 증상에 사용한다. 그리고 발한(發汗)작용이 있기 때문에 풍한습사(風寒濕邪)가 많은 외감표증(外感表症)으로 사지가 아픈 병증에 사용하고, 강활 등을 배합하여 사용한다. 습열(濕熱)이 아래로 내려가 하체가 붓고 아프며 힘이 없을 때도 사용한다. 또한 명목(明目: 눈을 밝게 함)의 효능이 있어 야맹증이나 눈이 혼탁할 때도 사용하며 단방으로 사용하거나 돼지간, 닭간을 배합해서 사용한다.

약리와 임상 최근 약리보고에 의하면 심장억제, 혈관확장, 혈당하강, Na, K배출 증가, 위장운동 촉진, 보간이담(補肝利膽: 간을 보하고 담즙을 통하게 함), 지사(止瀉) 등의 작용이 있는 것으로 밝혀졌다. 임상에서는 부정맥, 당뇨병, 위하수, 화상, 독사교상(咬傷), 비강 Polyp, 유전성 피부 각화증(角化症), 소아거식증 등을 치료한 보고가 있다.

용량과 주의 일반적으로 5~10g을 사용한다. 지금까지 보고된 특별한 부작용은 없다.

곽향(藿香)

약재의 기원 순형과(脣形科)에 속한 여러해살이 초본식물인 광곽향 혹은 곽향의 지상부분이다. 생용하거나 신선한 것을 사용한다.

성미와 귀경 신(辛) · 미온(微溫)하고, 비(脾) · 위(胃) · 폐(肺)에 들어간다.

효능과 응용

1. 화습(化濕: 습을 없앰)－발산하는 효능이 있고 탁한 습사(濕邪)를 제거할 수 있기 때문에 습(濕)이 중초(中焦: 비 · 위장)를 막은 증상에 사용한다. 습사(濕邪)가 중초를 막으면 비위의 기가 움직이지 않아 복부팽만, 식욕부진, 오심구토 증상이 있고, 창출, 후박 등을 배합해서 사용한다.
2. 해서(解暑: 더위 먹은 증상을 없앰)－서습증(暑濕症)과 습온증(濕溫症)의 초기에 사용한다. 곽향은 성질이 따뜻하며 건조하지 않고, 습을 없애면서 발표(發表) 작용이 있다. 여름에 풍한(風寒)감기로 오한발열, 두통, 복부팽만, 구토, 설사하는 증상에 사용하고, 자소, 후박 등을 배합해서 사용한다(곽향정기산).
3. 지구(止嘔: 구토를 없앰)－습을 제거하고 화중지구(和中止嘔: 위장을 편안하게 하고 구토를 멎게 함) 작용이 있어 비 · 위장에 탁한 습사(濕邪)로 인한 구토에 적합하다. 단방을 사용하거나 반하를 배합한다. 습열(濕熱) 구토자는 황연, 죽여를 배합하고, 비위허약자는 당삼, 감초를 배합하고, 임신자는 사인 등을 배합하여 사용한다.

약리와 임상 약리연구에 의하면 설사억제, 항-바이러스, 항균, 방부(防腐), 소화촉진, 구토억제 등의 효능이 있는 것으로 밝혀졌다. 임상에서는 여름 감기, 설사, 구토 등의 병증에 자주 사용한다.

용량과 주의 건조한 것은 5~10g을 사용하고, 신선한 것은 배(倍)로 사용한다. 장시간 수전하면 약의 유효성분이 휘발하여 효능이 감소된다.

6 이수삼습약(利水滲濕藥)

개요 수분의 통로를 통하게 하며 수분을 삼투시켜 빠져나가게 할 수 있는 약재를 이수삼습약이라 한다. 이 약재를 복용하면 소변량이 많아지고, 체내에 축적되어 있던 수습(水濕)이 소변으로 배설된다. 이 약재는 배뇨장애, 수종, 임병(淋病), 담음(痰飮), 습온(濕溫), 황달, 습창(濕瘡) 등의 수습병증에 사용한다. 일부 약재는 청리습열(清利濕熱)의 작용도 있다. 이수삼습약은 효능에 따라 청열이습약(清熱利濕藥), 담습이습약(淡濕利濕藥), 이뇨통림약(利尿通淋藥)으로 구분한다.

배합 수종이 갑자기 생기고 표증(表症)이 있으면 선폐발한약(宣肺發汗藥: 폐를 통하게 하고 땀나게 하는 약)을 배합하고, 수종이 오래되고 비장과 신장의 양기 허약하면 비신온보약(脾腎溫補藥: 비장과 신장을 따뜻하게 보하는 약)을 배합하여 사용한다.

주의 이수삼습약을 오용하면 음액(陰液)이 손상되므로 진액부족자는 주의한다.

복령(茯苓)

약재의 기원 다공균과(多孔菌科)에 속한 진균복령의 균핵(菌核)이다. 소나무과 식물인 적송(赤松) 혹은 마니송 등의 뿌리에 기생한다. 채집 후 쌓아놓고 수분을 뺀 후 쪼글쪼글해질 때까지 말린다. 내부의 수분이 없어지면 건조 후 생용한다.

성미와 귀경 감(甘)·담(淡)·평(平)하고, 심(心)·비(脾)·신(腎)에 들어간다.

효능과 응용

1. 이수삼습(利水滲濕: 이뇨시키고 습을 없앰)−복령은 약성(藥性)이 부드러워 이수(利水)하면서 기(氣)를 손상시키지 않아 배뇨장애, 수종 등의 수습증(水濕症)에 사용하고, 저령, 택사와 함께 사용하면 이수삼습의 효능이 증강된다. 약성이 평(平)해서 습열(濕熱), 한습(寒濕) 등 각종 수습증에 사용할 수 있다. 습열(濕熱)에는 차전자, 택사 등을 배합하고, 한습(寒濕)에는 건강 등을 배합한다. 또한 복령은 이수삼습과 건비(健脾)의 효능이 있다. 비(脾)가 약하여 운화(運化)가 늦거나 수습으로 인해 발생한 어지러움, 심계(心悸), 기침 등에도 사용한다. 백출과 배합하면 건비이습(健脾利濕)의 효능이 증강된다.
2. 건비(健脾: 비장을 건강하게 함)−비허(脾虛)로 인한 피로, 식욕부진, 복부팽만 등의 증상에 사용하고, 대변이 묽을 때는 당삼, 백출, 감초 등 보비약(補脾藥)을 배합한다.
3. 안신(安神: 마음을 편안하게 함)−영심안신(寧心安神: 마음을 편안하게 함)의 효능이 있어 심계(心悸), 불면증에 사용하고, 조인 등의 안

신약(安神藥)을 배합한다.

약리와 임상 최근 약리적인 보고에 의하면 혈당감소, 항위궤양 항위점막 손상, 간보호, 조혈기능 촉진 등의 효능이 있었다. 임상에서는 간염, 실어증, 탈모, 정신분열증, 수종, 주근깨, 요통 등에 사용한 보고가 있다.

용량과 주의 복령은 일반적으로 9~12g을 사용하고, 복령피는 15~30g을 사용한다. 수전액을 쥐의 복강에 주사한 결과 LD_{50}은 2000mg/kg이고, 위장에 주입한 것은 10000mg/kg이었다.

의이인(薏苡仁)

약재의 기원 벼과에 속한 여러해살이 초본식물인 율무의 익은 종자이다. 생용하거나 볶아서 사용한다.

성미와 귀경 감(甘)·담(淡)·미한(微寒)하고, 비(脾)·위(胃)·폐(肺)에 귀경한다.

효능과 응용

1. 이수삼습(利水滲濕: 이뇨시키고 습을 없앰), 건비(健脾)-담삼이습(淡滲利濕)하며 건비(健脾)의 효능을 있어 배뇨장애, 수종, 각기(脚氣), 비허(脾虛) 설사 등에 사용한다. 효능은 복령과 유사하고 수습체류(水濕滯留)는 물론 비허(脾虛)로 인해 습(濕)이 많은 증상에 적합하다.
2. 제비(除痹: 저린 감을 없앰)-본 약재는 삼습(滲濕)할 수 있고, 또한 근맥(筋脈)을 편안하게 하며 경련을 완화시킬 수 있어 풍습비통

(風濕痹痛), 근맥연급(筋脈攣急: 근육의 경련과 통증)에 사용한다.

3. 청열배농(淸熱排膿: 열을 없애고 고름을 배출시킴)-폐옹(肺癰)으로 인한 객농담(喀膿痰)을 치료할 때에는 위경, 동과인 등을 배합하고, 장옹(腸癰)을 치료할 때에는 패장초, 단피 등을 배합한다.

약리와 임상 약리실험에 의하면 근육수축억제, 진정, 진통, 해열, 면역증강, 혈당하강 등의 작용이 있는 것으로 밝혀졌고, 임상에서는 폐암, 장암, 위암, 자궁경부암, 정형외과적인 통증, 좌골신경통, 요통, 견비통, 간염, 대장염, 비뇨기 결석, 각종 Polyp 등에도 효능이 있었다고 보고 하였다.

용량과 주의 일반적으로 10~30g을 사용하고, 비장을 튼튼하게 하는 데는 볶아서 사용하고 나머지는 생것을 사용한다. 탕제나 환약으로도 사용하고, 죽으로도 사용한다. 의이인을 아세톤으로 추출하여 쥐에 위장에 주입한 결과 최대용량은 10ml/kg이고, 의이인소(素)를 매일 20, 100, 500mg/kg을 연이어 30일간 복용시킨 결과 아무런 부작용이 없었다. 의이인으로 편평우를 치료시 대부분의 환자들이 피진(皮疹) 소실전에 부작용이 나타났는데 그 증상은 피부가 증식하고 붉게 변하고 염증이 가중(加重)하였다가 계속 치료하면 증상이 소실하였다.

차전자(車前子)

약재의 기원 차전과(車前科)에 속한 여러해살이 초본식물인 차전 혹은 평차전의 익은 종자이다. 볶아서 쓰거나 소금물에 볶아서 사용한다.

성미와 귀경 감(甘) · 한(寒)하고, 신(腎) · 간(肝) · 폐(肺)에 귀경한다.

효능과 응용

1. 이수통림(利水通淋: 소변이 통하게 함)-소변을 통하게 하는 작용이 있어 배뇨장애, 수종 등의 병증에 사용한다.
2. 지사(止瀉)-이수습(利水濕), 분청탁(分淸濁: 깨끗한 것과 혼탁한 것을 구별하는 효능)하고 지사(止瀉)작용이 있어 서습설사(暑濕泄瀉: 여름에 습으로 인한 설사)에 사용한다. 소변이 증가하면 대변의 수분을 감소시키는 효능이 있어 습이 많은 설사를 치료한다. 단방의 분말을 죽(粥)으로 복용하거나 백출, 복령, 택사 등을 배합하여 사용한다.
3. 청간명목(淸肝明目: 간의 열을 빼주고 눈을 밝게 함)-안구충혈, 백내장, 시력감퇴에 사용하는데, 간열목적종통(肝熱目赤腫痛: 간열로 인한 안구충혈, 부종, 통증)에는 국화, 황금 등의 청간약(淸肝藥)을 배합하고, 오래된 내장(內障), 간신음허(肝腎陰虛)에는 생지황, 맥문동, 구기자 등의 양음약(養陰藥)을 배합한다.
4. 청폐화담(淸肺化痰: 폐의 열과 가래를 없앰)-폐열(肺熱)로 인한 기침과 가래가 많은 증상에 사용한다.

약리와 임상 최근 약리보고에 의하면 이뇨, 안압감소, 관절낭의 압력증가, 항노화 등의 효능이 있는 것으로 밝혀졌고, 고혈압, 단순성 비만, 소화기 출혈, 소화불량, 황달형 간염, 비뇨기 감염, 급성신장염, 통풍, 설사, 만성기관지염 등에도 효능이 있는 것으로 밝혀졌다.

용량과 주의 일반적으로 3~9g을 사용하고, 중(重)한 자는 15~30g을 사용한다. 차전자를 수전할시 저어서 바닥에 눌어 붙는 것을 방지하고, 포전(包煎)하면 약효에 영향을 준다.

인진호(茵陳蒿)

약재의 기원 국과(菊科)에 속한 여러해살이 초본식물인 인진호 혹은 빈호의 어린 싹이다.

성미와 귀경 고(苦) · 미한(微寒)하고, 비 · 위 · 간 · 담에 들어간다.

효능과 응용

1. 청리습열(淸利濕熱: 열과 습을 없앰), 퇴황달(退黃疸: 황달을 없앰)– 인진은 맛이 쓰서 고설하강(苦泄下降: 아래로 내림)하며, 습열을 없애는 효능이 있어 황달에 사용한다. 습열훈증(濕熱熏蒸)하고 발황(發黃)하는 자는 단방을 복용하거나 인진호를 주성분으로 한 인진호탕을 사용하기도 한다. 한습음황(寒濕陰黃)에는 건강 등의 온중약(溫中藥)을 배합한다.

   이 밖에 본 약재는 습창소양(濕瘡瘙痒: 습이 많은 부스럼과 가려움)을 치료할 수 있다. 탕제를 내복하거나 환부를 씻는다.

약리와 임상 약리 실험 보고에 의하면 혈압하강, 혈지질 감소, 해열, 소염, 보간이담(補肝利膽: 간을 보하고, 담즙을 통하게 함), 면역증강 등의 효능이 있는 것으로 밝혀졌다. 임상에서는 간암, 유선암, 췌장암, 감기, 신생아 용혈증과 고(高)담홍소(bilirubin) 혈증, 간염, 담결석, 고지질혈증, 구강궤양 등에도 효과가 있는 것으로 보고되었다.

용량과 주의 급성 전염성 황달형 간염 치료 시에는 1일 용량으로 성인은 500~1000g을 초과 해야 하고, 소아는 500g이상이어야 한다. 대량 복용시 어지러움, 구역질, 상복부의 포만감, 작열감 등의 부작용이 있다.

지구자(枳椇子)

약재의 기원 서이과(鼠李科)에 속한 지구의 익은 종자이다. 나무도 약재로 사용한다.

성미와 귀경 감(甘) · 평(平)하고, 비(脾) · 심(心)에 귀경한다.

효능과 응용

1. 이수소종(利水消腫)－배뇨장애, 부종
2. 청습열(淸濕熱), 해주독(解酒毒)－숙취, 황달, 음주 후 위장장애

약리와 임상 약리연구에 의하면 항히스타민, 이뇨, 항산화 등의 작용이 있는 것으로 밝혀졌다. 임상에서는 소아경기, 경련 등에 사용하기도 한다.

용량과 주의 일반적으로 4~9g을 사용한다. 특별히 보고된 부작용은 없다.

7 온리약(溫裏藥)

개요 온산리한(溫散裏寒: 속의 냉기를 없앰) 작용을 하여 리한증(裏寒症)을 치료하는 약재를 온리약이라 한다. 성미가 맵고 따뜻하여 비위를 따뜻하게 하고, 건운비위(健運脾胃: 비장과 위장을 튼튼하게 함)하며 한사를 제거하여 통증을 없앤다. 어떤 약재는 양기 회복을 돕는

작용도 있다.

① 한사(寒邪)침입으로 비위의 양기가 막히면 복부냉통, 구토, 설사 증상이 나타난다.

② 양기(陽氣)가 쇠약하고 음한내성(陰寒內盛: 내부에서 한랭이 생김)하여 외한지랭(畏寒肢冷: 사지가 차고 추위를 싫어함), 면색창백(面色蒼白), 소변이 맑고 길고, 설담태백(舌淡苔白), 맥상침세(脈象沈細)하거나 혹은 대한망양(大汗亡陽: 양기가 고갈되어 식은땀을 흘림)으로 사지가 아주 차고 맥이 끊어 질 듯한 증상이 나타난다.

배합 표증(表證)이 있으면 해표약(解表藥)을, 한사가 뭉쳐서 기가 막혔으면 행기약(行氣藥)을, 한습(寒濕)이 체내에서 막혔으면 건비화습약(健脾化濕藥)을, 비장과 신장의 양기가 허약하면 비신온보약(脾腎溫補藥)을, 양기가 고갈되어 기가 다 빠졌으면 원기대보약(元氣大補藥)을 배합한다.

주의 온리약은 신(辛), 열(熱)하고 건조하여 오용하면 진액이 쉽게 소모되기 때문에 열증(熱症), 음허증(陰虛症), 임산부는 사용을 금하거나 신중하게 사용해야 한다.

건강(乾薑)

약재의 기원 생강과에 속한 여러해살이 초본식물인 생강의 마른 뿌리이다. 작게 썰어서 사용하거나 볶아서 사용한다.

성미와 귀경 신(辛) · 열(熱)하고, 비(脾) · 위(胃) · 심(心) · 폐(肺)에 귀경한다.

효능과 응용

1. 온중(溫中: 비위를 따뜻하게 함)－건강은 비위(脾胃)의 한사(寒邪)를 제거하고, 양기(陽氣)를 도울 수 있어 비위에 한사로 인한 복부냉통, 구토, 설사 등에 사용한다. 한사의 침입으로 인한 실증(實證)이나 양기부족으로 인한 허증(虛症)이나 비위한증(脾胃寒症)이면 모두 사용할 수 있다. 위한구토(胃寒嘔吐)에는 강역지구(降逆止嘔: 기를 아래로 내려서 구토를 중지시킴)의 효능이 있는 반하를 배합하고, 비위허한(脾胃虛寒)에는 보비익기(補脾益氣)의 효능이 있는 인삼, 백출, 감초 등을 배합한다.
2. 회양(回陽: 양기를 회복시킴)－본 약재는 맵고 더워 통심조양(通心助陽: 심장의 양기를 도와 통하게 함)하며, 리한(裏寒)을 치료할 때에 부자를 배합한다. 건강은 부자를 도와 회양구역(回陽求逆: 양기를 회복시켜 경련을 억제시킴)의 효과를 증강시키고 부자의 독성을 감소시킨다.
3. 온폐화음(溫肺化飮: 폐를 따뜻하게 하여 수분을 없앰)－폐의 한(寒)을 온산(溫散)시키고 담음(痰飮)을 제거할 수 있어 한음복폐(寒飮伏肺: 폐에 찬 액체가 있는 증상)에 속하는 기침 · 천식, 형한배랭(形寒背冷: 추워 보이고 등이 참), 묽은 가래가 많은 증상에 사용한다.

약리와 임상 약리연구에 의하면 지해평천(止咳平喘), 혈압하강, 위점막 보호, 항궤양, 구토억제, 장관(腸管) 운동억제, 이담(利膽), 간보호, 진정, 진통, 해열 등의 효능이 있었다.

용량과 주의 일반적으로 0.9～6g을 사용한다. 생강 정유(精油)를 쥐의 복강에 1.34ml/kg이상 주사, 3.73mg/kg 위장에 주입한 결과 협조반응 상실, 근육이 이완하였고, 최후에는 호흡마비로 사망하였다.

육계(肉桂)

약재의 기원　장과(樟科)에 속한 상록교목식물인 육계의 껍질이다. 마른 껍질의 표피를 벗겨 버린 것을 육계심(肉桂心)이라 하고, 거친 가지 혹은 어린 나무에서 마른 껍질을 벗긴 것을 관계(官桂)라 한다. 썰거나 가루 내어 생용한다.

성미와 귀경　신(辛)·감(甘)·열(熱)하고, 신(腎)·비(脾)·심(心)·간(肝)에 들어간다.

효능과 응용

1. 보화조양(補火助陽: 양기를 도움)–외한지랭(畏寒肢冷: 추위를 싫어하고 사지가 참), 요슬연약(腰膝軟弱: 허리·무릎이 약함), 양위(陽萎: 성기능 장애), 빈뇨 등의 증상이 있는 신양부족(腎陽不足), 명문화쇠(命門火衰)에 사용한다. 그리고 상복부 냉통, 식욕부족, 대변 무름의 증상이 있는 비신양쇠(脾腎陽衰)에도 사용하고 건강, 백출 등을 배합한다.
2. 산한지통(散寒止痛: 한사를 없애고 진통시킴)–산한(散寒)작용이 있어 혈맥을 통하게 하기 때문에 상복부 냉통, 한습으로 인한 관절통, 요통, 혈분(血分)의 한(寒)으로 인한 어혈성 폐경, 생리통 등에 사용하고, 한응기체(寒凝氣滯) 혹은 한응혈어(寒凝血瘀)로 인한 통증에 모두 사용할 수 있다. 혈액이 차서 통하지 않으면 당귀, 천궁 등 활혈통경약(活血通經藥)을 배합하여 사용한다.
3. 온통경맥(溫通經脈: 경맥을 따뜻하게 하여 통하게 함)–산한온량(散寒溫凉)하며 기혈을 통하게 할 수 있어 폐쇄성 혈관 질환, 장기간

아물지 않은 부스럼 등에 사용한다. 폐쇄성 혈관 질환에는 숙지황, 녹각교 등을 배합하고(양화탕), 기혈이 허(虛)한 사람은 황기와 당귀 등을 배합한다.

이 밖에 기혈부족의 증상에는 소량의 육계를 보기양혈약(補氣養血藥)에 넣어서 쓰면 양기를 북돋고, 기혈생장을 촉진하는 효과가 있다.

약리와 임상 최근 약리실험 보고에 의하면 진통, 진정, 항궤양, 항염증, 담즙분비촉진, 혈압하강, 말초혈관 확장, 체온조절, 면역증강, 항방사선 등의 효능이 있는 것으로 밝혀졌고, 임상에서는 화농성 폐렴, 기관지천식, 요통, 소아유연증, 부자중독, 신경성 피부염, 생리통, 설사, 성기능 장애, 심근경색, 동상 등의 병증에 많이 사용한다.

용량과 주의 일반적으로 0.6~4.5g을 사용하고, 중증에는 9~15g을 사용한다. 탕약, 환제, 산제로 사용한다. 수전시 후하(後下) 한다. 관계는 작용이 비교적 약하기 때문에 용량을 증가한다. 음허화왕(陰虛火旺: 음이 부족하여 열이 많음), 리실열(裏實熱), 혈열망행(血熱亡行: 혈액에 열이 많아 과도한 순환) 환자와 임산부는 사용을 금한다. 육계를 대량으로 복용한 결과 어지러움, 구강건조, 소변감소, 심박동수 증가 등의 부작용이 있었다.

8 이기약(理氣藥)

개요 막힌 기(氣)를 통하게 하는 약재를 말한다. 이기약은 따뜻하면서 향이 있고, 맵고 쓴맛이 있어 막힌 것을 통하게 하고, 아래로 내리는 작용이 있다. 조기건비(調氣健脾: 기를 조절하고 비장을 튼튼하게 함), 행기지통(行氣止痛: 기를 돌게 하고 통증을 없앰), 순기강역(順氣降逆: 기를 조절하고 아래로 내림), 소간해울(疏肝解鬱: 간기를 풀어주고 뭉친것을 풀어줌) 혹은 파기산결(破氣散結: 뭉친 것을 풀어줌) 등의 효능이 있다. 기체(氣滯)에는 민(悶: 답답함), 창(脹: 팽만감), 통(痛)이 있고, 기역(氣逆)하면 구토, 구역질, 애역(呃逆) 혹은 천식이 발생한다. 폐실선강(肺失宣降: 폐의 선발과 하강 작용이 상실)에는 흉민불창(胸悶不暢: 가슴답답함), 기침, 천식의 증상이 나타나고, 간기울체(肝氣鬱滯)에는 옆구리 통증, 가슴 답답함, 헤르니아 통증, 유방창통(脹痛) 혹은 결괴(結塊: 덩이) 및 월경불순의 증상이 나타나고, 비위기체(脾胃氣滯), 승강실직(昇降失職: 하강과 상승의 상실)에는 복부팽만통증, 신트림, 구역질, 구토, 변비 혹은 설사의 증상이 나타난다. 또한 장부(臟腑)간에는 밀접한 관계가 있으므로 간실소설(肝失疎泄: 간이 기를 돌리는 작용의 상실)로 인해 비위기체를 초래해서 비실건운(脾失健運), 취습생담(聚濕生痰: 습과 담이 생성)되면 폐(肺)의 기(氣)가 내려가는데도 영향을 준다.

배합 외사(外邪)가 폐에 침입하면 선폐화담지해약(宣肺化痰止咳藥)을 배합하고, 담열울폐(痰熱鬱肺: 열과 가래가 폐에 뭉침)해서 생긴 기침, 천식에는 청열화담약(清熱化痰藥)을 배합한다. 비위기체에 습열증(濕熱症)이 있으면 청리습열약(清裏濕熱藥)을 배합하고, 한습곤비(寒濕困脾: 한습이 비장을 막음)하면 비위를 따뜻하게 하는 약재를 배합하고, 소화불량자는 소화약(消化藥)을 첨가하고, 비위허약자는 건비약(健脾藥)을 배합한다. 동일한 간울기체(肝鬱氣滯)라도 증상을 세분화하여 양간(養肝), 유간(柔肝), 활혈화영(活血和榮: 혈액을 맑게하고 음액을 조화시킴), 지통(止痛), 건비(健脾) 등의 약재를 구분해서 배합한다.

주의 이 약재들은 덥고 건조한 것이 많아서 기(氣)가 소모되고 음(陰)이 손상되기 때문에 기(氣)가 허(虛)한 사람은 신중하게 사용하는 것이 좋다.

진피(陳皮)

약재의 기원 운향과(蕓香科)에 속한 상록소교목(常綠小喬木)식물인 귤 및 그의 동속(同屬) 식물의 익은 열매의 껍질이다.

성미와 귀경 신(辛) · 고(苦) · 온(溫)하고, 비(脾) · 폐(肺)에 들어간다.

효능과 응용

1. 이기조중(理氣調中: 기를 통하게 하고 비위를 조절함)–진피는 향이 있고 따뜻하여 통하게 할 수 있고 아래로 내릴 수 있으며, 이기운비(理氣運脾), 조중쾌격(調中快膈: 비위를 시원하게 함)의 효능이 있어 비위기체(脾胃氣滯)로 인한 복부팽만, 트림, 구역질, 구토 등의 증상에 사용한다. 복부팽만 혹은 통증을 치료할 때는 지각 등을 배합하고, 위실화강(胃失化降: 위장이 아래로 내리는 효능의 상실)으로 인한 구역질, 구토에는 생강을 배합한 귤피탕을 사용한다. 담열(痰熱)로 인한 구토에는 죽여 등을 배합하고, 간기승비(肝氣勝脾: 간기가 비장을 약하게 함)로 인한 복통설사에는 백출, 백작약 등을 배합한다. 비위기허(脾胃氣虛)로 인한 소화불량에는 당삼, 백출, 자감초 등을 배합한다.
2. 조습화담(燥濕化痰: 습을 건조시키고 가래를 없앰)–습탁중조(濕濁中

阻: 탁한 습이 비위를 막음)로 인한 가슴 답답함, 복부팽만, 피로, 식욕부진, 대변 무름, 설태후니(舌苔厚膩)한 증상에 사용하고, 담습옹체(痰濕壅滯: 담습이 뭉쳐서 막힘), 폐실선강(肺失宣降), 기침, 대량가래, 기역(氣逆) 등의 증상에도 사용한다.

약리와 임상 최근 약리실험에 의하면 소장평활근 수축억제, 담결석용해, 거담지해, 혈압상승, 면역증강 등의 효능이 있다고 밝혔고, 임상에서는 역류성 식도염, 궤양성 결장염, 기관지염, 쇼크, 신부전, 유선염, 개창 등에 사용한다.

용량과 주의 일반적으로 3~10g을 사용한다. 비장을 튼튼하게 할 때에는 볶아서 사용한다. 소수의 환자는 구강건조증상이 있는데, 복용중지 며칠 후면 정상으로 회복한다. 진피에 과민반응자도 보고된 것이 있다. 본 약재는 발산시키고 습을 없애는 효능이 있으므로 설적소진(舌赤少津: 혀가 붉고 진액은 적음), 체내 실열자는 신중하게 사용해야 한다.

지실(枳實)

약재의 기원 운향과(芸香科)에 속한 소교목(小喬木)식물인 산등 혹은 향연과 구귤의 안 익은 열매이다. 생용하거나 밀기울로 볶아서 사용한다.

성미와 귀경 고(苦) · 신(辛) · 미한(微寒)하고, 비(脾) · 위(胃) · 대장(大腸)에 귀경한다.

효능과 응용

1. 파기소적(破氣消積: 뭉친 기를 파괴하고 적체된 음식을 소화시킴)－지실은 고설(苦泄: 쓰고 아래로 내림), 신산(辛散: 맵고 발산시킴)하고 행기(行氣)의 힘이 비교적 강하기 때문에 파기제창(破氣除脹: 뭉친 기를 파괴하고 팽만감을 제거함)·소적도체(消積導滯: 적체된 음식을 소화시키고, 체증을 내림) 할 수 있어 식적정체(食積停滯), 복통변비, 사리불창(瀉痢不暢: 설사시 배변이 깨끗하지 않음), 이급후중(里急後重: 배변감은 급박하나 배변이 힘들고 항문의 하수감) 등의 증상에 사용한다. 소화불량으로 인한 복부팽만, 트림의 증상에 산사, 맥아, 신국 등을 배합하면 소식산적(消食散積: 음식을 소화시키고, 적체된 것을 제거함)할 수 있고, 열결(熱結)변비, 복통창만(脹滿)에 사인 등을 배합하면 행기파결(行氣破結: 기를 돌게하고 뭉친 것을 풀어줌), 사열통변(瀉熱通便: 열을 없애고 대변을 통하게 함)할 수 있다. 그리고 비위허약으로 소화와 운송의 힘이 없어 식후에 복부팽만이 있으면 백출을 배합한다.
2. 화담제비(化痰除痹: 담과 저린감을 없앰)－이 약재는 행기소담(行氣消痰: 기를 돌리고 담(가래)을 없앰)의 작용으로 뭉치고 막힌 것을 소통시킬 수 있어 혼탁한 담으로 인한 조색기기(阻塞氣機: 기가 막힘), 흉완비만(胸脘痞滿: 가슴과 복부의 막힘, 팽만)의 증상에 사용한다.

이 밖에 본 약재는 위확장, 위하수, 탈항, 자궁하수 등의 증상에도 사용하고 보기약(補氣藥)과 배합하면 효과를 높일 수 있다. 최근에는 혈압을 상승시키는 작용이 발견되었다.

약리와 임상 약리실험 보고에 의하면 항경련, 장의 평활근 흥분, 항궤양, 순환증가, 이뇨작용 등이 있었고, 임상에서는 쇼크, 심부전, 위하수, 두통 등의 병증에 사용한다.

용량과 주의 일반적으로 3~ 10g을 사용하고, 최대 15g까지 사용한다. 비위(脾胃)가 허약(虛弱)한 사람과 임산부는 신중하게 사용한다.

9 소화약(消化藥)

개요 본류의 약재들은 소화를 촉진시킬 수 있고, 대부분 개위화중(開胃和中: 식욕증진, 비위를 편안하게 함)의 효능이 있는 약을 소화약이라 한다. 일부는 운비(運脾: 비장의 기능을 증강시킴)의 효능도 가지고 있다. 식적불화(食積不化: 소화불량)로 인한 복부팽만, 신트림, 구역질, 구토, 대변이상과 비위허약(脾胃虛弱)으로 인한 소화불량 등의 병증에 사용한다.

배합 식체가 생기면 기의 운행을 막기 때문에 비위기체(脾胃氣滯)의 증상이 나타난다. 그래서 행기약(行氣藥)을 배합하면 행기관중(行氣寬中: 기를 돌리고 비위를 넓혀줌)시켜 소식화체(消食化滯)에 도움을 준다. 한증(寒症)에는 온중약(溫中藥)을 배합하고, 숙식적체(熟食積滯: 오래된 식체), 울이화열(鬱裏化熱: 뭉친 것이 열로 바뀜)에는 차(冷)고 쓴(苦) 약을 사용하여 열을 아래로 내리고, 습탁중조(濕濁中阻: 탁한 습사가 비위를 막음)에는 방향성(芳香性) 약을 배합하여 화습성비(化濕醒脾: 습을 없애 비장을 깨어나게 함)하게 한다. 그리고 비위허약, 운화무력(運化無力)에는 비위를 튼튼하게 해주는 약을 배합한다.

주의 기가 허약하거나 적체가 없으면 주의해서 사용한다.

산사(山楂)

약재의 기원 장미과(薔薇科)에 속한 낙엽관목 혹은 교목식물인 산사의 열매이다. 채집하여 건조 후 생용 하거나 볶아서 사용한다.

성미와 귀경 산(酸) · 감(甘) · 미온(微溫)하고, 비(脾) · 위(胃) · 간(肝)에 귀경한다.

효능과 응용

1. 소식화적(消食化積: 음식과 적체된 것을 소화시킴)–산사는 시고 달며 성질이 미온하여 덥지 않아 건비화위(健脾和胃: 비장을 튼튼하게 하고 위장을 편안하게 함)하고, 소화를 촉진시키는 효능이 우수하여 소화불량, 복부팽만 등에 쓰이고, 특히 육식으로 인한 적체(積滯)를 제거하는 효능이 양호하다. 식체불화(食滯不化: 소화불량)를 치료할 때에는 신곡, 맥아 등을 배합하고, 복부팽만이 있으면 지각 등을 첨가하여 행기소체(行氣消滯)시키고, 상(傷)한 음식을 섭취하여 복통설사가 있으면 볶은 산사 분말10g을 더운 물로 복용한다.
2. 활혈산어(活血散瘀: 피를 맑게 하고 어혈을 풀어줌)–혈분(血分)에 들어가 활혈산어소종(活血散瘀消腫: 혈액을 맑게 하고 어혈을 풀어주고 부종을 없앰)의 효능이 있기 때문에 산후의 어혈성 복통, 오로부진(惡露不盡: 출산후 지속되는 출혈), 산기창통(疝氣脹痛: 헤르니아 통증) 등의 병증에 사용한다. 전자는 당귀, 천궁, 익모초 등을 배합하고, 후자는 귤핵 등을 배합한다.

약리와 임상 최근 약리 연구의 보고에 의하면 혈지질감소, 자궁수축, 진통, 위액분비촉진, 항부정맥, 관상혈관 확장, 혈압하강 등의 효능이 있었고, 임상에서는 심근경색, 고지질혈증, 고혈압, 뇌혈관병, 타박상, 생리통, 간염, 간경화, 장염, 세균성 이질, 거식증, 신우신염, 비만증 등에 사용한 보고가 있다.

용량과 주의 일반적으로 10~15g을 사용하고, 대량으로는 30g 정도 사용한다. 대량의 산사 분말을 복용후 위산역류, 위통, 작열감 등이 있었고, 또한 위결석이 생길 수도 있고, 위궤양환자가 대량으로 복용하면 출혈할 수도 있다.

신곡(神曲)

약재의 기원 밀가루에 다른 약재를 혼합 후 발효시킨 것이고 지역마다 재료가 조금 다르다. 밀가루, 밀기울, 행인니(泥), 적소두 가루, 청호, 창이, 날료(辣蓼) 즙을 혼합 후 용기에 넣고 다시 삼잎이나 닥나무잎으로 덮어 1주일 동안 발효시켜 균사가 나온(누런 색) 다음에 꺼내서 건조한다. 생용 하거나 향기가 날 때까지 볶아서 사용한다. 육신곡(六神曲)이라고도 한다.

성미와 귀경 감(甘) · 신(辛) · 온(溫)하고, 비(脾) · 위(胃)에 귀경한다.

효능과 응용

소식화위(消食和胃: 음식을 소화시키고 위장을 편안하게 함)–본 약은 소식(消食), 건위(健胃), 화중(和中: 비위를 편안하게 함)의 작용이 있어 식적불화(食積不化), 완복창만(脘腹脹滿: 복부팽만, 통증), 식욕부진, 장명(腸鳴), 설사 등에 사용한다. 상기 병증을 치료할 때에는 산사, 맥아 등을 배합하여 사용한다.

약리와 임상 최근 임상에서는 소화불량, 유선증식, 만성위염, 전간 등의 병증에 많이 사용한다.

용량과 주의 일반적으로 6~15g을 사용하고, 지금까지 보고된 특별한 부작용은 없다.

맥아(麥芽)

약재의 기원 화본과(禾本科)에 속한 일년생 초본식물인 대맥(大麥)의 종자를 발아시켜 말린 것이다. 싹이 짧게 나면 건조 후 생용 하거나 누렇게 볶아서 사용한다.

성미와 귀경 감(甘) · 평(平)하고, 비(脾) · 위(胃) · 간(肝)에 귀경한다.

효능과 응용

1. 소식화중(消食和中: 소화시키고 비위장을 편안케 함)-본 약재는 전분성 음식물을 소화 시킬 수 있어 쌀, 밀가루, 감자, 고구마 등을 섭취 후 발생한 소화불량에 사용하고, 산사, 신곡, 계내금 등을 배합한다. 비위허약(脾胃虛弱)으로 운화(運化)가 되지 않으면 보비익기약(補脾益氣藥)을 배합하고, 이때 맥아를 배합하면 보(補)하면서 체(滯)하지 않는다.
2. 회유(回乳)-모유를 끊을 때나 혹은 유즙울적(乳汁鬱積)으로 인한 유방창통(脹痛) 등의 병증에 사용한다. 매일 생맥아나 볶은 맥아30~60g을 수전하여 몇 회로 나누어 복용하면 효과가 있다. 이 밖에 소간(疎肝)할 수 있어 간울기체(肝鬱氣滯: 간기가 막힘) 혹은 간비불화(肝脾不和: 간과 비장이 화합하지 못함)로 인한 증상에 보

조제로 쓸 수 있다.

약리와 임상 최근 약리 보고에 의하면 혈당감소, 소화촉진, 최유(催乳) 작용이 있는 것으로 밝혀졌고, 임상에서는 급성황달형 간염, 급만성위염, 고콜레스트롤, 소아거식증, 진균감염, 유선증식, 우울증 등의 병증에 사용하고, 모유를 끊을 때도 사용한다.

용량과 주의 일반적으로 10~15g을 사용하고, 대량으로는 30~120g을 사용한다. 비위장이 허약하면 볶아서 사용한다. 수유기 여자에게 사용시 주의하고, 맥아가 변하면 독성이 생겨 중독될 수 있다.

10 지혈약(止血藥)

개요 인체 내·외의 출혈을 억제시키는 약재를 지혈약이라 한다. 양혈지혈(凉血止血: 혈액을 차게 해서 지혈시킴)·수렴지혈(收斂止血: 수렴시켜 지혈시킴)·화어지혈(化瘀止血: 어혈을 풀어서 지혈시킴)·온경지혈(溫經止血: 경락을 따뜻하게 해서 지혈시킴) 등 각기 다른 작용을 한다. 각혈(咯血), 비혈(鼻血), 토혈(吐血), 혈뇨(血尿), 혈변(血便), 붕루(崩漏), 자전(紫癜), 창상출혈(創傷出血) 등에 사용한다.

배합 혈분(血分)에 열이 있으면 청열양혈약(淸熱凉血藥)을 배합하고, 음허양항(陰虛陽亢: 음이 부족하여 양기가 상승됨)에는 자음잠양약(滋

陰潛陽藥: 양기를 내리고 음액을 보충함)을 배합하며, 어혈조체(瘀血阻滯: 어혈로 막힘)로 인해 출혈에는 행기활혈약(行氣活血藥: 기를 돌리고 혈액을 맑게 함)을 배합한다. 그리고 허한성(虛寒性) 출혈에는 증상에 따라 온양(溫陽)·익기(益氣)·건비(健脾) 등의 약재를 배합하며, 출혈과다로 인해 기가 다 빠졌으면 원기(元氣)를 보하는 약재를 사용한다.

주의 양혈지혈약(凉血止血藥)과 수렴지혈약(收斂止血藥)를 쓸 때에는 반드시 어혈(瘀血)의 유무(有無)에 주의해야 한다. 어혈이 남아 있으면 활혈거어약(活血祛瘀藥)을 첨가해야 한다. 지혈약만 대량으로 사용하면 도리어 어혈을 유발할 수 있다.

대계(大薊)

약재의 기원 국과(菊科)에 속한 여러해살이 초본식물인 대계의 뿌리 및 전초(全草)이다. 생용(生用)하거나 볶아서 사용한다.

성미와 귀경 감(甘)·고(苦)·양(凉)하고, 심(心)·간(肝)에 귀경한다.

효능과 응용

1. 양혈지혈(凉血止血: 혈액을 차게 하여 지혈시킴)–각혈(咯血), 비혈(鼻血), 자궁의 기능성 출혈, 혈뇨 등에 사용하고, 열혈망행(熱血妄行: 혈액에 열이 있어 과도한 순환)으로 인한 출혈증에 사용한다. 단방으로 쓸 수도 있고, 소계, 측백엽 등을 배합하기도 한다.
2. 산어소옹(散瘀消癰: 어혈과 뭉친 것을 풀어줌)–대계는 성량고설(性凉苦泄: 성질이 아래로 내림)하며 파혈산어(破血散瘀: 막힌 것과 뭉친 것을

풀어줌), 해독소옹(解毒消癰: 독을 없애고 뭉친 것을 풀어줌)의 효과가 있어 창옹종독(瘡癰腫毒)에 사용한다. 내 · 외용에 모두 효능이 있다.

약리와 임상 최근 논문에 의하면 혈압강하, 항균, 지혈 효능이 있는 것으로 밝혀졌고, 임상에서는 고혈압, 간염, 폐결핵, 출혈증, 유선염, 알러지, 화상, 비염 등의 병증에 사용한다.

용량과 주의 일반적으로 10~15g을 사용하고, 신선한 것은 30~60g을 사용한다. 외용시에는 찧어서 환부를 도포한다. 비위가 허약한 증상에는 주의한다.

측백엽(側柏葉)

약재의 기원 백과(柏科)에 속한 상록교목식물(常綠喬木植物)인 측백나무의 연한가지와 잎이다. 생용(生用)하거나 까맣게 볶아서 사용한다.

성미와 귀경 고(苦) · 삽(澁) · 미한(微寒)하고, 대장(大腸) · 폐(肺) · 간(肝)에 들어간다.

효능과 응용

양혈지혈(凉血止血: 혈액을 차게 하여 지혈시킴)−측백엽은 성량미삽(性凉味澀)하여 양혈(凉血)할 수 있을 뿐만 아니라 수렴지혈(收斂止血) 작용도 있어 각종 내 · 외 출혈증에 사용하고 대계, 소계, 백모근 등을 배합하여 사용한다. 허한성출혈(虛寒性出血)에는 애엽과 포강

(炮薑)을 배합하고, 외상성 출혈에는 분말을 사용한다.

약리와 임상 최근 밝혀진 바에 의하면 측백엽은 평천(平喘), 거담진해(祛痰鎮咳), 혈압강하, 진정, 지혈 작용이 있다고 하고, 임상에서는 측백엽의 거담지해(祛痰止咳) 작용을 이용하여 가래가 많은 기침 증상에 사용하고 있고, 그리고 지루성피부염에도 사용한다. 신선한 측백엽60g을 60%의 알콜에 7일 동안 담가두었다가 약액을 머리에 도포하면 가려움증을 없애고 탈모도 줄일 수 있다. 그 외에 궤양성 출혈, 모낭염 등에도 사용한다.

용량과 주의 일반적으로 10~15g을 사용하고, 외용시에는 적당량을 사용한다. 측백엽정제는 소수의 환자에게 상복부 불편감, 복부팽만, 오심(惡心), 구토, 식욕부진 등의 부작용이 출현하였다.

삼칠(三七)

약재의 기원 오가과(五加科)에 속한 여러해살이 초본식물인 삼칠의 뿌리이다. 삼삼칠(蔘三七) · 전칠(田七)이라고도 한다.

성미와 귀경 감(甘) · 미고(微苦) · 온(溫)하고, 간(肝) · 위(胃)에 귀경한다.

효능과 응용

1. 화어지혈(化瘀止血: 어혈을 풀어주고 지혈시킴)－삼칠은 지혈작용이 양호하고 활혈화어(活血化瘀: 혈액을 맑게 하고 어혈을 풀어줌)의 효능이 있어 인체 내 · 외의 각종 출혈 증상에 사용한다. 지혈할 때에

어체(瘀滯: 어혈과 막힘)를 남기지 않는 특성이 있어서 출혈과 어체(瘀滯)의 증상이 동반한 병증에 적합하다. 외상성 출혈에 분말을 환부에 도포하면 지혈과 진통작용이 있다.

2. 활혈정통(活血定痛: 혈액을 맑게 하고 통증을 없앰)－삼칠은 활혈거어(活血祛瘀)·소종지통(消腫止痛: 부은 것을 제거하고 통증을 없앰)의 효능이 있고, 특히 진통작용이 우수하여 타박상, 어체종통(瘀滯腫痛: 어혈성 부종과 통증) 등의 증상에 사용한다. 단방으로도 사용할 수 있고, 아니면 활혈(活血), 행기약(行氣藥)을 배합한다.

약리와 임상 최근 약리 보고에 의하면 지혈, 진통, 활혈, 심근보호, 항쇼크, 간보호, 기억증강, 자양강장, 알콜성 손상방지, 항균, 혈당상승, 항지질, 신경세포보호 등의 작용이 있는 것으로 밝혀졌다. 임상에서는 심근경색, 뇌혈관병, 타박상, 간염, 욕창, 사지궤양, 각종 출혈증, 전립선비대, 불면증, 고지질혈증, 수술후 통증, 백혈구감소증, 혈소판 감소증 등의 병증에 많이 사용한다.

용량과 주의 본 약은 일반적으로 수전하지 않고, 분말로 복용하고, 지혈시에는 0.6~3g, 외상(타박상, 염좌, 골절)에는 3~6g을 사용한다. 내복약으로 1회에 1~1.5g을 복용하면 일반적으로 부작용이 없으나 소수의 환자는 구역질, 구토, 생리과다, 가래에 혈흔이 있고, 1회에 5g을 복용하면 II도 방실전도장애가 출현할 수도 있다. 삼칠은 성질이 따뜻하므로 음액이 부족한 증상에는 자음양혈약(滋陰涼血藥: 음액을 생성하고 혈액을 차게 하는 약)을 함께 사용해야 한다.

애엽(艾葉)

약재의 기원 국과(菊科)에 속한 여러해살이 관목상(灌木狀) 초본식물인 쑥의 잎이다. 생용(生用)하거나 까맣게 볶아서 사용한다.

성미와 귀경 고(苦)·신(辛)·온(溫)하고, 간(肝)·비(脾)·신(腎)에 귀경한다.

효능과 응용

1. 온경지혈(溫經止血: 경락을 따뜻하게 하고 지혈시킴)—본 약재는 각종 출혈증에 사용하는데 주로 허한성(虛寒性)으로 인한 출혈증에 사용하고, 특히 기능성 자궁출혈에 적합하며 까맣게 볶아서 사용한다. 혈액에 열이 있어 과도한 순한으로 인한 비혈, 각혈에는 신선한 애엽과 생지황, 측백엽, 하엽을 배합한다.
2. 산한지통(散寒止痛: 한사를 풀어주고 통증을 없앰)—애엽을 생용(生用)하면 경락과 맥을 통하게 하고 한습(寒濕)을 제거하므로 하초허한(下焦虛寒)으로 인한 복부냉통, 생리불순, 생리통, 대하증을 치료할 수 있다. 이러한 한냉성 병증에는 당귀, 향부 등을 배합하여 사용한다.

   이 밖에 탕약으로 환부를 씻으면 피부습진, 가려움증을 치료할 수 있고, 또한 쑥뜸으로 각종 냉통을 치료하는 데에도 사용한다.

약리와 임상 최근 약리보고에 의하면 진해거담(鎭咳祛痰), 심장억제, 항응혈, 지혈, 항균, 항-알러지, 보간이담(補肝利膽), 면역증강 등의 작용이 있었고, 임상에서는 기관지천식, 기침, 간염, 이질, 편두통 등의 병증에 많이 사용한다.

용량과 주의 일반적으로 3~10g을 사용하고, 외용시에는 적당량을 사용한다. 애엽유(캡슐포장)는 매번 0.1mℓ를 1일 3회 복용한다. 애엽수전액을 쥐의 복강에 주사한 결과 LD_{50}은 23g/kg이었고, 애엽기름을 위장에 주입한 결과 LD_{50}은 2.47ml/kg이고, 복강주사는 1.12ml/kg이다.

애엽 수전액을 복용한 사람중 30%는 구강건조, 구역질, 구토, 위장의 불편감을 호소하였고, 애엽유를 내복한 사람은 특수한 부작용이 없었고, 국소의 자극성으로 주사약으로는 사용하지 않는다.

우절(藕節)

약재의 기원 수련과(睡蓮科)에 속한 여러해살이 수생초본식물(水生草本植物)인 연 뿌리의 마디이다. 생용(生用)하거나 까맣게 볶아서 사용한다.

성미와 귀경 감(甘) · 삽(澁) · 평(平)하고, 간(肝) · 폐(肺) · 위(胃)에 귀경한다.

효능과 응용

수렴지혈(收斂止血)－우절은 지혈(止血)시키면서도 어체(瘀滯)를 남기지 않아 각종 출혈증에 사용하고, 특히 토혈, 각혈에 적합하며 백급, 측백엽을 배합한다.

약리와 임상 약리실험에 의하면 혈당을 감소시키는 효능이 있는 것으로 밝혀졌고, 임상에서는 각종 출혈증, 비강polyp, 인후염 등에 사용한다.

용량과 주의 일반적으로 10~15g을 사용하고, 생용(生用)하면 지혈화어(止血化瘀)할 수 있으며, 까맣게 볶으면 수렴지혈(收斂止血) 작용이 있다. Glucocorticoid 호르몬과 같이 복용하지 않는다. 복용시 당원 생성이 촉진되고 당분해가 억제되어 체내혈당이 상승한다. Glucocorticoid 호르몬 복용시 당이 높은 음식을 섭취하면 당뇨병을 유발할 수 있다.

11 활혈거어약(活血祛瘀藥)

개요 혈맥(血脈)을 통하게 하고 혈액을 순환시키고 어혈(瘀血)을 없애는 약을 활혈거어약(活血祛瘀藥: 혈액을 맑게 하고 어혈을 없애는 약)이라 한다. 순환과 발산시키는 작용이 우수하므로 행혈(行血) · 산어(散瘀) · 통경(通經) · 이비(利痺) · 소종(消腫) · 진통 등의 효능을 가지고 있다. 어혈내조(瘀血內阻: 어혈이 내부에서 막힘)가 원인이고, 많은 질환은 발병 과정 중에 혈체어조(血滯瘀阻)의 증상이 출현한다. 예를 들면 어혈성 폐경, 산후 어혈성 복통, 흉부통증, 옆구리 통증, 반신불수, 풍습비통(風濕痺痛), 암 혹은 자궁근종, 부스럼, 타박상, 골절, 어종통증(瘀腫痛症) 등이다.

배합 차고 기가 막혀서 생긴 어혈에는 온리거한약(溫裏祛寒藥)을 배합하고, 혈액에 열이 있어 생긴 어혈에는 청열양혈약(清熱凉血藥)을 배합한다. 풍습비통(風濕痺痛)에는 거풍습약(祛風濕藥)을 배합하고, 타박상에는 행기화영약(行氣和營藥)을 배합하여 사용한다.

그리고 암이나 자궁근종 등에는 화담연견산결약(化痰軟堅散結藥)을 배합하고, 정기부족증을 동반하면 보허약(補虛藥)을 배합한다.

기와 혈은 생리적으로, 병리적으로 밀접한 관계가 있다. 기행(氣行)하면 혈행(血行)하고, 기체(氣滯)하면 혈응(血凝)하기 때문에 활혈거어약(活血祛瘀藥)을 사용할 때에는 행기약(行氣藥)을 배합하여 행혈산어(行血散瘀: 혈액순환과 어혈 제거)의 작용을 높인다.

주의 본 약은 월경과다에는 부적합하고, 특히 임산부는 주의해서 사용한다.

천궁(川芎)

약재의 기원 산형과(傘形科)에 속한 여러해살이 초본식물인 천궁의 뿌리이다. 생용(生用)하거나 술에 볶거나 밀기울에 볶아서 사용한다.

성미와 귀경 신(辛) · 온(溫)하고, 간(肝) · 담(膽) · 심포(心包)에 귀경한다.

효능과 응용

1. 활혈행기(活血行氣: 혈액을 순환시키고 기를 돌게 함)–천궁은 신향행산(辛香行散)하여 온통혈맥(溫通血脈), 활혈거어(活血祛瘀)할 수 있으므로 생리를 조절할 수 있다. 또한 행기개울(行氣開鬱: 기를 돌리고 뭉친 것을 풀어줌)의 효능이 있어 통증을 없애므로 생리불순, 생리통, 폐경(閉經), 난산(難産), 산후어혈복통, 옆구리 통증, 사지 저린감, 타박상, 부스럼 등의 병증에 사용한다. 그래서 선조들은 천궁을 '혈중(血中)의 기약(氣藥)'이라 했다. 당귀를 배합하

여 사용하면 활혈산어(活血散瘀)·행기지통(行氣止痛)의 효능이 증강되고 각종 어혈증에 자주 사용한다. 월경불순에는 적작약, 충울자, 향부 등을 배합하며, 난산(難産)에는 우슬, 귀판 등을 배합한다. 간울기체(肝鬱氣滯)로 혈액순환에 장애가 있어 발생한 옆구리 통증에는 시호, 향부 등을 배합하며, 사지 저림감 혹은 타박상에는 적작약, 홍화 등을 배합하고, 창옹화농(瘡癰化膿: 고름이 생긴 부스럼), 체허불궤(體虛不潰: 신체허약으로 터지지 않음)한 경우에는 황기, 금은화, 조각자 등을 배합한다.

2. 거풍지통(祛風止痛: 바람을 없애고 통증을 없앰)－천궁은 거풍지통(祛風止痛)의 효능이 있어 두통, 풍습비통(風濕痺痛) 등의 증상에 사용하고, 위로 올라가는 성질이 있어 두통 치료에 중요한 약이다. 외감풍한(外感風寒)으로 인한 두통에는 백지, 방풍, 고본 등을 배합한다. 풍열(風熱)로 인한 두통에는 국화, 상엽을 배합한다. 풍습두통(風濕頭痛)에는 강활, 방풍 등을 배합하고, 혈어두통(血瘀頭痛)에는 적작약, 홍화, 단삼 등을 배합하며, 혈허두통(血虛頭痛)에는 당귀, 지황, 백작약 등을 배합한다. 풍습(風濕)으로 인한 관절통에는 강활, 독활, 상지, 해풍등(海風藤) 등의 거풍통락약(祛風通絡藥)을 배합한다.

약리와 임상 약리보고에 의하면 천궁은 심장과 뇌의 혈류량 증가, 혈전형성억제, 진통, 진정 등의 효능이 있는 것으로 밝혀졌고, 임상에서는 심근경색, 허혈성 뇌혈관병, 타박상, 사지 순환장애, 간염, 신장염, 각종 신경통, 전립선비대, 유선염, 피부병 등을 치료한다.

용량과 주의 일반적으로 3~10g을 사용하고, 분말은 매회 1~1.5g을 복용한다. 과거에는 천궁이 신온모산(辛溫耗散)하여 대량으로 사용하지 않고, 대량으로 사용하면 구토, 어지러움이 발생한다고 인식을 하였다. 어떤 학자는 변증(辨證)을 통하여 혈중기체자(血中氣滯者)는 대량으로 사용해야 하고, 음허화왕(陰虛火旺: 음액이 부족하여 열이 많음)자는 청열자음약(淸熱滋陰藥: 음액을 보충하여 열을 없앰)을 배합하여 사용한다고 한다. 진통작용으로는 필히 대량으로 사용하여야 효능이 있고, 1~2첩으로는 음(陰)을 손상시키지 않는다고 한다. 특히 치통, 삼차신경통은 20~30g을 사용해야 효능이 있다고 하였다. 천궁은 신온승산(辛溫昇散)하므로 음허화왕(陰虛火旺: 음액이 부족하여 열이 많음), 혀가 붉고 구강이 건조하면 주의하고, 생리과다나 출혈성 질병에는 사용을 금한다. 대량으로 복용하면 연수와 척수의 반사 기능이 억제되어 혈압과 체온이 하강하고 호흡곤란, 운동마비 등을 유발할 수 있고, 소수의 환자는 소화기 증상과 생리량 과대 등의 부작용이 있었고, 주사약은 희석해서 사용한다.

단삼(丹蔘)

약재의 기원 순형과(脣形科)에 속한 여러해살이 초본식물(草本植物)인 단삼의 뿌리이다. 생용(生用)하거나 식초에 볶아서 사용한다. 자단삼(紫丹蔘)이라고도 한다.

성미와 귀경 고(苦) · 미한(微寒)하고, 심(心) · 심포(心包) · 간(肝)에 귀경한다.

효능과 응용

1. 활혈거어(活血祛瘀: 혈액을 맑게 하고 어혈을 없앰)—단삼은 혈맥(血

脈)을 통하게 하는 효능이 우수하고, 부녀자의 생리를 조절하는 효능이 양호하여 생리불순, 어혈성 폐경, 산후어혈성 복통, 심복통증(心腹疼痛), 암이나 자궁근종 및 기체통증(氣滯疼痛) 등의 증상에 사용한다. 약성이 한량(寒凉)하므로 혈열어체자(血熱瘀滯者)에게 적합하다. 한성어체(寒性瘀滯)에는 온리거한약(溫裏祛寒藥: 속을 따뜻하여 한사를 없애는 약)을 배합한다.

2. 양혈소옹(凉血消癰: 혈액을 차게 하고 뭉친 것을 풀어줌)-양혈산어(凉血散瘀: 혈액을 차게 하고 어혈을 없앰) 작용이 있어 창옹종통(瘡癰腫痛: 각종 부스럼으로 인한 부종과 통증)에 사용하고, 청열해독약(淸熱解毒藥)을 배합하면 옹종(癰腫)을 제거하는 데 도움이 된다. 유선염에는 금은화, 연교 등 청열약(淸熱藥)을 배합한다(消乳湯).
3. 양혈안신(養血安神: 혈액을 생성하고 마음을 편안하게 함)-활혈양혈(活血凉血)의 효능과 양혈안신(養血安神)의 효능이 있어 온열병(溫熱病)의 사기가 혈액에 들어가 발생한 고열, 정신혼미, 헛소리, 발광, 피부 반점, 검붉은 혀, 가슴두근거림, 불면증 등의 증상에 사용한다. 전자는 생지황, 현삼, 죽엽심 등을 배합하여 혈액을 차게 해서 마음을 편안하게 한다(淸營湯). 후자는 야교등을 배합하여 양혈안신(養血安神)의 효과를 높인다.

약리와 임상 최근 약리보고에 의하면 항동맥경화, 순환증가, 항고지질혈증, 혈압하강, 간보호, 신장기능개선, 위점막 보호, 항경련, 진정, 진통, 항-미생물, 항염증, 면역증강, 항방사선, 항산화, 에스트로겐 작용 등이 있었다. 임상에서는 본 약재를 이용하여 여러 가지 어혈(瘀血)로 인한 순환장애성 병증에 사용하고 있고, 그 외에 내과적인 질환인 간염, 신장염, 기관지염, 고지질혈증, 신부전, 당뇨병 등에도 사용하고 있다.

용량과 주의 일반적으로 5~15g을 사용하고, 술에 볶아서 사용하면 활혈(活血)의 효과를 높일 수 있다. 일반적으로 부작용이 없으나 극소수의 환자는 경미한 구강 건조, 두혼(頭昏), 피로 등의 증상과 피부에 과민 반응이 있고, 중(重)한 자는 부정맥, 과민성 쇼크, 심지어 사망한 자도 있다.

익모초(益母草)

약재의 기원 순형과(脣形科)에 속한 1년생 혹은 2년생 초본식물인 익모초의 전초(全草)이다. 생용(生用)하거나 달여서 고약을 만들어 사용한다.

성미와 귀경 신(辛)·고(苦)·미한(微寒)하고, 심(心)·간(肝)·방광(膀胱)에 귀경한다.

효능과 응용

1. 활혈거어(活血祛瘀: 혈액을 맑게 하고 어혈을 없앰)-혈맥이 막혀서 발생한 생리통, 폐경, 산후어혈성 복통, 산후출혈, 타박상, 어혈작통(瘀血作痛) 등의 증상에 사용한다. 당귀, 천궁, 적작약 등을 배합하여 사용한다.
2. 이뇨소종(利尿消腫: 배뇨시키고 부은 것을 없앰)-배뇨장애, 부종에 사용하고, 단방이나 신선한 백모근을 배합하여 사용한다.

   이 밖에 청열해독(淸熱解毒)의 효능이 있어 창옹종독(瘡癰腫毒), 피부가려움증에 내·외용으로 사용한다.

약리와 임상 최근 약리보고에 의하면 순환증가, 이뇨, 용혈, 항신부전, 혈압하강 등의 효능이 있는 것으로 밝혀졌고, 임상에서는 심근경색, 뇌혈관병, 간경화, 신장염, 요로결석, 생리과다, 전립선비대, 피부병 등에 사용하고 있다.

용량과 주의 일반적으로 6~9g을 사용하고, 중증에는 30~60g을 사용한다. 익모초 주사액을 쥐에게 정맥 주사한 결과 LD_{50}은 30~60g/kg이었다. 익모초는 독성이 낮아 장기간 대량으로 복용하여도 특별한 부작용은 없으나 주사약으로 사용시에는 구강건조, 수면장애 등의 경미한 반응이 있다. 치료에는 별 장애가 없었다. 그러나 익모초로 인한 유산과 사망사고의 보고도 있다.

홍화(紅花)

약재의 기원 국과(菊科)에 속한 이년생 초본식물인 홍화의 꽃이고, 생용(生用)한다.

성미와 귀경 신(辛) · 온(溫)하고, 심(心) · 간(肝)에 귀경한다.

효능과 응용

활혈거어(活血祛瘀: 혈액을 맑게 하고 어혈을 없앰), 통경(通經)−홍화는 신산온통(辛散溫通)하고, 경맥을 통하게 하는 효능이 있어 생리통, 어혈성 폐경, 산후어혈성 복통, 자궁근종, 타박상, 관절통증 등의 증상에 사용한다. 또한 열울혈체(熱鬱血滯: 열이 뭉쳐서 어혈됨)로 인한 검붉은 반점에 사용한다. 홍화의 성질이 따뜻하여 당귀, 자초, 대청엽 등 활혈양혈(活血凉血), 설열해독약(泄熱解毒藥)을 배합해서 사용한다(當歸紅花飮). 폐색성 혈전 혈관염으로 사지 말단이 검붉은 색으로 바뀌면 당귀, 도인, 적작약 등을 배합하여 사용한다.

약리와 임상 약리보고에 의하면 심근수축력증가, 관상동맥순환증대, 뇌수종 경감 등의 효능이 있는 것으로 밝혀졌고, 임상에서는 심근경색, 뇌혈관병변, 동맥경화, 객혈, 고혈압, 요통, 십이지장 궤양, 각종 피부병, 욕창, 정신분열증, 원형탈모증, 돌발성 이농, 근시, 치질 등의 병증에 사용한다.

용량과 주의 일반적으로 2.5~9g을 사용한다. 홍화 황색소를 쥐의 복강주사와 위장 투여 72시간 후 LD_{50}은 5.49g/kg과 5.53g/kg이었다. 홍화는 부작용이 거의 없었으나 생리중에 복용한 결과 생리량이 증가하였다.

12 화담 · 지해평천약(化痰 · 止咳平喘藥)

개요 가래나 담을 없애는 약재를 화담약(化痰藥)이라 하며, 기침이나 천식을 경감(輕減) 또는 억제시키는 약을 지해평천약(止咳平喘藥)이라 한다. 일반적으로 기침 · 천식은 가래(痰)를 동반하는 경우가 많고, 담은 기침 · 천식을 유발한다. 화담약은 대개 지해(止咳) · 평천(平喘)의 작용이 있고, 지해평천약도 화담 작용이 있다. 화담약은 주로 가래가 많은 기침 · 천식, 담음(痰飮), 호흡촉박, 각담(咯痰)의 증상에 사용하고, 지해평천약은 주로 내상(內傷), 외감(外感)으로 인한 기침 · 천식에 사용한다. 그리고 전간경궐(癲癎驚厥: 정신병, 간질), 영류나력(癭瘤瘰癧: 갑상선, 임파 종대), 음저유주(陰疽流注: 지방종) 등의 병증은 모두 담(痰)과 밀접한 관계가 있다.

배합 표증(表證) 있으면 해표약(解表藥)을 배합하고, 속에 열이 있으면 청열약(淸熱藥)을 배합하고, 속이 차면 온리약(溫裏藥)을 배합한다. 허약성 기침에는 보익약(補益藥)을 배합하여 사용한다. 이외에 간질, 정신병에는 안신약(安神藥)과 평간식풍약(平肝息風藥)을 배합하고, 갑상선이나 임파가 부었으면 연견산결약(軟堅散結藥)을 배합하고, 지방종에는 산한통체약(散寒通滯藥)을 배합한다.

주의 기침에 각혈(咯血)이 있을 때 강력하고 자극성이 있는 화담약을 사용하면 출혈을 촉진시키므로 주의해야 한다.

1) 화담약(化痰藥)

효능 성질이 따뜻하고 건조한 것은 온폐거한(溫肺祛寒: 폐를 따뜻하게 하고 한사를 없앰) · 조습화담(燥濕化痰: 습과 담을 건조시킴)의 효능이 있고, 한량(寒凉)한 것은 청열화담(淸熱化痰: 열과 담을 없앰)의 효능이 있다.

증상 한담(寒痰) · 습담(濕痰)으로 인한 기침, 천식, 호흡촉박, 대량가래와 담습(痰濕)이 경락을 막아서 발생되는 관절통, 지방종, 나력(瘰癧)에는 성질이 온조(溫燥)한 화담약(化痰藥)을 사용해서 온화한담(溫化寒痰)시킨다. 열병으로 인한 기침, 천식, 가슴답답함, 고름성 가래, 간질, 정신병, 갑상선 · 임파선종대 등은 찬 성질의 화담약을 사용하여 청열화담(淸熱化痰)시킨다. 갑상선 · 임파선 비대에는 연견산결(軟堅散結: 딱딱한 것을 부드럽게 하고 뭉친 것을 풀어줌)의 효능이 있는 약을 배합한다.

길경(桔梗)

약재의 기원 길경과(桔梗科)에 속한 여러해살이 초본식물인 길경의 뿌리이다.

성미와 귀경 고(苦) · 신(辛) · 평(平)하고, 폐(肺)에 귀경한다.

효능과 응용

1. 개선폐기(開宣肺氣: 폐기를 통하게 함), 거담(祛痰: 가래를 없앰)–길경은 신산고설(辛散苦泄)하며, 폐기(肺氣)를 열어주고 가슴과 목을 통하게 하고, 양호한 거담작용(祛痰作用)이 있어 가래가 많은 기침이나 가래 배출이 잘 안 돼서 가슴이 답답하고, 목이 아프며 목소리가 잘 안 나올 때 사용한다. 성질이 평(平)하여 폐한(肺寒) · 폐열(肺熱) 모두 사용할 수 있다. 목이 아픈 증상에는 박하, 우방자, 선태 등을 배합하고, 기가 돌지 않고 담이 막혀서 발생한 가슴답답함에는 지각, 괄루피 등을 배합한다.
2. 배농(排膿: 고름을 배출시킴)–고름을 배출시키는 효능이 있어 폐렴으로 인한 흉부고름, 통증, 비린내나는 가래 등의 병증에 사용한다. 상기의 병증에는 어성초, 의이인, 동과자 등을 배합하여 사용한다.

약리와 임상 최근 약리 보고에 의하면 항궤양, 면역증강, 혈압강하, 콜레스트롤 감소, 진정, 진통, 용혈, 이뇨 등의 효능이 있는 것으로 밝혀졌고, 임상에서는 기관지염, 폐렴, 흉막염 등의 병증에 많이 이용한다.

용량과 주의 일반적으로 3~10g을 사용하고, 음허로 인한 오래된 기침과 폐기상역(肺氣上逆)으로 인한 기침에는 주의한다.

죽여(竹茹)

약재의 기원 화본과(禾本科)에 속한 청간죽(青稈竹)과 담죽(淡竹)의 중간층으로 껍질의 녹색부분을 버린 섬유질이다. 생용(生用)하거나 생강즙으로 볶아서 사용한다.

성미와 귀경 감(甘)·미한(微寒)하고, 폐(肺)·위(胃)·담(膽)에 귀경한다.

효능과 응용

1. 청열화담(清熱化痰: 열과 담을 없앰)—폐열성 기침, 끈적이는 황색 가래가 있는 증상과 담열(痰熱)로 인한 가슴답답함, 불안감 등의 증상에 사용한다. 더우면서 가래가 있는 기침에는 황금, 괄루를 배합하고, 담화협담(膽火挾痰: 담열과 담이 공존함), 범폐요심(犯肺擾心: 사기가 폐에 침범하고 심장을 괴롭힘)으로 인한 가슴답답함, 대량 가래, 불면증, 가슴두근거림 등을 치료할 때에는 진피, 복령, 반하, 지실 등을 배합한다(溫膽湯).
2. 제번지구(除煩止嘔: 답답함과 구역질을 제거함)—죽여는 위열(胃熱)을 없애고 구토를 멎게 하는 효능이 있어 위열성 구토에 사용하고 황련을 배합한다. 담열호결(痰熱互結: 담과 열이 뭉침)·번민구역(煩悶嘔逆)을 치료할 때에는 진피, 반하를 배합하고, 위허열성 구토에는 익기화위(益氣和胃: 기를 돕고 위장을 편안케 함)의 효능이 있는 진피, 생강, 인삼을 배합한다.

약리와 임상 임상에서는 구강출혈, 구역질, 피부궤양 등의 병증에 많이 이용한다.

용량과 주의 일반적으로 6~10g을 사용한다. 성질이 차기 때문에 비위허약으로 설사를 하거나 폐기허약으로 인한 기침에는 사용하지 않는다.

죽력(竹瀝)

약재의 기원 신선한 담죽(淡竹)과 청간죽(青稈竹) 등의 죽간(竹稈)을 불에 태울 때에 떨어진 액즙이다.

성미와 귀경 감(甘)·한(寒)하고, 심(心)·폐(肺)·위(胃)에 귀경한다.

효능과 응용

청열활담(清熱滑痰: 열과 가래를 없앰)—죽력은 열과 가래를 없애는 작용이 아주 탁월하여 담열로 청규(清竅)가 막혀서 생긴 폐열담옹(肺熱痰壅: 폐에 열과 담이 쌓임)·해역흉민(咳逆胸悶: 가슴이 답답하고 기침함) 외에도 중풍담미(中風痰迷: 담이 막힌 중풍)·경간전광(驚癎癲狂) 등의 모든 병증을 치료할 수 있다.

고대에는 실증(實證) 중풍에 생강즙(生薑汁)을 배합하여 치료하였고, 최근에는 유행성 B형 뇌염과 유행성뇌염의 고열, 담미(痰迷), 구토를 치료할 때 죽력을 자주 사용하며, 폐열담옹(肺熱痰壅)에는 괄루, 비파엽을 배합하여 사용한다.

약리와 임상 최근 약리 보고에 의하면 거담진해(祛痰鎭咳), 소장운동촉진, 평천(平喘) 작용이 있는 것으로 밝혀졌고, 임상에서는 열이 있고 가래가 많은 기침과 천식에 많이 사용한다.

용량과 주의 일반적으로 30~50g을 사용하고, 본 약재는 성질이 차기 때문에 한사(寒邪)로 인한 기침, 비장이 허약하여 설사증상이 있으면 사용을 금한다.

해조(海藻)

약재의 기원 마미조과(馬尾藻科)에 속한 해호자(海蒿子)와 양서채(洋栖菜)의 전초(全草)이다.

성미와 귀경 함(鹹) · 한(寒)하고, 간(肝) · 위(胃) · 신(腎)에 귀경한다.

효능과 응용

1. 소담연견(消痰軟堅: 담을 없애고 딱딱한 것을 부드럽게 함)−영류(癭瘤: 갑상선종대), 나력(瘰癧: 임파선종대) 등의 증상에 사용한다. 영류(癭瘤)에는 곤포, 패모, 청피 등을 배합한 해조옥호탕(海藻玉壺湯)을 사용하고, 나력(瘰癧)에는 하고초, 연교, 현삼 등을 배합하여 사용한다. 이 밖에 고환종대(睾丸腫大)에도 효능이 있다.
2. 이수(利水)−영양불량성 부종과 기타 부종에 사용한다.

약리와 임상 약리보고에 의하면 면역증강, 항백혈구 감소, 항 방사선, 지질감소, 항암, 혈압하강, 항산화, 중금속 배출 등의 효능이 있는 것으로 밝혀졌고, 임상에는 갑상선 · 임파선 병변, 비만증, 궤양병 등의 병증에 많이 사용한다.

용량과 주의 일반적으로 10~15g을 사용하고, 감초에 반(反)하다. 소금이 너무 많으면 담수에 씻어서 사용하고, 성질이 차기 때문에 양기가 부족한 증상에 대량으로 사용하지 않는다.

곤포(昆布)

약재의 기원 곤포과(昆布科)에 속한 식물인 다시마와 시조과(翅藻科) 식물인 곤포의 잎이다.

성미와 귀경 함(鹹) · 한(寒)하고, 간(肝) · 위(胃) · 신(腎)에 귀경한다.

효능과 응용

1. 소담연견(消痰軟堅: 담을 없애고 딱딱한 것을 부드럽게 함)-곤포는 해조(海藻)와 비슷한 소담연견(消痰軟堅)의 효능이 있어 영류나력(癭瘤瘰癧) 등의 증상에 사용하고 해조와 자주 배합한다. 본 약재에 해조, 해합각(海蛤殼) 등을 배합하여 사용하면 갑상선 종대, 흉격이 막히는 증상을 치료할 수 있다. 최근에는 갑상선종(甲狀腺腫)과 선종(腺腫), 임파절 결핵, 간경변 등을 치료하는데 사용한다.
2. 이수(利水)-영양불량성 부종과 기타 부종에 사용한다. 약력(藥力)이 약하면 다른 이뇨약을 배합한다.

약리와 임상 최근 약리 보고에 의하면 항암, 혈당감소, 항궤양, 지질감소, 진해평천(鎭咳平喘: 기침과 천식을 완화시킴), 항방사선, 면역증가, 해열, 진통, 혈압강하 등의 작용이 있었다. 임상에서는 갑상선 병변, 당뇨병, 고지질혈증, 안구 유리체 혼탁, 변비, 코피 등의 병변에 사용하고 있다.

용량과 주의 일반적으로 10~15g을 사용하고, 소금이 너무 많으면 담수에 씻어서 사용하고, 성질이 차기 때문에 양기가 부족한 증상에 대량으로 사용하지 않는다.

2) 지해평천약(止咳平喘藥)

효능 각종 원인으로 발생한 기침, 천식, 호흡촉박, 가슴답답함 등을 없애는 효능이 있고, 소수의 약은 청폐(淸肺), 화담(化痰)의 효능이 있다.

주의 이 약재들은 대부분이 증상만 없애는 약이기 때문에 사기와 가래가 많은 증상에 단순히 이 약재만 사용해서는 안된다. 소수의 약재는 독이 있으므로 주의한다. 그리고 종자인 약재는 유지방이 많아 설사를 유발할 수 있으므로 비장이 허약한 자는 주의한다.

소자(蘇子)

약재의 기원 순형과(脣形科)에 속한 일년생 식물인 자소의 익은 열매이다.

성미와 귀경 신(辛) · 온(溫)하고, 폐(肺) · 대장(大腸)에 귀경한다.

효능과 응용

1. 지해평천(止咳平喘: 기침과 천식을 완화시킴)—본 약재는 강기소담(降氣消痰: 기를 아래로 내리고 담을 없앰), 지해평천(止咳平喘)의 효능이 있어 담옹기역(痰壅氣逆: 담이 뭉쳐 상부로 올라감), 해수기천(咳嗽氣喘) 등의 병증에 사용한다. 담연옹성(痰涎壅盛: 담이 많음), 천해상기(喘咳上氣: 기침, 천식이 위로 올라감), 흉격만민(胸膈滿悶: 가슴답답함)을 치료할 때는 후박, 진피, 반하 등을 배합한다.

2. 윤장통변(潤腸通便: 대장을 윤활하게 하여 배변시킴)－소자에는 유지방이 많아 대장을 윤활하게 하는 작용이 있어 대장이 건조한 변비 치료하는데 사용한다. 화마인, 괄루인, 행인 등을 배합하여 사용한다.

약리와 임상 최근 약리 보고에 의하면 콜레스트롤 감소, 기억력 증강, 방부, 항산화, 혈압강하, 항암, 억균, 항－혈소판 응집 등의 효능이 있는 것으로 밝혀졌다.

용량과 주의 일반적으로 5~10g을 사용하고, 열이 있는 변비에는 사용하지 않는다.

상백피(桑白皮)

약재의 기원 상과(桑科)에 속한 뽕나무 뿌리의 껍질이다. 생용(生用)하거나 꿀을 발라 구워서 사용한다.

성미와 귀경 감(甘)·한(寒)하고, 폐(肺)에 귀경한다.

효능과 응용

1. 사폐평천(瀉肺平喘: 폐의 열을 빼고 천식을 완화시킴)－상백피는 청폐소담(淸肺消痰: 폐의 열을 빼고 가래를 없앰)하고, 강기평천(降氣平喘: 기를 내리고 천식을 완화시킴)의 효능이 있어 폐열(肺熱)로 인한 기침, 천식, 대량가래의 병증에 사용하고 지골피, 감초를 배합하여 사용한다.
2. 이뇨소종(利尿消腫: 이뇨시켜 부종을 없앰)－부종, 배뇨장애의 실증(水腫實證) 치료에 사용하고 대복피, 복령피, 생강피 등을 배합한다.

약리와 임상 최근 약리 보고에 의하면 설사, 이뇨, 혈압하강, 혈관확장, 평활근 흥분, 진정, 진통, 해열, 항염증, 항종류, 항균, 심장억제 등의 작용이 있는 것으로 밝혀졌다. 임상에서는 기관지염, 고혈압, 위암, 식도암, 하지궤양, 코피, 폐암, 간염 등의 병증에 사용한다.

용량과 주의 일반적으로 10~15g을 사용하고, 비위가 허약하여 설사하는 증상에는 주의한다.

은행(백과(白果))

약재의 기원 은행과(銀杏科)에 속한 낙엽교목(落葉喬木)인 은행의 익은 종자이다. 사용할 때에 껍질은 제거한다. 생용(生用)하거나 익혀서 사용한다.

성미와 귀경 감(甘)·고(苦)·삽(澁)·평(平)하고, 소독(小毒)이 있으며, 폐(肺)에 귀경한다.

효능과 응용

1. 염폐평천(斂肺平喘: 폐를 수렴하고 천식을 완화시킴)-백과는 염폐기(斂肺氣), 평천해(平喘咳), 화담(化痰) 작용이 있어 기침, 천식, 기역(氣逆), 가래가 많은 증상에 사용한다. 폐열(肺熱)로 인한 호흡촉박, 천식에는 황금, 상백피를 배합한다(定喘湯).
2. 수삽지대(收澀止帶: 대하를 수렴시켜 멎게 함)-본 약재는 제습(除濕: 습을 제거), 수렴하는 작용이 있어 백대하를 치료한다. 백대청희(白帶淸稀: 희고 맑은 대하)에는 연자, 호초에 오골계를 넣고 삶아

먹는다. 습열(濕熱)로 인한 황색대하에는 황백과 검실을 배합하여 사용한다. 희면서 혼탁한 대하에는 비해, 익지인을 배합하여 사용한다.

약리와 임상 최근 약리 보고에 의하면 거담, 모세혈관 투과성 증가, 유리기 제거, 혈압하강, 수뇨관 확장, 면역증강, 항-혈전형성, 항암 등의 작용이 있는 것으로 밝혀졌다. 임상에서는 기관지염, 천식, 신장염, 유뇨증, 신경성 두통, 내이성 어지러움 등의 병증에 많이 사용한다.

용량과 주의 일반적으로 1.5~9g을 사용한다. 백과의 중성성분을 쥐에게 6mg/kg을 피하주사한 결과 경련으로 사망하였고, LD_{50}은 3.87±0.15g/kg이었다. 대량 복용하거나 생식하면 중독되므로 주의한다. 끈적이는 가래와 기침이 있는 병증에는 신중하게 사용해야 한다. 본 약을 생식 할 경우 식중독을 일으킬 수 있음으로 주의를 요하고, 중독 증상으로는 오심, 구토, 복통, 설사, 발열, 번조불안, 경련, 정신무력, 호흡곤란, 자감(紫紺), 혼미, 동공반사가 늦어지거나 소실하고, 중한 자는 호흡중추마비로 사망할 수도 있다. 백과의 독성은 물에 용해하지만 수전하면 독성이 감소해지므로 식용 시에는 껍질을 제거한 후 물에 반나절 담가 두었다가 충분히 삶은 후 식용하고, 일반적으로 15g을 초과하지 않는다. 일반적인 중독량은 20~300개이고, 7개 복용으로 중독된 보고도 있다.

13 안신약(安神藥)

개요 정신, 심리를 안정시키는 약을 안신약이라 한다. 본 약은 광물질과 식물의 열매류가 많다. 광물성은 식품으로 사용하지 않기 때문에 이 책에서는 다루지 않았다. 열매류는 그 성질이 윤(潤)하고 효능이 보양(補養)하기 때문에 양심안신(養心安神) 작용이 있다. 안신약은 주로 심기허(心氣虛), 심혈허(心血虛) 혹은 심화성(心火盛), 기타 원인(原因)으로 생긴 심신불안, 가슴두근거림, 불면증, 경풍(驚風), 간질 등의 증상에 사용한다.

배합 음액과 혈액이 부족하면 양혈보음약(養血補陰藥)을 배합하고, 간양상항(肝陽上亢: 간의 양기가 올라감)하면 평간잠양약(平肝潛陽藥: 간의 양기를 내리는 약)을 배합하고, 심화치성(心火熾盛: 심장에 열이 많음)한 환자는 청심화약(淸心火藥)을 배합한다. 또한 간질, 경풍에는 화담개규약(化痰開竅藥)이나 평간식풍약(平肝息風藥)을 주성분으로 하고 본 약을 보조제로 사용한다.

주의 광석류를 대량으로 복용하면 비위를 손상시키기 쉬우므로 상태에 따라 적당히 비위를 증강시키는 약을 배합하고, 본 약은 장시간 복용하지 않고, 일부 약은 독성이 있으므로 신중하게 사용한다.

산조인(酸棗仁)

약재의 기원　서이과(鼠李科)에 속한 낙엽관목(落葉灌木)인 교목산조(喬木酸棗)의 익은 종자이다. 생용(生用)하거나 볶아서 쓰며, 분쇄 후 사용한다.

성미와 귀경　감(甘) · 평(平)하고, 심(心) · 간(肝)에 귀경한다.

효능과 응용

1. 양심안신(養心安神: 심장을 보하고 마음을 안정시킴)−산조인은 심장과 간혈을 보하는 약재로 영심안신(寧心安神)할 수 있어 불면증, 놀램, 가슴두근거림 등의 증상에 사용하고, 당귀, 백작약, 하수오, 용안육 등을 배합하여 사용한다. 간에 허열이 있으면 지모, 복령 등을 배합하고, 심신부족(心腎不足), 음허양항(陰虛陽亢)으로 인한 가슴답답함, 불면증, 건망증, 구강건조, 설홍소태(舌紅少苔: 혀가 붉고 설태가 적음) 등에는 생지황, 현삼, 백자인 등을 배합한다.
2. 염한(斂汗)−신체허약으로 인한 자한(自汗), 도한(盜汗) 등에 사용한다. 당삼, 오미자, 산수유 등을 배합하여 사용한다.

약리와 임상　최근 약리 보고에 의하면 항경련, 진정최면, 진통, 체온하강, 뇌허혈성 손상의 보호, 혈압강하, 강심, 항심근허혈, 화상, 면역증강, 항−지질, 항산화 등의 작용이 있었다. 임상에서는 부정맥, 불면증, 편두통, 유정 등의 병변에 많이 사용한다.

용량과 주의　일반적으로 3~9g을 사용하고, 중증에는 15~30g을 사용한다. 특별히 보고 된 것이 없다.

14 평간식풍약(平肝息風藥)

개요 간(肝)의 양기(陽氣)를 가라앉혀 진정시켜주는 약을 평간식풍약이라 한다.

이 약은 식풍지경(息風止痙: 바람을 잠재우고 경련을 억제시킴), 평간잠양(平肝潛陽: 간의 양기를 아래로 내림)의 효능이 있다. 간풍내동(肝風內動: 내부(간)에서 바람(움직이는 증상)이 생김), 추닉경간(抽搦驚癎: 경련, 간질, 놀램), 간양상항(肝陽上亢: 간의 양기가 올라감), 두훈목현(頭暈目眩: 어지러움), 목적(目赤: 안구충혈) 등의 증상에 사용한다.

배합 열극생풍(熱極生風: 열이 극에 도달하면 바람이 생김), 간풍내동(肝風內動)은 열(熱)로 인한 것이고, 간양상항(肝陽上亢)도 역시 간열(肝熱)을 동반하는 경우가 많기 때문에 청열사화(淸熱瀉火: 열을 내림), 청설간열약(淸泄肝熱藥: 간열을 없앰)을 배합한다. 음혈(陰血)이 부족하면, 간(肝)이 자양(滋養)을 잃기 때문에 간풍내동하고, 간양상항된다. 이때는 자신양음약(滋腎養陰藥: 신장의 음을 보하는 약), 보혈약(補血藥)을 배합한다. 간에 병증이 있으면 정신분야에도 증상이 나타나기 때문에 안신약을 배합한다.

주의 약의 성미를 오용하면 증상이 더 심해질 수 있으므로 잘 구분해서 사용한다.

천마(天麻)

약재의 기원 난과(蘭科)에 속한 여러해살이 기생초본식물(寄生草本植物)인 천마의 뿌리이다. 봄에 캔 것을 춘마(春麻)라 하고, 겨울에 캔 것을 동마(冬麻)라 하는데, 동마가 좋다.

성미와 귀경 감(甘) · 평(平)하고, 간(肝)에 귀경한다.

효능과 응용

1. 식풍지경(息風止痙: 바람을 잠재워 경련을 없앰)-천마는 간풍내동(肝風內動)을 치료하는 중요한 약재로 간풍내동(肝風內動), 경간추축(驚癎抽搐) 등의 병증에 사용한다. 약성이 부드럽기 때문에 한 · 열증(寒 · 熱證)의 경련 · 경기에 모두 사용할 수 있다. 소아급경(小兒急驚)에는 조구등, 영양각, 전갈 등을 배합하고, 소아만경(小兒慢驚)에는 인삼, 백출, 강잠 등을 배합한다. 파상풍의 경련, 각궁반장(角弓反張: 경련으로 신체가 뒤로 꺾임)에는 담남성, 방풍, 백부자 등을 배합한다.
2. 평간잠양(平肝潛陽: 간의 양기를 아래로 내림)-간양상항(肝陽上亢)으로 인한 어지러움, 두통을 치료할 수 있고, 조구등, 황금, 우슬 등을 배합한다. 풍담상요(風痰上擾: 담과 바람이 머리로 올라가 괴롭힘)로 인한 어지러움에는 반하, 백출, 복령 등을 배합하고, 두통에는 천궁을 배합한다.

   이 밖에 풍습비통(風濕痺痛)에도 효능이 있어 풍습으로 인한 관절통, 사지저림, 수족불수(手足不遂) 등의 증상에 사용하고, 진교, 강활, 우슬, 상기생 등을 배합한다.

약리와 임상 최근 약리 보고에 의하면 기억력증강, 면역증강, 진정, 항경련, 최면, 심근보호, 혈압하강 등의 효능이 있었고, 임상에서는 고혈압, 고지질혈증, 내이성 어지러움, 혈관성 · 신경성 두통, 불면증, 뇌외상 후유증, 간질, 안면 근육경련, 이농, 파상풍 등의 병변에 많이 사용한다.

용량과 주의 일반적으로 3~10g을 사용하고, 분말은 매회 1~1.5g 복용한다. 천마 주사약을 토끼의 복강에 주사한 결과 30분후 동물의 반응이 둔해지고, 이어 협조반응 상실, 거식반응이 발생하고, 5시간 후에는 심박동수가 300회 이상이고, 48시간 후에는 사망하였다. 천마를 복용한 후 소수의 환자는 구강 · 비강건조증, 두혼(頭昏), 위장불편감을 호소하였다. 천마80g을 닭과 같이 삶아 먹고 쇼크를 일으킨 보고가 있고, 근육주사로 쇼크를 일으킨 보고도 있다.

결명자(決明子)

약재의 기원 두과(豆科)에 속한 결명(決明)의 익은 종자이다. 생용하거나 볶아서 사용한다.

성미와 귀경 감(甘) · 고(苦) · 미한(微寒)하고, 간(肝) · 대장(大腸)에 귀경한다.

효능과 응용

1. 청간명목(淸肝明目: 간의 열을 없애고 눈을 밝게 함)–간열(肝熱) 혹은 간경풍열(肝經風熱)로 인한 안구충혈과 통증, 빛을 싫어하고 눈물을 많이 흘리는 증상에 사용하고, 단방이나 기타 청열명목약

(淸熱明目藥)을 배합한다. 간열(肝熱)에는 하고초, 치자를 배합하고, 풍열(風熱)에는 상엽, 국화를 배합한다.

2. 윤장통변(潤腸通便: 대장을 윤활하게 하여 대변을 통하게 함)-열결변비(熱結便秘: 열이 뭉친 변비) 혹은 장조변비(腸燥便秘: 대장이 건조한 변비)에 사용한다. 단방을 탕약이나 분말로 복용한다.

약리와 임상 최근 약리 보고에 의하면 혈압하강, 항균, 위액분비 촉진, 시력보호, 이뇨, 간보호, 분만촉진, 항-혈소판응집, 설사 등의 작용이 있었다. 임상에서는 고혈압, 비만증, 지방간, 고지질혈증, 인후염, 감적(疳積), 구강 궤양, 습관성 변비, 근시, 남성유방발육, 맥립종 등의 병증에 사용한다.

용량과 주의 일반적으로 10~15g을 사용하고, 결명자는 복부 팽만감, 설사, 오심 등의 부작용이 있었으나 치료에는 영향을 미치지 않는 것으로 밝혀졌다.

15 개규약(開竅藥)

개요 뇌의 감각기관을 통하게 하고 정신이 깨어나게 하는 약을 말한다. 열이 심포(心包)에 들어갔거나 혼탁한 담으로 막혀서 발생한 의식혼미, 헛소리, 경기, 간질, 중풍 등의 병증에 사용한다.

의식혼미는 실증(實證)과 허증(虛證)으로 구분한다. 실증이란 폐증(閉證)이며, 허증이란 탈증(脫證)을 말한다. 폐증은 입을 꽉 깨물고 있고, 손을 꽉 쥐고 있고, 맥은 힘이 있다. 탈증은 식은 땀이 나고, 사지가 차며, 맥이 끊어질듯 한 증상이 있다. 폐증은 다시 한폐(寒閉)와 열폐(熱閉)로 구별한다. 한폐는 얼굴이 청색이고 몸이 차며 설태가 흰색이고 맥이 늦다. 열폐는 얼굴이 붉고 몸에 열이 있고 설태가 누렇고 맥이 빠른 증상이 많이 나타난다. 일반적으로 탈증에는 개규약을 사용하지 않고 폐증에 사용하는데, 한폐(寒閉)에는 따뜻한 약재로 열어 주고, 열폐(熱閉)는 찬 약재로 열어 준다.

배합 최근에는 개규약에 온중지통(溫中止痛: 속을 따뜻하게 하고 통증을 없앰), 행기활혈(行氣活血: 기를 돌리고 혈액을 맑게 함)의 약재를 배합하여 심장병에 사용한다.

주의 탈증(脫證)에는 사용을 금하고, 장기간 복용하면 원기(元氣)가 소모된다. 그리고 개규약은 휘발성이 강해서 환, 산제로 많이 사용한다.

석창포(石菖蒲)

약재의 기원 천남성(天南星科)에 속한 여러해살이 초본식물인 석창포의 뿌리이다. 생용한다.

성미와 귀경 신(辛)·온(溫)하고, 심(心)·위(胃)에 귀경한다.

효능과 응용

1. 개규영신(開竅寧神: 구멍을 열어주고 정신을 편안케 함)–석창포는 향기가 있어 감각기관을 뚫어주고, 담습(痰濕)을 없애는 효능이 있어

혼탁한 습담(濕痰)이 청규(淸竅)를 막아 발생한 의식장애, 건망증, 이명(耳鳴) 등의 증상에 사용한다. 상기의 증상에는 울금, 반하를 배합하고, 건망증, 이명, 청각장애에는 원지, 복령, 용치 등을 배합한다. 간질, 치매 등에는 단방 혹은 평간(平肝), 안신약(安神藥)을 배합한다.

2. 화습화위(化濕和胃: 습을 없애고 위장을 편안케 함)—습과 기가 막혀서 발생한 흉복부의 팽만 · 답답함 등의 증상에 사용한다. 단방이나 오수유, 향부 등을 배합하여 사용한다. 이질에는 복령, 석련자, 인삼 등을 배합하여 복용하면 식욕증진의 효과가 있다.

이 밖에 본 약재를 풍한습비(風寒濕痺), 타박상, 옹저개선(癰疽疥癬) 등에도 내 · 외용으로 사용한다.

약리와 임상 최근 약리 보고에 의하면 진해평천(鎭咳平喘: 기침과 천식을 완화시킴), 기침, 진정, 항경련, 어지러움, 신경쇠약, 폐성뇌병, 만성위염, 요독증, 간질, 기억력저하, 이명, 이농, 실어증 등의 병증에 많이 사용한다.

용량과 주의 일반적으로 3~9g을 사용한다. 창포의 휘발성분은 척수를 흥분시키는 부작용이 있었다. 수전액을 쥐의 복강에 주사한 결과 LD_{50}은 53g/kg이었고, 휘발성분을 피하주사한 결과 LD_{50}은 0.157ml/kg이었다.

16 보허약(補虛藥)

개요 음·양·기·혈(陰陽氣血)을 보하는 효능이 있는 약을 보허약(補虛藥), 또는 보익약(補益藥), 혹은 보양약(補養藥)이라 한다. 허증(虛證)은 일반적으로 기허(氣虛)·양허(陽虛)·혈허(血虛)·음허(陰虛)로 구분하고, 보기약(補氣藥)·보양약(補陽藥)·보혈약(補血藥)·보음약(補陰藥)으로 분류한다.

배합 기허(氣虛)와 양허(陽虛)는 신체활동의 능력을 의미하는 것이며, 양허는 기허를 포함하고, 기허가 오래되면 쉽게 양허를 초래한다. 또한 음허와 혈허는 체내의 체액 상태를 나타내며, 음허는 혈허를 포함하고, 혈허가 심해지면 음허를 초래한다. 그리고 음양은 서로 공존하므로 한 쪽이 많이 부족하면 다른 한 쪽에도 영향을 미친다. 이것을 한의학에는 '기능생혈(氣能生血: 기는 혈액을 생성함), 혈위기지모(血爲氣之母: 혈은 기의 어머니이다)'로 개괄하였다. 그러므로 기가 약해도 보혈약을 소량 첨가하고, 혈이 부족해도 보기약을 소량 배합하면 효능이 증강된다.

주의 보허약은 실사(實邪)가 있는 병증에는 사용하지 않는다. '개문유구(開門留寇: 문을 열어 도둑을 머물게 함)'가 되어 병세를 가중시킬 수 있다. 그러나 실사(實邪)가 제거되지 않고 정기가 허약하면 사기를 없애는 약재에 보허약을 소량 첨가한다. 보허약 중에는 소화장애를 유발하는 것이 있다. 이때에는 비위의 기능을 증강시키는 약재를 배합한다.

그리고 보허약을 옳게 사용하지 않으면 유해무익(有害無益)하다.

1) 보기약(補氣藥)

효능 보기약은 인체의 활동 능력을 증강시키는 약이다. 특히 비장과 폐의 기능을 증강시키는 약재가 많고, 이 약재는 비장허약이나 폐기부족의 병증에 사용한다.
각 보기약의 효능을 정확히 알고 사용해야 효과를 높힐 수 있다. 기허에 음허 증상이 있으면 보음약을 배합하고, 혈허증상이 있으면 보혈약을 배합한다. 앞에서 전술한 바와 같이 보기약을 사용할 시에는 보음약도 소량 배합하면 효능을 증강시킬 수 있다.

증상 비기(脾氣)가 허하면 식욕부진, 대변무름, 상복부 팽만, 피로하고, 심지어는 부종, 탈항 등이 나타나기도 한다. 폐기(肺氣)가 부족하면 말하기를 싫어하고 목소리에 힘이 없고, 조금만 움직여도 호흡이 촉박하고 식은땀이 잘 난다.

주의 보기약 복용 후 속이 막히는 듯하고 가슴이 답답하고 상복부의 팽만감, 식욕부진 등의 증상이 있으면 행기약과 소화약을 배합한다.

인삼(人蔘)

약재의 기원 오가과(五加科)에 속한 여러해살이 초본식물인 인삼의 뿌리이다. 야산에서 자연적으로 자라는 것을 산삼(山蔘)이라 하고, 재배하는 것을 인삼이라 한다. 그리고 가공법에 따라 명칭을 달리한다.

성미와 귀경 감(甘)·미고(微苦)·미온(微溫)하고, 비(脾)·폐(肺)에 귀경한다.

효능과 응용

1. 대보원기(大補元氣: 원기를 크게 보함)-대량출혈, 대량설사나 구토 혹은 큰 병으로 원기(元氣)가 극도로 쇠약해진 증상에 사용한다. 인삼을 단방으로 사용하거나 부자와 배합하여 사용하기도 한다.
2. 보비익폐(補脾益肺: 폐와 비장을 보함)-인삼은 비기(脾氣)가 허약하여 발생한 피로, 식욕부진, 대변무름 등의 병증에 사용한다. 일반적으로 산약, 백출, 복령, 감초 등 건비익위약(健脾益胃藥)을 배합하여 사용한다. 본 약은 폐기(肺氣)를 도울 수 있어 폐기가 허약해진 병증에 사용한다. 폐기가 허약하면 호흡촉박 증상이 있는데 조금만 활동하여도 가중된다. 또한 맥이 허약하고 땀을 많이 흘린다. 이때에 호도, 합개, 오미자 등을 배합하여 사용한다.
3. 생진지갈(生津止渴: 진액을 생성하고 갈증을 멎게 함)-인삼은 익기생진지갈(益氣生津止渴)의 효능이 있어 구강건조, 소갈증에 사용한다. 열병으로 진액이 고갈되고 땀을 많이 흘리면서 구강건조와 갈증이 있으면 석고, 지모, 감초, 갱미(粳米) 등을 배합하여 사용한다. 소갈증에는 생지황, 현삼, 맥문동 등 양음생진약(養陰生津藥)을 배합한다.
4. 안신증지(安神增智: 정신을 편안케하고 지력을 증강시킴)-본 약재는 안신증지(安神增智)의 효능이 있어 심신불안, 불면증, 경기, 건망증 등에도 사용한다. 기혈부족으로 인한 상기의 증상에는 당귀, 용안육, 산조인 등 양혈안신약(養血安神藥)을 배합한다.

이 밖에 체허외감(體虛外感: 신체가 허약한데 외사 침입) 혹은 이실정허(裏實正虛: 병증은 강하나 신체는 허약함)를 치료할 때에는 해독공리약(解毒攻裏藥: 속(병증)을 공격하여 독을 없앰)을 배합하여 사용하면 부정거사(扶正祛邪: 정기를 돕고 사기를 없앰)할 수 있다.

약리와 임상 약리보고에 의하면 기억력 증강, 뇌대사 개선, 혈관 확장, 항쇼크, 지질대사 촉진, 콜레스트롤 감소, 성선촉진, 혈당감소, 간보호, 항궤양, 항피로, 항방사선 등의 효능이 있었고, 혈관과 혈압에는 용량에 따라 다르게 나타났다. 임상에서는 화상으로 인한 호흡부전, 천식, 만성기관지염, 저혈압, 심장병, 부정맥, 간염, 신부전, 고산병, 종류(腫瘤), 성기능 감퇴 등의 병증에 많이 사용한다.

용량과 주의 일반적으로 5~10g을 사용하고, 분말은 매회 1~2g, 1일 2~3회 복용한다. 허탈(虛脫)에는 15~30g의 수전액을 여러 차례 나누어 복용한다. 실증(實證), 열증(熱證), 정기(正氣)가 허(虛)하지 않으면 복용을 금한다.

3%의 팅크제 100ml를 경구 복용한 후 경미한 불안증세, 흥분작용이 출현하였고, 200ml나 대량으로 복용한 후에는 중독증상이 출현하여 피부반점, 가려움증, 두통, 어지러움, 체온상승, 출혈 등의 부작용이 나타났다. 어떤 보도에 의하면 인삼40g을 200ml로 수전하여 복용후 좌심부전, 소화기 출혈로 사망하였다고 보고하였고, 건강한 자가 대량으로 복용 후 가슴답답함, 복부팽만 증상을 호소하였고, 다른 보고에 의하면 신생아가 인삼0.3~0.6g 정도 수전하여 복용후 중독되어 1명이 사망한 사례가 있고, 어떤 의사는 장기간 인삼을 남용한 133명을 관찰한 결과 14명은 중독증상을 호소하였는데 그 증상은 고혈압과 신경과민, 불면증, 설사, 스테로이드의 중독증상과 유사한 증상이 있었다고 보고하였다.

서양삼(西洋蔘)

약재의 기원 오가과(五加科)에 속한 서양삼의 뿌리이다. 주로 미국, 캐나다, 프랑스에서 생산하고 있다.

성미와 귀경 고(苦) · 미감(微甘) · 한(寒)하고, 심(心) · 폐(肺) · 신(腎)에 귀경한다.

효능과 응용

1. 보기양음(補氣養陰: 기를 보하고 음을 생성함)–폐열을 없애고 기와 음액을 보하는 작용이 있어 폐에 음액이 부족하여 생긴 기침, 천식, 각혈 등의 병증에 사용한다. 폐에 음액이 부족하면 폐의 선발 · 숙강 작용을 할수 없어 기침, 천식이 나타난다. 이때에는 맥문동, 아교, 지모, 패모 등 양음청폐화담약(養陰淸肺化痰藥)을 배합하여 사용한다
2. 청열생진(淸熱生津: 열을 없애고 진액을 생성함)–서양삼은 기와 음액을 보하는 효능이 있어 열병으로 기와 음액이 손상되어 나타난 진액부족증상에 사용한다. 열병으로 구강건조, 답답함, 피로 등의 증상이 있으면 생지황, 석곡, 맥문동 등 양음청열생진약(養陰淸熱生津藥)을 배합한다. 서양삼은 보음(補陰) 효능이 있어 진액부족으로 인한 각종 증상에 사용하고, 단방으로 복용해도 양호한 효능이 있다.

   이 밖에 장열변혈(腸熱便血)을 치료할 수 있다. 고대에는 본 약재와 용안육을 쪄서 복용하여 장의 열로 인한 혈변을 치료하였다.

약리와 임상 최근 약리 보고에 의하면 성장촉진, 항노화, 진정, 항

경련, 항부정맥, 지질감소, 기억력증강, 항-쇼크, 항-이뇨작용 등의 효능이 있는 것으로 밝혀졌다. 임상에서는 심장병, 뇌혈관병, 치매, 허약체질, 각종 암증, 당뇨병, 항노화, 토혈, 코피, 자궁이상출혈, 류마티스 관절염, 만성간염 등의 병증에 사용하고 있다.

용량과 주의 일반적으로 3~6g을 사용한다. 서양삼의 성질은 차서 상양조습(傷陽助濕: 양기를 손상시키고 습을 생성함)할 수 있기 때문에 비위허한증(脾胃虛寒證)에는 복용을 금한다.

당삼(黨蔘)

약재의 기원 길경과(桔梗科)에 속한 여러해살이 초본식물인 당삼 및 동속다종식물(同屬多種植物)의 뿌리이다. 자연산을 야대당(野臺黨)라 하고, 재배하는 것을 노당삼(潞黨蔘)이라 한다. 생용(生用)하거나 밀자(蜜炙: 꿀을 발라 구움)해서 사용한다.

성미와 귀경 감(甘) · 평(平)하고, 비(脾) · 폐(肺)에 귀경한다.

효능과 응용

1. 보중익기(補中益氣: 비위와 기를 보함)-당삼은 비위를 보하는 효능이 양호하여 비위허약으로 인한 식욕부진, 대변무름, 피로 등의 병증에 사용하고 백출, 복령, 감초(炙)를 배합하여 사용한다. 당삼은 폐를 보하는 작용이 있어 폐기허약으로 인한 호흡촉박, 기침, 천식과 말할 때 힘이 없는 증상에 사용한다. 이런 증상에는 황기, 오미자 등을 배합하여 사용한다.
2. 생진양혈(生津養血: 진액을 생성하고 혈을 보함)-기를 보하고 진액을

생성시키는 효능이 있어 열병으로 인해 진액이 고갈된 증상에 사용하고, 맥문동과 오미자를 배합하여 사용하면 기와 진액을 동시에 생성하는 효능이 있다. 당삼은 기와 혈을 보하는 효능이 있어 혈허로 인한 어지러움, 가슴두근거림 등의 병증에 사용할 수 있다.

이 밖에 해표약(解表藥), 사하약(瀉下藥)을 배합하여 신체허약으로 인한 감기에 사용한다.

약리와 임상 최근 약리 보고에 의하면 기억력 증강, 중추신경억제, 항혈전, 항심근허혈, 항궤양, 면역증강, 적혈구 증가, 백혈구 감소, 중성(中性) 백혈구 증가, 임파구 감소, 항방사선, 혈당상승, 항-염증, 진통, 항균작용, 항암, 항-노화 작용이 있는 것으로 밝혀졌다. 임상에서는 위장병, 피로, 폐결핵, 암, 간병 등의 병증에 많이 사용한다.

용량과 주의 일반적으로 3~9g을 사용하고, 중증에는 15~30g을 사용한다. 쥐의 복강에 주사한 결과 LD_{50}은 79.21±3.60g/kg이었다. 본 약재는 허한증(虛寒證)에 가장 적합하다. 그러므로 열증(熱證)에는 사용하지 않는다.

황기(黃芪)

약재의 기원 두과(豆科)에 속한 여러해살이 초본식물인 황기의 뿌리이다. 생용(生用)하거나 꿀에 절여서 사용한다.

성미와 귀경 감(甘) · 미온(微溫)하고, 비(脾) · 폐(肺)에 귀경한다.

효능과 응용

1. 보기승양(補氣昇陽: 기를 돕고 양기를 끌어 올림)-비장과 폐의 기를 보하고, 양기를 끌어 올리는 효능이 있어 비폐기허(脾肺氣虛)로 인한 식욕부진, 대변무름, 호흡촉박, 피로 등의 증상에 사용하고, 중기하함(中氣下陷: 비위의 기가 내려앉음)으로 인한 오래된 설사, 탈항, 자궁하수 등의 병증에 사용하고, 기허로 인한 각종 출혈증에도 사용할 수 있다. 인삼을 배합하여 보기(補氣)의 효능을 높이고, 백출을 배합하여 보기건비(補氣健脾) 효능을 증강시킨다. 당귀를 배합하면 보기생혈(補氣生血)하여 기허(氣虛)로 인한 혈허(血虛)를 치료할 수 있고, 부자를 배합하면 보기조양(補氣助陽)하여 기허(氣虛)로 인한 양기부족을 치료할 수 있다.
2. 익위고표(益衛固表: 체표를 강하게 하고 수렴시킴)-황기는 체표를 튼튼하게 하고, 또한 체표를 수렴시키는 효능이 있어 체표허약으로 인한 각종 발한증(發汗證)에 사용하고, 외사의 침입을 방지한다. 자한(自汗)에는 소맥을 배합하고, 음허(陰虛)로 인한 도한(盜汗)에는 생지황, 황백 등을 배합한다.
3. 탁독생기(托毒生肌: 독을 빼내고 근육(조직)을 재생시킴)-본 약재는 기를 보하면서 독을 빼내고 근육(조직)을 재생하는 작용이 있어 각종 부스럼, 궤양에 사용한다. 당귀, 천산갑 등을 배합하여 곪지 않는 부스럼에 사용하고, 당귀, 인삼, 육계(肉桂) 등을 배합하여 부스럼을 수렴시키고 조직의 재생을 도와준다.
4. 이수퇴종(利水退腫: 수분을 배출시켜 부종을 없앰)-황기는 기를 보하면서 이뇨작용이 있어 기가 허약하여 수분을 운송하지 못해 생긴 수종이나 배뇨장애 등의 병증에 사용한다.

이 밖에 기와 혈이 막혀서 생긴 사지마비, 관절통, 반신불수, 소갈증 등의 병증에 사용한다. 강활, 방풍, 당귀 등을 배합하여 각종 관절통증에 사용하고, 당귀, 천궁, 도인, 홍화 등을 배합하여 오래된 중풍을 치료하고, 소갈증에는 생지황, 맥문동 등을 배합한다.

약리와 임상 최근 약리 보고에 의하면 항노화, 면역증강, 항신부전, 이뇨, 간보호, 항피로, 기억력 증가, 항-방사선, 항염, 항암, 조혈 기능 촉진 등의 작용이 있었고, 혈당에는 이중적인 작용이 있었다. 임상에서는 감기예방, 호흡기 질병, 만성기관지염, 천식, 도한, 심장병, 만성위염, 위궤양, 장유착, 만성간염, 간경화 복수, 비뇨기 감염, 만성신장염, 신결석, 요붕증, 고지질혈증, 전립선 비대, 백혈구·적혈구 감소증, 뇌혈전, 신경염, 암증, 사지궤양, 면역계 질환에 효능이 있는 것을 밝혀졌다.

용량과 주의 일반적으로 10~15g을 사용하고, 대량으로는 30~60g까지 사용한다. 그리고 보기승양(補氣昇陽)에는 밀자(蜜炙)하고, 나머지는 생용(生用)한다. 사용 용량은 임상의사들의 견해가 다르다. 만란청은 도한에는 9g, 저혈압은 15g 이하, 고혈압에는 30g 이상, 중증 근무력에는 100~120g, 척추손상으로 인한 하반신불구는 250g을 사용해야 효능이 있다고 보고하였고, 사용량에 따라 암 환자의 NK세포에 영향이 달랐고, 암환자에게 면역증강 목적으로 사용할 때는 60g이 적합하고, 일반적으로 90g을 초과하지 않는다. 본 약재는 양기를 끌어 올리고 열을 내고 또한 땀을 수렴하기 때문에 열이 있는 표증, 기가 막히고 습이 있는 병증, 위장에 식체가 있는 병증, 음허양항(陰虛陽亢), 부스럼 초기, 궤양이 터졌지만 열이 있는 병증 등에는 사용하지 않는다. 황기 내복액을 쥐의 위장에 1회 140g/kg을 주입하고 7일간 관찰한 결과 아무런 독반응이 없었고, 복강에 주사한 결과 LD_{50}은 40±5g/kg이었다.

백출(白朮)

약재의 기원 국과(菊科)에 속한 여러해살이 초본식물인 백출의 뿌리이다. 생용(生用)하거나 밀기울 또는 흙으로 볶아서 사용한다. 우출(于朮)이라고도 한다.

성미와 귀경 고(苦) · 감(甘) · 온(溫)하고, 비(脾) · 위(胃)에 귀경한다.

효능과 응용

1. 보기건비(補氣健脾: 기를 보하고 비장을 튼튼하게 함)－백출은 보기건비(補氣健脾)의 중요한 약으로 비장의 기가 허약하여 운화를 못해서 생긴 식욕부진, 대변무름, 상복부 팽만, 피로 등의 증상에 사용한다. 인삼, 복령, 감초를 배합하여 상기의 병증을 치료한다. 그리고 비장이 허약하여 소화장애와 식욕부진이 심하면 소화약을 배합한다.
2. 조습이수(燥濕利水: 습을 건조시키고 이뇨시킴)－백출은 비장을 튼튼하게 할 뿐만 아니라 습을 건조시키고, 이뇨시키는 작용이 있어 비장허약으로 인한 부종, 담음(痰飮), 배뇨장애 등의 병증에도 사용한다. 비장이 허약하여 생긴 담음(痰飮)에는 계지, 복령, 감초(炙)를 배합해서 치료하고, 부종에는 진피, 대복피, 복령피 등을 배합하여 사용한다.

3. 지한안태(止汗安胎: 땀을 수렴하고 태아를 편안케 함)-체표를 수렴하는 효능이 있어 비장과 기가 허약하여 생긴 자한(自汗)에 사용하고, 마황근, 부소맥, 황기를 배합하여 사용한다. 또한 기와 비장을 튼튼하게 하는 작용으로 태아를 편안케하는 효능이 있어 태기가 불안한 증상에 사용한다. 내열(內熱)이 있는 자는 황금를 배합하여 청열안태(淸熱安胎)시키고, 기가 막혀서 흉복부가 팽만한 증상에는 소경, 사인, 진피 등을 배합한다. 기가 허약하면 당삼, 복령, 감초(炙) 등을 배합하고, 혈허로 어지러움, 가슴두근거림 등의 증상이 있으면 숙지황, 당귀, 백작약 등을 배합하고, 신장이 허약한 증상에는 두충, 속단, 아교 등을 배합하여 태아를 안정시킨다.

약리와 임상 약리보고에 의하면 위액량 감소, 위산에 알카리성분 증가, 팹신활성 감소, 위점막 보호, 혈당감소, 이뇨, 면역증강, 항-노화, 항-산화 등의 작용이 있었고, 심장에는 용량에 따라 다른 반응이 있는 것으로 밝혀졌다. 임상에서는 간경화 복수, 변비, 위암, 식도암, meniere disease, 요통, 소아 유연증(流涎症) 등의 병증에 사용한다.

용량과 주의 일반적으로 5~15g을 사용하고, 조습이수(燥濕利水)할 때에는 생용(生用)하고, 보기건비(補氣健脾)할 때에는 볶아서 사용한다. 비장이 허약한 설사에는 검게 볶아서 사용한다. 음액이 부족하여 열이 있거나 진액이 손상된 병증에는 사용하지 않는다.
백출수전액을 쥐의 복강에 주사한 결과 LD_{50}은 13.3g/kg이었고, 큰 쥐의 위장에 0.5g/kg을 14일 동안 주입 후 백혈구가 경미하게 감소하였고, 2개월 후에는 경미한 빈혈증상이 있었다.

산약(山藥)

약재의 기원 서여과(薯蕷科)에 속한 여러해살이 만생초본식물(蔓生草本植物)인 마의 뿌리이다. 생용(生用)하거나 볶아서 사용한다.

성미와 귀경 감(甘) · 평(平)하고, 비(脾) · 폐(肺) · 신(腎)에 귀경한다.

효능과 응용

1. 익기양음(益氣養陰: 기를 보하고 음액을 생성함)—보익비기(補益脾氣), 자양비음(滋養脾陰), 수렴 작용이 있어 기허비약(氣虛脾弱)으로 인한 식욕부진, 대변무름 혹은 설사에 사용하고 인삼, 백출, 복령 등을 배합하여 사용한다.
2. 보비폐신(補裨肺腎)—보폐양음(補肺養陰)의 효능이 있어 폐가 허약해서 발생한 오래된 기침 · 천식에 사용하고, 당삼, 맥문동, 오미자 등을 배합하여 사용한다. 그리고 산약은 신장을 보하고 수렴작용이 있어 신허(腎虛)로 인한 유정(遺精), 빈뇨, 백대하에 사용한다. 숙지황, 산수유, 단피, 복령, 택사 등을 배합하여 유정을 치료하고, 익지인, 오약 등을 배합하여 신허(腎虛)로 인한 빈뇨를 치료한다. 비장이 허약하고 습과 대하가 있으면 당삼, 백출, 차전자 등을 배합하여 치료하고, 대하가 황색이면 황백을 배합하고, 신장이 허약하면 숙지황, 산수유, 토사자 등을 배합한다. 그 외에 보기양음(補氣養陰) 작용이 있어 소갈증을 치료한다.

약리와 임상 약리보고에 의하면 장운동 촉진, 혈당감소, 상처유합 촉진, 면역증강, 항-산화 등의 작용이 있었다. 임상에서는 심장기능 감퇴, 폐기종, 폐결핵, 소화불량, 당뇨병, 피부병, 구강염 등의 병증에 사용한다.

용량과 주의 일반적으로 10~30g을 사용하고, 대량은 60~250g이고, 분말은 6~10g을 복용한다. 보음(補陰)할 때에는 생용(生用)하고, 설사에는 볶아서 사용한다. 본 약재는 음을 보하는 작용이 있기 때문에 습을 만들 수 있으므로 습이 많은 환자는 복용을 금해야 한다.

감초(甘草)

약재의 기원 두과(豆科)에 속한 여러해살이 초본식물인 감초의 뿌리이다. 생용(生用)하거나 꿀을 발라 구워서 사용한다.

성미와 귀경 감(甘) · 평(平)하고, 심(心) · 폐(肺) · 비(脾) · 위(胃)에 귀경한다.

효능과 응용

1. 보비익기(補脾益氣: 비장과 기를 보함)–비위허약(脾胃虛弱)으로 인한 호흡촉박, 피로, 식욕부진, 대변무름 등에 사용하고 인삼, 백출, 복령 등을 배합한다.
2. 윤폐지해(潤肺止咳: 폐를 윤활하게 하고 기침을 멎게 함)–폐를 윤활하게 하는 작용이 있어 기침, 천식 등의 병증에 사용한다. 풍한외감(風寒外感)에는 마황, 행인을 배합하고, 풍열(風熱)에는 석고를 배합하여 사용한다.
3. 완급지통(緩急止痛: 급한 증상을 완화시키고 통증을 없앰)–감초는 통증을 완화시키는 효능이 있어 복부 혹은 사지경련에 사용한다. 계지, 작약, 이당(飴糖)을 배합하여 비위허한(脾胃虛寒)과 상복부

의 경련성 통증을 치료하고, 작약과 배합하면 혈액의 손상으로 인한 사지경련이나 통증을 치료할 수 있다.

4. 완화약성(緩和藥性: 다른 약의 자극성을 완화시킴)−감초는 해독의 효능이 있어 부스럼, 음식물중독, 약물중독에 사용한다. 인후종통(咽喉腫痛)에는 길경을 배합하여 사용하고, 부스럼에는 금은화, 포공영 등을 배합하여 사용한다. 그리고 음식물이나 약물 혹은 농약중독에는 본 약재를 탕액으로 복용하거나 녹두를 배합하여 사용하기도 한다.

 또한 감초는 다른 약의 독성을 완화(緩和)하고, 각종 약재를 조화시키는 효능이 있다.

약리와 임상 약리보고에 의하면 해열, 진정, 진통, 항궤양, 항경련, 혈지질 감소, 항동맥경화, 항이뇨, 췌장액분비, 진해(鎭咳) 등의 작용이 있는 것으로 밝혀졌고, 임상에서는 기관지 천식, 폐결핵, 부정맥, 저혈압, 혈전성 정맥염, 위 · 십이지장 궤양, 간염, 요붕증, 만성 전립선염, 당뇨병, 뇌하수체 전엽 기능 저하증, addison병, AIDS, 각종 피부병, 만성골수염, 각종 중독증 등의 병증에 많이 사용한다.

용량과 주의 일반적으로 2~10g을 사용하고, 청화해독(清火解毒)할 때에는 생것을 사용하고, 보중완급(補中緩急)할 때에는 볶아서 사용한다. 감초의 수전액을 쥐의 정맥에 주사한 결과 LD_{50}은 1.9432±0.467g/kg이었고, 피하주사한 결과 LD_{100}은 3.6g/kg이었고, 사인(死因)은 호흡마비였다. 장기간 감초를 대량으로 복용하면 식욕부진, 부종, 혈중K감소, 고혈압 등의 증상이 출현하고, 최근 보고에 의하면 가성 aldosterone중독증상이 출현한다고 보고하였다. 본 약재는 달고 습을 생성하는 작용이 있으므로 습이 많은 사람이나 습으로 흉복부팽만, 구토, 가래가 많은 사람은 신중하게 복용한다. 대극, 원화, 해조와 반(反)한다. 장기간 대량으로 복용하면 부종이 생기므로 주의한다. 대량복용(소량으로 장기간 복용)하면 20%의 환자는 부종, 사지무력, 경련, 어지러움, 두통, 혈압상승 등이 출현함으로 노인이나 심장병, 신장병 환자는 주의를 요한다.

대조(大棗)

약재의 기원 서이과(鼠李科)에 속한 낙엽관목(落葉灌木) 혹은 소교목식물(小喬木植物)인 대추나무의 열매이다. 홍조(紅棗)라고도 한다.

성미와 귀경 감(甘) · 온(溫)하고, 비(脾) · 위(胃)에 귀경한다.

효능과 응용

1. 보중익기(補中益氣: 비위와 기를 보함)－비위허약(脾胃虛弱)으로 인한 피로, 식욕부진, 설사 등의 증상에 사용하고 당삼, 백출, 복령 등을 배합하여 사용한다.
2. 양혈안신(養血安神: 혈을 보하고 정신을 편안케 함)－혈액부족으로 인한 얼굴창백, 여성의 히스테리(臟躁) 증상에 사용한다. 혈허(血虛)로 얼굴색이 누렇고 초췌하며 몸이 수척하면 숙지황, 당귀 등 보혈약(補血藥)을 배합하고, 여성이 혈이 부족하여 히스테리로 정신이 불안정하면 감초, 소맥을 배합한다.
3. 완화약성(緩和藥性: 약성을 완화시킴)－이 밖에 대조는 약재의 강한 자극성을 완화시킬 수 있다. 정력자에 대조를 배합하면 정력자의 폐기(肺氣)손상을 예방하고, 대극, 원화, 감수와 배합하면 비

위(脾胃)손상을 방지한다. 그리고 대조에 생강, 해표약을 배합하면 영위(營衛)를 조화롭게 하고, 보약에서 생강을 대조에 배합하면 식욕을 증강시키고 약 흡수력을 향상시킨다.

약리와 임상 최근 약리 보고에 의하면 간보호, 면역증강, 중추억제, 항-피로 등의 효능이 있는 것으로 밝혀졌고, 임상에서는 GPT증가증, 위축성 위염, 수혈부작용, 내치질, 만성 기관지염, 천식, 심마진, 과민성자전, 건선, 과민성습진, 기타 과민성 질환에 사용하고 있다.

용량과 주의 일반적으로 3~12개 사용하고, 환을 만들 때는 껍질을 버리고 종자를 분쇄한다. 대조는 습과 열을 생성하고, 위장을 팽만하게 함으로 습이 많아 복부가 팽만하거나 소화불량, 충치, 담열성(痰熱性) 기침 등에는 복용을 금한다. 대추를 끓일 때 껍질에 구멍을 내지 않으면 약효가 감소한다. 타이완 대추중 spinosa A, B는 최면작용과 독작용이 있었고, 기타 종류는 아무런 부작용이 발견되지 않았다.

2) 보양약(補陽藥)

효능 양허증은 심양허(心陽虛)·비양허(脾陽虛)·신양허(腎陽虛) 등의 증상을 말하는 것이다. 신장의 양기는 근본이 되기 때문에 인체의 장부(臟腑)를 따뜻하게 하고, 모든 양허(陽虛)의 증상은 신양부족(腎陽不足)과 아주 밀접한 관계가 있다. 그래서 이 책에서는 신양(腎陽)과 상관있는 약재를 주로 소개하였다.

증상 신양허(腎陽虛)의 주요 증상은 추위를 싫어하고, 사지가 차고, 허리와 무릎이 시리면서 힘이 없고, 냉통이 있으며 성기능 장애가 있고, 자궁이 서늘하여 임신이 불가능하고, 대하(帶下)가 맑으며 야간의 소변이 많고, 맥이 가라앉고 설태가 흰색이다. 신장의 양기를 보하는 약재는 정수(精髓)를 튼튼하게 하고 뼈와 근육을 강하게 하므로 상기의 증상을 치료할 수 있다. 그리고 신장의 양기가 허약하여 비위를 따뜻하게 할 수 없으면 설사를 하게 되고, 신양부족(腎陽不足)으로 폐기를 받아들이지 못하면 호흡촉박의 증상이 발생한다.

주의 보양약(補陽藥)은 성질이 덥고 건조하여 음(陰)을 손상시키기 때문에 음허로 인해 양기가 상대적으로 많아진 병증에는 사용하지 않는다.

녹용

약재의 기원 척추동물(脊椎動物)인 녹과(鹿科)에 속한 매화록(梅花鹿) 혹은 마록(馬鹿) 등 숫놈머리에 있는 뿔이다. 아직 골화(骨化)되지 않은 유각(幼角)을 사용한다.

성미와 귀경 감(甘)·함(鹹)·온(溫)하고, 간(肝)·신(腎)에 귀경한다.

효능과 응용

1. 보신양(補腎陽)–녹용은 신양(腎陽)과 정혈(精血)을 보할 수 있어 양기부족으로 추위를 싫어하고, 사지가 차고, 허리와 무릎이 시리고, 힘이 없고, 냉통이 있으며, 성기능 장애가 있으며, 자궁이 서늘하여 임신이 불가능하고, 대하가 맑으며, 야간에 소변이 많고, 머리가 어지럽고, 소리가 잘 안 들리고, 피로한 증상에 사용

하고, 단독으로 복용하거나 혹은 인삼, 숙지황, 구기자 등 배합하여 사용한다.

2. 익정혈(益精血), 강근골(强筋骨)－간신(肝腎)의 정혈(精血)을 보하는 효능이 있기 때문에 정혈부족(精血不足), 근골무력(筋骨無力), 소아의 발육불량, 골연행지(骨軟行遲: 뼈가 약하고 걸음이 늦음), 신문불합(囟門不合: 머리 숨구멍이 유합되지 않음) 등의 병증에 사용하고 숙지황, 산약, 산수유 등을 배합한다.
3. 보간신(補肝腎), 조충임(調衝任)－간신(肝腎)을 보익(補益)하고, 충임(衝任)을 조절하며, 대맥(帶脈)을 치료할 수 있어 부녀자의 충임허한(衝任虛寒), 대맥불고(帶脈不固), 자궁기능성 출혈, 대량대하 등에 사용한다.

   이 밖에 온보내탁(溫補內托)의 효능이 있어 창양구궤불렴(瘡瘍久潰不斂: 부스럼이 오랫동안 수렴되지 않음), 지방종 등의 병증도 치료할 수 있다.

약리와 임상 약리 연구에 의하면 항노화, 강장, 항궤양, 성호르몬증강, 항염, 항암, 면역증강 등의 작용이 있었고, 혈압과 신경계에는 이중적인 효능이 있었다. 임상에서는 저혈압, 당뇨병, 위궤양, 재생불량성 빈혈, 유뇨증, 유선증식, 경추병 등의 병증에 사용한다.

용량과 주의 일반적으로 5~10g을 사용하며, 분말로는 1~3g을 사용한다. 또는 환, 산제로도 사용한다. 대량복용하거나 부적절하게 사용을 하면 구강건조, 비강출혈 등의 부작용이 출현하고, 복용량을 감소하거나 중지하면 증상이 완화하고, 장기간 복용할 시에는 녹용을 황정액에 2일간 담가 두었다가 건조하여 복용하면 부작용을 줄일 수 있다. 동물실험에서 중독시에는 떨림, 안정, 호흡촉박, 눈물을 흘리는 증상이 출현하였다. 본 약재를 복용할 때에는 소량으로부터 시작하여 천천히 늘리는 것이 좋으며, 갑자기 대량으로 사용하면 양기가 급상승하여 어지러움, 안구충혈, 풍증(風證) 등의 증상이 출현할 수도 있다. 특히 실열증, 음액부족으로 인한 양기 상승, 위장열, 폐의 담열, 외감 발열증에는 모두 사용하지 않는다.

육종용(肉蓯蓉)

약재의 기원 열당과(列當科)에 속한 일년생 기생초본식물(寄生草本植物)인 육종용의 잎과 비늘까지 포함한 육질경(肉質莖)이다. 담대운(淡大蕓)이라도 한다.

성미와 귀경 감(甘) · 함(鹹) · 온(溫)하고, 신(腎) · 대장(大腸)에 귀경한다.

효능과 응용

1. 보신조양(補腎助陽: 신장을 보하고 양기를 생성함)–본 약재는 신장의 양기를 보하고, 정혈(精血)을 생성하는 효능이 있어서 발기부전, 불임증, 허리 · 무릎의 냉통, 근골무력(筋骨無力) 등의 병증에 사용하고 숙지황, 토사자, 오미자 등을 배합하여 사용한다. 녹각교, 당귀, 숙지황, 자하거를 배합하여 사용하면 정혈부족(精血不足)으로 인한 불임증을 치료할 수 있고, 파극천, 비해, 두충 등을 배합하여 요슬냉통(腰膝冷痛)과 근골(筋骨) 무력을 치료한다.
2. 윤장통변(潤腸通便: 대장을 윤활하게 해서 대변을 통하게 함)–대장을 자윤(滋潤)하는 효능이 있어 장(腸)이 건조하여 진액이 없어 생긴

변비에 사용한다.

최근 약리 연구에 의하면 항노화, 간보호 등의 효능이 있는 것으로 밝혀졌다.

약리와 임상 약리연구에서 밝혀진 바에 의하면 면역증강, 성선증강 등의 효능이 있었고, 임상에서는 성기능부족, 요통, 불임증 등의 병변에 사용한다.

용량과 주의 일반적으로 6~12g을 사용하고, 중증에는 15~30g을 사용한다. 본 약재는 양기(陽氣)를 보(補)하면서 건조하지 않고, 약력(藥力)이 부드럽기 때문에 소량 사용하면 효과가 없다. 또한 양기를 도우면서 설사 작용이 있어 음액이 부족하여 생긴 열증, 설사, 위장의 실열성 변비에는 사용하지 않는다.

음양곽(淫羊藿)

약재의 기원 소벽과(小蘗科)에 속한 여러해살이 초본식물인 음양곽과 전엽음양곽(箭葉淫羊藿) 혹은 심엽음양곽(心葉淫羊藿)의 전초(全草)이다. 생용(生用)하거나 볶아서 사용한다. 선령비(仙靈脾)라고도 한다.

성미와 귀경 신(辛) · 감(甘) · 온(溫)하고, 간(肝) · 신(腎)에 귀경한다.

효능과 응용

1. 보신장양(補腎壯陽: 신장과 양기를 보함)－음양곽은 신장의 양기를 보하는 효능이 있어 신양허쇠(腎陽虛衰)로 인한 발기부전, 빈뇨, 허리 · 무릎의 무력한 병증에 사용한다. 단방을 술에 담가 복용

하거나, 숙지황, 구기자, 선모 등을 배합하여 복용하기도 한다.

2. 거풍제습(祛寒除濕: 한사와 습을 없앰)-한(寒)과 습(濕)을 없애는 효능이 있어 관절통, 사지 저림 등의 병증에 사용한다. 고대에는 음양곽 약주로 관절통, 사지 저림, 성기능 장애를 치료하였다.

약리와 임상 약리 연구에 의하면 심근수축력 증강, 혈압하강, 항심근경색, 혈당감소, 성호르몬 증가, 뇌혈류량 증가, 거담(祛痰), 진해(鎭咳), 평천(平喘) 등의 효능이 있는 것으로 밝혀졌고, 임상에서는 만성기관지염, 심근경색, 백혈구 감소증, 소아마비, 신경쇠약, 골다공증, 갱년기 장애, 이농 등의 병증에 사용한다.

용량과 주의 일반적으로 3~9g을 사용하고, 특수한 경우에는 12~15g까지 사용한다. 음양곽 추출물을 쥐의 복강에 주사한 결과 LD_{50}은 36g/kg이었고, 에스테르 추출물은 450g/kg이었고, 독작용은 발견되지 않았다. 탕약이나 약주로 복용하고, 혹은 환·산제로도 사용한다. 음이 부족하여 발열증상이 있으면 사용하지 않는다. 음양곽을 환약으로 복용후 소수의 환자는 구강건조, 오심, 복부팽만, 어지러움 등을 호소하였지만 일반적으로 증상이 자동소실하였다.

일본산 음양곽은 개구리의 동공을 확대시켰고, 쥐의 수의운동을 증가시키고 반사가 항진하였고, 가끔 경미한 경련을 유발하고, 심지어 호흡중지로 사망하였고, 심장은 호흡이 정지후에도 일정시간 동안 박동하였다.

두충(杜仲)

약재의 기원 두충과(杜冲科)에 속한 낙엽교목식물(落葉喬木植物)인 두충나무의 껍질이다. 생용(生用)하거나 소금물에 볶아서 사용한다.

성미와 귀경 감(甘) · 온(溫)하고, 간(肝) · 신(腎)에 들어간다.

효능과 응용

1. 보간신(補肝腎), 강근골(强筋骨)–두충은 간신(肝腎)을 보하는 효능이 있어 뼈와 근육을 튼튼히 할 수 있고, 간신부족(肝腎不足)으로 인한 허리 · 슬관절이 시리고 힘이 없는 증상, 성기능 장애, 빈뇨 등의 증상에 사용한다. 상기의 병증에는 음양곽, 숙지황, 토사자 등을 배합하여 사용한다.
2. 안태(安胎: 태아를 편안하게 함)–두충은 간신(肝腎)을 보하면서 안태(安胎)의 효능을 지니고 있어 태동불안(胎動不安) 혹은 습관적인 유산에 사용한다. 태아의 간신이 허약하면 속단과 산약을 배합해서 상기의 병증을 치료한다.

이 밖에 간양상승(肝陽上昇)으로 인한 어지러움에는 백작약, 석결명, 하고초, 황금 등을 배합하여 복용한다.

약리와 임상 최근 논문 보고에 의하면 혈압강하, 혈관 확장, 혈당상승, 혈지질 감소의 효능이 있는 것으로 밝혀졌고, 임상에서는 고혈압, 뇌혈전 형성, 요독증, 퇴행성 요통, 습관성 유산 등의 증상에 사용한다.

용량과 주의 일반적으로 10~15g을 사용하고, 초(炒)하면 생용(生用)보다 효능이 더 양호하다. 주사약을 쥐의 복강에 주사한 결과

LD_{50}은 17.30±0.52g/kg이었다. 두충은 따뜻한 약이기 때문에 음이 부족하여 열이 있는 병증에는 주의한다.

동충하초(冬蟲夏草)

약재의 기원 맥각균과(麥角菌科)에 속한 동충하초균의 자좌(子座:stroma) 및 거기에서 기생하는 편복아과(蝙蝠蛾科) 곤충인 녹편복아(綠蝙蝠蛾) 유충을 말린 것이다.

성미와 귀경 신(辛) · 온(溫)하고, 신(腎) · 폐(肺)에 들어간다.

효능과 응용

1. 익신보폐(益腎補肺: 신장과 폐를 보함)－동충하초는 신장의 양기를 보하는 효능이 있어 발기부전, 유정, 하체의 통증 등에 사용한다. 단방을 술에 담가 약주로 복용하기도 하고, 두충, 숙지황, 음양곽, 파극천 등을 배합하여 복용하기도 한다.
2. 지혈화담(止血化痰: 지혈시키고, 가래를 없앰)－본 약재는 폐를 보하는 작용과 출혈을 멎게 하고 가래를 없애는 효능이 있어 오래된 기침, 천식, 혈담(血痰)에 사용한다. 폐의 음액이 부족하여 발생한 기침, 각혈 등의 증상에는 사삼, 아교, 천패모 등을 배합하여 사용한다.

이 밖에 큰 병이나 수술후에 체력이 회복되지 않으면 동충하초에 닭이나 오리 혹은 돼지고기를 넣고 삶아서 먹으면 원기가 회복된다.

약리와 임상 최근 발표된 논문에 의하면 평천(平喘), 면역증강, 신장보호, 조혈기능 증강, 성호르몬 증강의 효능이 있었고, 임상에서는 기관지 천식, 폐결핵, 심장병, 고혈압, 부정맥, 고지질혈증, 간염, 복수성 간경화, 신부전, 재생불량성 빈혈, 악성 종류, 성기능 장애, 비염 등의 병증에 많이 사용한다.

용량과 주의 일반적으로 5~10g을 사용하고, 달여서 탕약으로 복용하거나 닭, 오리, 돼지고기 등과 함께 고아서 복용한다. 환 · 산제로도 사용한다. 동충하초 주사약을 쥐의 복강에 주사한 결과 LD_{50}은 27.1g/kg이었고, 처음에는 억제되는 중독증상을 유발하고, 후에는 흥분하였고, 마지막에는 경련과 호흡마비로 사망하였다. 외감표사(外感表邪)가 있는 사람은 사용하지 않는다.

토사자(菟絲子)

약재의 기원 선화과(旋花科)에 속한 일년생 기생성만초(寄生性蔓草)인 토사자 혹은 대토사자(大菟絲子)의 익은 종자이다. 생용하거나 삶아 찧어서 병(餠)을 만들어 사용한다.

성미와 귀경 신(辛) · 감(甘) · 평(平)하고, 간(肝) · 신(腎)에 귀경한다.

효능과 응용

1. 보양익음(補陽益陰: 음양을 보함)-신장의 음양을 동시에 보하고, 정액을 수렴하고, 소변을 농축시키는 효능이 있어 허리 · 무릎 통증, 성기능 장애, 정액누설, 빈뇨, 백대하 등의 증상에 사용한다.
2. 고정축뇨(固精縮尿: 정액을 수렴하고, 소변을 농축시킴)-비장을 보하고 설사를 멎게 하는 효능이 있어 비허(脾虛)로 인한 대변무름이나 설사에 사용하고, 백출, 복령 등을 배합해서 사용한다.

3. 명목지사(明目止瀉: 눈을 밝게 하고 설사를 멎게 함)-본 약재는 간을 보하고 눈을 밝게 하는 효능이 있어 시력감퇴에 사용한다. 숙지황, 차전자를 배합하여 간신부족(肝腎不足)으로 인한 시력장애에 사용한다.

이 밖에 간신부족(肝腎不足), 태원불고(胎元不固: 태아의 원기 허약), 음액부족, 소갈병 등의 병증에 사용할 수 있다. 속단, 상기생, 아교 등을 배합하여 유산 증상을 치료한다.

약리와 임상 최근 보고된 논문에 의하면 간보호, 보양(補陽), 성선 촉진 등의 효능이 있는 것으로 밝혀졌고, 임상에서는 간암, 유뇨증, 성기능 장애, 불임증, 여드름 등의 병증에 사용한다.

용량과 주의 일반적으로 9~12g을 사용한다. 알콜 추출물을 쥐의 피하에 주사한 결과 LD_{50}은 2.465g/kg이었다. 본 약재는 양기를 보하기 때문에 음액이 부족하여 열이 있는 증상이나 변비, 소변이 농축되어 붉은 증상에는 복용하지 않는다.

3) 보혈약(補血藥)

개요 혈액을 생성시키는 효능이 있는 약을 보혈약이라 한다. 혈액이 음(陰)에 해당되는 물질이기 때문에 음을 보(補)하는 작용도 있다. 혈허(血虛)의 증상은 면색위황(面色萎黃: 얼굴이 누렇게 뜸), 입술·손발톱이 창백하고, 눈과 머리가 어지럽고, 가슴 두근거림 증상이 있고, 부녀자는 생리량이 적고, 색이 옅으며, 심하면 폐경이 되기도 한다.

배합 혈(血)과 음(陰)의 근원은 같고, 밀접한 관계가 있고, 혈허(血

虛)가 되면 음허(陰虛)를 초래한다. 혈허와 음허가 동시에 있으면 보혈약(補血藥)과 보음약(補陰藥)을 같이 사용해야 하는데, 일부 보혈약은 보음(補陰)의 효능이 있어 보음약으로도 쓸 수 있다. 또한 기능생혈(氣能生血)의 이론을 근거하여 보혈시에는 보기약(補氣藥)을 배합한다.

주의 보혈약이나 보음약을 장기간 대량으로 복용하면 습이 생성되고, 비위를 막아 소화장애, 복부팽만, 대변무름 등의 부작용이 출현할 수 있다. 상기의 증상이 있으면 복용을 금하고, 필요시 비장을 튼튼하게 하거나 습을 없애는 약과 소화약을 소량 첨가한다.

당귀

약재의 기원 산형과(傘形科)에 속한 여러해살이 초본식물(草本植物)인 당귀의 뿌리이다. 생용(生用)하거나 술에 볶아서 사용한다.

성미와 귀경 감(甘) · 신(辛) · 온(溫)하고, 간(肝) · 심(心) · 비(脾)에 귀경한다.

효능과 응용

1. 보혈활혈(補血活血: 혈을 보하면서 혈을 맑게 함)–당귀는 혈액을 보하는 효능이 양호하여 혈허(血虛)로 인한 각종 병증에 사용한다. 기능생혈(氣能生血)의 이론을 근거로 하여 보기약을 배합하는데 자주 배합하는 약은 황기이다. 당귀와 황기를 배합한 당귀보혈탕(當歸補血湯)은 혈허증(血虛證)에 양호한 효능이 있다.
2. 활혈지통(活血止痛: 혈을 맑게 하여 통증을 완화시킴)–당귀는 혈을 보

하면서 혈을 맑게 하는 효능과 통증을 없애는 효능이 우수하여 부인과 질환에 중요한 약이고, 사물탕(四物湯)은 대표적인 방제이다. 사물탕은 생리불순의 기본방약이고, 다른 약재를 배합하여 생리통, 폐경, 자궁근종 등의 병증에 사용한다. 당귀는 혈을 보하면서 혈을 맑게 하는 효능이 있으면서 어혈을 제거하는 효능이 우수하여 어혈로 인한 각종 통증에도 많이 사용한다. 또한 당귀의 성질이 따뜻하여 한사(寒邪)를 없애는 작용이 있어 허한성 통증, 타박상, 저림감 등을 치료할 수 있다. 또한 고름을 빼내고 조직을 재생하는 능력이 탁월하여 각종 부스럼에도 사용한다. 붓고 통증이 있는 증상에는 금은화, 적작약, 천산갑을 배합하여 사용하고, 고름이 있는 궤양에는 십전대보탕으로 치료한다.

3. 윤장통변(潤腸通便: 대장을 윤활하게 하여 대변을 통하게 함)－대장을 윤활하게 하여 대변을 통하게 하는 효능이 있어 혈허(血虛)로 인해 대장이 건조한 변비에 사용한다. 화마인, 육종용, 생수오 등을 배합하여 사용한다.

약리와 임상 약리 보고에 의하면 심근의 항허혈, 항부정맥, 혈지질 감소, 항혈소판 응집, 조혈세포 촉진, 간보호, 신장보호, 단백질 대사 조절, 중추억제, 진통, 항염, 항암, 항산화, 천식억제 등의 작용이 있는 것으로 밝혀졌다. 임상에서는 심장병, 고지질혈증, 고혈압, 외상성 어혈, 뇌혈관병, 상호흡기 감염, 각종 비염, 기관지염, 천식, 부정맥, 동맥경화, 혈관성 두통, 간염, 신장염, 전립선염, 통풍, 소화기 출혈, 위염, 위궤양, 변비, 갑상선 병변, 대뇌발육 장애, 불면증, 골반강내염, 대상포진, 탈모, 요통, 성기능 장애 등의 병변에 사용한 보고가 있다.

용량과 주의 일반적으로 3~15g을 사용하고, 보혈(補血)할 때에는 당귀의 몸을 사용하고, 뭉친 혈을 풀어줄 때에는 당귀의 작은 뿌리를 사용하며, 화혈(和血 : 補血活血)할 때에는 전초(全草)를 사용한다. 약주로 만들어 복용하면 활혈(活血)의 효능이 증강된다.

비위에 습이 많거나 대변이 무른 자는 복용을 금한다. 당귀의 휘발성분을 국소에 주사하면 강렬한 통증이 1시간 유지되고, 소수의 환자는 전신발열, 오한, 두통, 입마름, 오심 등의 부작용을 호소하였지만 치료하지 않아도 증상이 소실하였다.

숙지황(熟地黃)

약재의 기원 현삼과(玄蔘科)에 속한 여러해살이 초본식물인 지황의 뿌리를 막걸리에 쪄서 말린 것이다.

성미와 귀경 감(甘) · 미온(微溫)하고, 간(肝) · 신(腎)에 귀경한다.

효능과 응용

1. 양혈자음(養血滋陰: 혈과 음을 보함)-숙지황은 보혈(補血)에서 중요한 약재이다. 혈허(血虛)로 인한 안면위황(顔面萎黃: 얼굴이 누렇게 뜸), 어지러움, 가슴두근거림, 불면증, 부녀자의 생리불순, 기능성 자궁출혈 등의 증상에 사용한다. 본 약재에 당귀, 천궁, 백작약을 배합한 사물탕(四物湯)은 상기의 병증에 자주 사용한다. 숙지황은 신장의 음을 보하는 중요한 약으로 신장의 음액이 부족하여 발생한 수면후 발한증, 수면중 정액누설, 오후발열감, 소갈증 등에 사용하고, 본 약재에 산약, 산수유, 단피, 복령, 택

사를 배합한 육미지황환(六味地黃丸)을 많이 사용한다.

2. 보정익수(補精益髓: 정과 골수를 보함)–신장을 보할 뿐만 아니라 정(精)과 골수를 보하는 작용이 있어 신장의 허약으로 인한 허리·무릎의 무력, 어지러움, 이명 등의 병증에도 사용한다.

약리와 임상 최근 보고된 논문에 의하면 항갑상선 항진, 보혈(補血), 지혈(止血), 혈당감소, 항 노화 등의 효능이 있었고, 임상에서는 부정맥, 퇴행성 척추염, 불소중독, 변비 등에 사용하고 있다.

용량과 주의 일반적으로 10~30g을 사용하고, 숙지황은 습을 생성하므로 장기간 대량으로 복용해서는 안되고, 느끼하므로 비위의 기능을 증강시키는 행기약, 소화약을 배합해야 흡수력을 높인다. 태운 숙지황은 지혈용으로 사용한다.

숙지황은 생지황(生地黃)보다 더 점니(粘膩)하여 소화를 방해한다. 그래서 기가 막히고, 담이 많고, 복부팽만·통증, 식욕부진, 대변무름이 있으면 복용을 금한다.

하수오(何首烏)

약재의 기원 요과(蓼科)에 속한 여러해살이 초본식물(草本植物)인 하수오 뿌리이다. 건조한 것을 생수오(生首烏)라 하고, 삶아 건조한 것을 제수오(製首烏)라 한다.

성미와 귀경 고(苦)·감(甘)·삽(澁)·온(溫)하고, 간(肝)·신(腎)에 귀경한다.

효능과 응용

1. 보익정혈(補益精血)-제수오(製首烏)는 보간신(補肝腎) · 익정혈(益精血)할 수 있고, 또한 수렴(收斂)할 수 있어 정혈이 허약해서 생긴 어지러움, 백발, 허리 · 하체 무력, 유정(遺精), 자궁 기능성 출혈증에 사용하고, 하수오는 차거나 건조하지도 않고 게다가 느끼하지 않아 양호한 보약이다. 하수오에 당귀, 구기자, 토사자 등을 배합해서 사용한다.
2. 절학(截瘧: 학질을 없앰), 해독(解毒), 윤장통변(潤腸通便)-생수오는 보익력(補益力)이 약하고 수렴(收斂)하지 않으며, 절학(截瘧) · 해독(解毒) · 윤장통변(潤腸通便)의 효능이 있어 오래된 말라리아, 부스럼, 변비 등의 병증에 사용한다. 임파결핵에는 하고초, 토패모(土貝母), 향부자 등을 배합하여 사용하고, 대장에 진액이 부족하여 생긴 변비에는 당귀, 화마인, 흑지마 등을 배합하여 사용한다.

약리와 임상 최근 보고된 논문에 의하면 항-동맥경화, 지질감소, 보간(保肝), 항균, 내분비기능 증강, 조혈기능 촉진, 항노화 등의 작용이 있는 것으로 밝혀졌다. 임상에서는 백일해, 고콜레스트롤증, 지방 육류증(肉瘤症), 당뇨병, 신부전, 각종 암, 불면증, 학질(瘧疾), 정신분열증, 치매, 남성 불임증, 각종 피부병 등의 병증에 사용하고 있다.

용량과 주의 일반적으로 10~30g을 사용하고, 보할 때에는 법제한 하수오를 사용하고, 절학(截瘧), 해독(解毒), 윤장(潤腸)할 때에는 생수오를 사용한다. 신선한 수오(首烏)의 해독윤장(解毒潤腸)의 효능은 생수오(生首烏)보다 더 양호하다. 급성 독리실험에서 쥐의 복강에 생하수오를 주사한 결과 LD_{50}은 2.7g/k g이었고, 법제한 하수오의 LD_{50}은 169.4g/kg이었고, 아급성 독리 실험에서 법제한 하수오를 쥐에게 80g/kg, 32g/kg, 8g/kg을 1개월간 투여한 결과 기능성, 기질성 장애가 없었다.

하수오를 경구 복용하면 대부분 약간의 설사증상이 있고, 소수의 환자는 복통, 오심, 구토의 증상이 있었고, 하수오를 포제 하지 않으면 보(補)하는 작용이 없고, 설사를 한다.

백작약(白灼藥)

약재의 기원 모간과(毛茛科)에 속한 여러해살이 초본식물(草本植物)인 작약의 뿌리이다. 생용하거나 술에 혹은 그냥 볶아서 사용한다.

성미와 귀경 고(苦) · 산(酸) · 미한(微寒)하고, 간(肝) · 비(脾)에 귀경한다.

효능과 응용

1. 양혈염음(養血斂陰: 혈액을 생성하고 음액을 수렴함)−백작약은 혈액을 생성하고 생리를 조절하는 효능이 있어 부인과 질환에 자주 사용하고 생리불순, 생리통, 기능성 자궁출혈, 자한(自汗), 도한(盜汗) 등을 치료한다. 생리 조절에 중요한 약으로 당귀, 천궁, 숙지황을 배합한 사물탕을 주로 사용한다. 생리통에는 향부자와 연호삭을 배합하고, 기능성 자궁출혈에는 아교와 애회(艾灰)를 배합한다. 또한 백작약은 음액을 수렴하는 작용이 있고 계지, 감초, 생강, 대조를 배합하여 만든 계지탕(桂枝湯)은 조화영위(調

和營衛: 음양을 조화롭게 함)할 수 있어 외감풍한(外感風寒), 표허자한(表虛自汗)을 치료한다.

2. 유간지통(柔肝止痛: 간을 부드럽게 하고 통증을 멎게 함)－양혈유간(養血柔肝: 혈액을 생성하고 간을 부드럽게 함), 완급지통(緩急止痛: 급한 증상을 완시키고 진통시킴)의 효능이 있어 간기불화(肝氣不和)로 인한 옆구리 · 복부 통증, 사지경련 등의 증상에 사용한다. 소요산(消遙散)은 당귀, 백출, 시호 등을 배합한 것으로 상기의 증상을 치료하며, 작약감초탕(芍藥甘草湯)은 감초를 배합하여 만든 것으로 간비실화(肝脾失和: 간과 비장이 조화를 잃어버림), 복부 경련성 통증과 혈허(血虛)로 유발된 사지 경련과 통증을 치료한다.
3. 평억간양(平抑肝陽: 올라간 간기를 내림)－간의 양기(陽氣)를 억제시키는 효능이 있어 간양상항(肝陽上亢)으로 인한 두통, 어지러움 등을 치료한다. 생지황, 우슬 등을 배합하여 상기의 증상을 치료한다.

약리와 임상 약리보고에 의하면 해열, 진통, 진정, 혈당감소, 혈압강하, 심장, 관상혈관의 혈류량증가, 관상동맥 확장, 진해(鎭咳), 기억력 증강, 간장보호, 항산화 등의 작용이 있었다. 임상에서는 호흡기 질환, 부정맥, 간염, 간경화 복수, 만성위염, 위궤양, 비뇨기 결석, 당뇨병, 각종 통증, 변비, 각종 관절통, 경추병, 안면신경마비 등의 병증에 사용하고 있다.

용량과 주의 일반적으로 4.5~12g을 사용하고, 중증자는 15~30g을 사용한다. 임신한 쥐에게 TGP 용액을 투여한 결과 자궁과 새끼에 독성반응이 있었다. 양기가 부족하여 허한(虛寒)한 증상에는 단독으로 쓰지 않는다.

4) 보음약(補陰藥)

개요 음액과 진액을 생성하는 약을 보음약이라 한다. 음허증(陰虛證)은 열병(熱病) 후기나 만성병에서 많이 나타난다. 음허증이 자주 발생하는 장기는 폐, 위, 간, 신장이다. 동일한 음허증이라도 각 장기별로 증상이 다르다. 공통적으로는 도한(盜汗), 토끼변, 오후발열 등이 있다. 폐에 음액이 부족하면 공통증상에 마른기침, 각혈 등이 있고, 위장에 음액이 부족하면 배고픔을 모르고, 구취가 심하고, 설태가 많이 벗겨져 있으며, 특히 변비가 심하다. 간의 음액이 부족하면 눈이 건조하며 시력이 감퇴되고, 어지러움이 있다. 신장에 음액이 부족하면 허리 · 무릎의 통증, 손발바닥 중앙의 발열감, 가슴답답함, 불면증, 정액누설 등의 증상이 나타난다.

배합 열병으로 음허증이 되었고 열사(熱邪)가 남아 있으면 청열약(淸熱藥)을 배합하고, 음허(陰虛)로 인한 내열(內熱)이 있으면 청허열약(淸虛熱藥)을 배합한다. 그리고 음허가 심해서 양기가 상승하고 있으면 양기를 내리는 잠양약(潛陽藥)을 배합해야 한다. 그리고 음허(陰虛)에 혈허(血虛)까지 있으면 보혈약(補血藥)을 배합하고, 기가 허약하면 보기약(補氣藥)을 배합한다.

주의 보음약(補陰藥)은 습을 생성하고, 느끼하기 때문에 비위허약(脾胃虛弱)이나 담습(痰濕)으로 막혔거나 복부팽만, 대변이 무른 증상이 있으면 모두 복용을 금한다.

사삼(沙蔘)

약재의 기원 사삼(沙蔘)은 남사삼(南沙蔘)과 북사삼(北沙蔘) 두 가지 종류가 있다.

남사삼(南沙蔘)은 길경과(桔梗科)에 속한 여러해살이 초본식물(草本植物)인 윤엽사삼(輪葉沙蔘), 행엽사삼(杏葉沙蔘), 활엽사삼(闊葉沙蔘)의 뿌리이다.

북사삼(北沙蔘)은 산형과(傘形科)에 속한 여러해살이 초본식물(草本植物)인 산호채(珊瑚菜)의 뿌리이고, 생용(生用)한다.

성미와 귀경 감(甘) · 미한(微寒)하고, 폐(肺) · 위(胃)에 귀경한다.

효능과 응용

1. 청폐양음(淸肺養陰: 폐의 열을 없애고 음을 생성함)－폐열(肺熱)을 없애고 폐음(肺陰)을 보하는 효능이 있어 폐음허(肺陰虛)로 인한 마른 기침, 혹은 결핵성 각혈(咯血)에 사용한다. 맥문동, 옥죽, 동상엽(冬桑葉) 등을 배합해서(사삼맥문동탕) 열로 폐음이 손상되어 발생한 마른기침, 구강건조 등의 증상에 사용한다. 이때에는 가래가 적고 점도가 높다.
2. 익위생진(益胃生津: 위를 튼튼하게 하고 진액을 생성함)－위장에 이롭고 진액을 생성하는 효능이 있어 열병(熱病)으로 인한 진액손상, 구강건조, 식욕부진 등의 증상에 사용한다. 진액 손상이 심하여 혀가 검붉은 색을 띠고 구강에 진액이 없으면 신선한 생지황과 석곡을 배합하여 사용한다.

약리와 임상 최근 보고된 논문에 의하면 강심, 면역증강, 거담,

항-복사(輻射), 항균작용이 있는 것으로 밝혀졌다. 임상에서는 폐렴, 식도염, 구강궤양, 계안, 황달, 빈맥, 간병, 고혈압, 상지말단 연부조직의 피로성 질병 등의 병증에 사용하고 있다.

용량과 주의 일반적으로 10~15g을 사용하고, 신선한 것은 15~30g이다. 허한증(虛寒證)에는 복용을 금한다.

맥문동(麥門冬)

약재의 기원 백합과(百合科)에 속한 여러해살이 초본식물인 연계초(沿階草) 혹은 대엽맥문동(大葉麥門冬) 뿌리이고, 생용(生用)한다. 맥동(麥冬), 촌동(寸冬)이라고도 한다.

성미와 귀경 감(甘) · 미고(微苦) · 미한(微寒)하고, 폐 · 심 · 위장에 귀경한다.

효능과 응용

1. 윤폐양음(潤肺養陰: 폐에 음액을 보충하여 자윤시킴)-폐(肺)의 음(陰)을 생성하고, 건조한 폐(肺)를 자윤(滋潤)하는 작용이 있어 가래의 점도가 높은 마른 기침, 결핵성 각혈 등에 사용한다. 이 약재에 상엽, 행인, 아교, 생석고 등을 배합하여 폐의 열을 없애고, 진액을 생성시켜 상기의 병증을 없앤다. 천문동과 꿀을 배합하여 만든 이동고(二冬膏)도 상기의 증상을 치료한다.
2. 익위생진(益胃生津: 위의 기를 보하고 진액을 생성시킴)-위의 기를 보하고 진액을 생성시키는 효능이 있어 위음(胃陰)부족으로 생긴 구강건조, 갈증 등의 증상을 치료한다. 이때 사삼, 생지황, 옥죽

등을 배합하여 상기의 증상들을 치료한다.

3. 청심제번(淸心除煩: 심장의 열을 제거하여 답답함을 없앰)－심장의 열을 없애고 마음을 편안케 하는 효능이 있어 온병의 열이 심장이나 혈에 들어 왔을 때 사용하고 산조인, 생지황 등을 배합하여 치료한다.

이 밖에 본 약재는 대장을 윤활하게 하여 배변시키는 효능이 있으므로 대장이 건조하여 발생한 변비에 양호한 효능이 있다.

약리와 임상 최근 보고된 논문에 의하면 진정, 항경련, 혈당상승, 위장운동 촉진, 심장병 예방, 면역증강, 항균, 항－부정맥 등의 작용이 있었다. 임상에서는 인후염, 폐결핵, sinus brady cardia, 심근경색, 위장병, 간염, 당뇨병, 수종 등의 병증에 사용한다.

용량과 주의 일반적으로 10～15g을 사용하고, 폐위(肺胃)의 음(陰)을 보할 때에는 속을 버리고 쓰며, 자음청심(滋陰淸心)할 때에는 속까지 사용한다. 풍한(風寒) 감기나 담습(痰濕)으로 인한 기침, 비위허한(脾胃虛寒)으로 인한 설사에는 사용하지 않는다.

황정(黃精)

약재의 기원 백합과(百合科)에 속한 여러해살이 초본식물인 황정(黃精)의 뿌리이다.

성미와 귀경 감(甘) · 평(平)하고, 비(脾) · 폐(肺) · 신(腎)에 귀경한다.

효능과 응용

1. 윤폐자음(潤肺滋陰: 폐의 음을 보함)－폐의 음을 보해 윤활하게 하

는 작용이 있어 폐음허로 인한 마른 기침에 사용한다. 단방으로 사용하거나 사삼, 지모, 패모 등을 배합하여 사용한다.

2. 보비익기(補脾益氣: 비장과 기를 보함)–신장을 보하고 정(精)을 생성하는 효능이 있어 신장허약으로 발생한 요통, 어지러움, 하체무력 등의 병증에 사용한다. 고대에는 구기자와 동일양으로 환약을 만들어 상기의 증상을 치료하였다. 비장의 기를 보하는 작용이 있어 비위허약(脾胃虛寒)으로 인한 피로, 식욕부진 등의 병증에 사용하고, 당삼, 복령, 백출 등을 배합하여 비장의 기를 증강시킨다. 그리고 비위음허(脾胃陰虛)로 인한 구강건조, 식욕부진, 대변건조, 붉은혀, 설태소량 등의 증상을 치료할 때에는 사삼, 맥문동, 곡아 등을 배합한다.

이 밖에 소갈증에는 황기, 맥문동, 생지황 등을 배합하여 사용한다.

약리와 임상 약리연구에 의하면 관상혈관 혈류량 증가, anti-oxidant, 항바이러스, 항–백혈구 감소, 항–노화, 항–산화, 항–피로, 항–미생물, 지혈, 면역증강, 혈당감소, 항–지질, 항–동맥경화 등의 작용이 있는 것으로 밝혀졌다. 임상에서는 폐결핵, 부정맥, 저혈압, 백혈구 감소증, 근시, 피부병, 당뇨병, 골다공증 등의 병증을 치료하는데 사용하고 있다.

용량과 주의 건조한 것은 10~20g을 사용하고, 신선한 것은 30~60g이다. 성질이 느끼하여 쉽게 습사(濕邪)를 생성하기 때문에 비허(脾虛)로 습담(濕痰)있거나 설사하거나 기침, 가래가 많으면 사용하지 않는다.

백합(百合)

약재의 기원 백합과(百合科)에 속한 여러해살이 초본식물인 백합과 세엽백합(細葉百合)의 뿌리이다.

성미와 귀경 감(甘) · 미한(微寒)하고, 폐(肺) · 심(心)에 귀경한다.

효능과 응용

1. 윤폐지해(潤肺止咳: 폐를 윤활하게 하고 기침을 멎게 함)-백합은 약간 차고 폐의 열을 없애면서 폐를 자윤(滋潤)시키는 작용이 있어 폐열성 기침, 결핵성 각혈 등의 병증에 사용한다.
2. 청심안신(淸心安神: 심장의 열을 없애고 마음을 안정시킴)-심장의 열을 없애고 마음을 편안케 하는 효능이 있어 가슴답답함, 경기, 가슴두근거림, 불면증 등의 병증에 사용한다. 열병(熱病)후 열이 있고 상기의 증상이 있을 때 사용한다.

약리와 임상 최근 약리연구에 의하면 항-과민반응, 평천(平喘), 지해(止咳), 거담, 위점막 보호, 백혈구 증가, 진정, 항-피로, 항암 등의 작용이 있었다. 임상에서는 위염, 신경쇠약, 불면증, 코피, 스트레스성 사지불수, 전광증, 불면증 등을 치료한 보고가 있다.

용량과 주의 일반적으로 9~12g을 사용하고, 필요시 25~30g을 사용한다. 백합은 차고 습을 생성하기 때문에 찬바람으로 인한 감기나 비위장이 허약하여 생긴 설사에는 사용하지 않는다.

구기자

약재의 기원 가과(茄科)에 속한 낙엽관목식물인 구기의 익은 열매이고, 생용(生用)하거나 볶아서 사용한다.

성미와 귀경 감(甘) · 평(平)하고, 간(肝) · 신(腎) · 폐(肺)에 들어간다.

효능과 응용

1. 자보간신(滋補肝腎), 명목(明目: 눈을 밝게 함)–구기자는 간과 신장을 보하는 작용이 있어 시력감퇴에 양호한 효능이 있다. 그 외에 간신(肝腎)의 음이 허약한 증상에도 효능이 있어 어지러움, 허리 · 무릎의 무력증에도 사용할 수 있다. 육미지황환에 구기자, 국화를 배합하여 간신음허로 인한 어지러움, 시력감퇴를 치료한다. 고대에는 찐 구기자10g을 복용하여 소갈증을 치료하였다.
2. 윤폐(潤肺: 폐를 습윤하게 함)–폐를 윤활하게 하는 효능이 있어 폐음이 부족하여 생긴 허로성 기침에 사용한다. 일반적으로 맥문동, 지모, 패모 등 양음청폐(養陰淸肺), 화담약(化痰藥)을 배합하여 사용한다.

약리와 임상 최근 발표된 논문에 의하면 간보호, 항지방간, 항산화, 항노화, 항방사선, 항고지질혈증, 항동맥경화, 혈당감소 등의 효능이 있었고, 임상에서는 위축성 위염, 간병, 비만증, 욕창, 남성 불임증, 임신성 구토, 화상 등을 치료하는데 많이 사용하고 있다.

용량과 주의 일반적으로 3~9g 사용한다. 습을 생성하기 때문에 비장이 약하여 생긴 설사증에는 사용하지 않는다.

상심자(桑椹子)

약재의 기원 뽕나무과에 속한 낙엽교목인 뽕나무 및 같은 속 근연 식물의 열매이다. 여름에 홍자색을 나타낼 때 채취하여 햇볕에 말린다.

성미와 귀경 감(甘)·산(酸)·한(寒)하고, 심(心)·간(肝)·신(腎)에 귀경한다.

효능과 응용

1. 자음보혈(滋陰補血: 음과 혈을 보함)–음과 혈을 보하는 효능이 있어 음혈(陰血) 부족으로 인한 어지러움, 이명, 불면증, 백발 등의 병증에 사용한다. 단방을 꿀로 고약(膏藥)을 만들어 복용하거나, 분말을 꿀로 환(丸)을 만들어 복용한다.
2. 생진(生津)–음을 보하고 진액을 생성하는 효능이 있어 열로 인해 진액이 손상되어 나타나는 구강건조, 소갈증에 사용하고, 맥문동, 생지황 등을 배합한다.
3. 윤장(潤腸)–음과 혈을 보하고, 대장을 윤활하게 하는 효능이 있어 대장이 건조하여 발생한 변비에 사용한다.

약리와 임상 최근 약리연구에 의하면 면역증강, 적혈구 Na^+–K^+–ATP 효소의 활성 감소, T임파세포성숙 촉진, 조혈기능 촉진 등의 효능이 있었고, 임상에서는 고혈압, 재생불량성 빈혈, 노인성 변비 등에 사용하고 있다.

용량과 주의 일반적으로 10~15g을 사용하고, 대량은 15~30g 정도이다. 비위허한(脾胃虛寒)으로 인한 설사와 소화불량이 있는 자는 주의한다. 상심자에는 트립신을 억제시키는 물질이 있어 대량으로 복용하면 출혈성 장염을 초래할수 있다.

17 수삽약(收澀藥)

개요 각종 물질이 비정상적으로 새는 것을 막아주거나 수렴시키는 약재를 수삽약(收澀藥) 또는 고삽약(固澀藥)이라 한다. 본류(本類)의 약재는 맛이 시고 떫고, 각종 체액(땀, 혈액, 소변, 정액, 대하, 대변)을 수렴시키는 작용이 있고, 폐기가 상승하여 나타나는 기침 · 천식을 아래로 내리는 작용을 한다. 병이 오래되어 신체가 허약하거나 정기가 부족하여 각종 체액이 정상적으로 순환하지 않고 나타난 자한(自汗: 낮에 조금 활동후 흘리는 땀), 도한(盜汗: 수면직후 흘리는 식은 땀), 오래된 설사, 오래된 이질, 유정(遺精: 밤에 꿈꾸며 사정하는 정액), 활정(滑精: 낮에 흘리는 정액), 유뇨(遺尿: 꿈꾸며 배뇨), 빈뇨(頻尿: 소변을 자주 봄), 구해허천(久咳虛喘: 오래된 기침과 허약성 호흡촉박), 기능성 자궁출혈, 백대하 등의 병증에 사용한다.

배합 상기의 증상은 정기허약으로 발생하는 경우가 많기 때문에 상응하는 보약을 배합해야 효능을 높일 수 있다. 자한에는 보기약을 배합하고, 도한에는 보음약을 배합하고, 설사나 이질에는 비장을 보하는 약재를 배합하고, 폐기가 허약해서 발생한 기침 · 천식에는 폐를 보하는 약재를 첨가하고, 신허로 인한 각종 정액누설이나 빈뇨증에는 보신약(補腎藥)을 배합한다. 그리고 여성의 기능성 자궁출혈, 불임증, 대하 등에도 보신약을 배합해야 효능을 높일 수 있다.

주의 수삽약(收澀藥)은 체표에 사기가 남아 있거나 체내에 담습(痰濕)이 많은 증상에는 사용하지 않는다.

오미자(五味子)

약재의 기원 목련과(木蓮科)에 속한 여러해살이 낙엽목질등본식물(落葉木質藤本植物)인 북오미자(北五味子)와 남오미자(南五味子)의 익은 열매이다. 북오미자(北五味子)가 전통적으로 사용해 온 것이다. 생용(生用)하거나 식초나 꿀로 반죽하여 쪄서 건조 후 사용한다.

성미와 귀경 산(酸)·온(溫)하고, 폐(肺)·심(心)·신(腎)에 귀경한다.

효능과 응용

1. 염폐자신(斂肺滋腎: 폐를 수렴하고 신장을 보함)－오미자는 산(酸), 온(溫), 윤(潤)하여 위로는 폐기(肺氣)를 수렴하고, 아래로는 신장의 음을 자양(滋養)하기 때문에 폐허(肺虛)로 인한 오래된 기침과 폐신부족(肺腎不足)으로 인한 천식, 기침에 사용한다. 본 약재에 육미지황환(六味地黃丸)을 배합한 도기환은 신허(腎虛)로 인한 호흡촉박을 치료한다. 또한 폐한(肺寒)으로 인한 기침에 쓸 수 있는데, 맵고 따뜻하며 발산시키는 약재를 배합해야 한다.
2. 생진염한(生津斂汗: 진액을 생성하고 땀을 수렴시킴)－오미자의 시고 떫은 맛은 땀을 수렴할 수 있고, 진액을 생성할 수 있어 진액이 고갈되어 나타나는 구강갈증과 자한·도한에 사용한다. 생맥산(生脈散)은 인삼, 맥문동, 오미자를 배합하여 만든 것으로 열로

기와 음이 손상되어 발생한 가슴두근거림, 맥박허약, 구강건조, 다한(多汗)을 치료한다. 백자인, 인삼, 마황근 등을 배합하여 도한, 자한을 치료한다. 소갈증에는 황기, 생지황, 맥문동 등을 배합하여 치료한다.

3. 삽정지사(澀精止瀉: 정액을 수렴시키고 설사를 멎게 함)−신장을 보하며 정액과 설사를 수렴하는 효능이 있어 각종 형태의 정액 누설, 오래된 설사에 사용한다.
4. 영심안신(寧心安神: 마음을 편안케 함)−마음을 편안하게 하는 효능이 있어 가슴두근거림, 불면증, 꿈많은 증상에 사용한다. 본 약재에 생지황, 맥문동, 단삼, 조인 등을 배합하여 심신(心腎) 허약으로 인한 상기 증상을 치료한다.

약리와 임상 최근 보고된 논문에 의하면 호흡흥분, 진해거담(鎮咳祛痰), 간보호, 자궁수축, 진정최면, DNA합성촉진, 항알러지, 항노화, 항균, 항−심근경색, 시력증가, 항−경련, GOT, GPT 억제 등의 작용이 있는 것으로 밝혀졌다. 임상에서는 간염, 소갈증, 신경쇠약, ke shan disease, 이질, 장염, 요로감염 등의 병증에 사용하고 있다.

용량과 주의 일반적으로 2~6g을 사용하고, 분말은 매회 1~3g씩 복용한다. 본 약재는 수렴 작용이 강하기 때문에 표사(表邪)가 제거되지 않아 체내에 실열(實熱)이 있거나, 초기의 기침 혹은 홍역의 초기에도 사용하지 않는다. 소수의 환자는 위통, 위장부위의 작열감을 호소하였다.

오매(烏梅)

약재의 기원 장미과(薔薇科)에 속한 낙엽교목식물(落葉喬木植物)인 매실나무의 익지 않은 열매(青梅)를 훈제 한 것이다. 생용(生用)하거나 까맣게 볶아서 사용한다.

성미와 귀경 산(酸) · 평(平)하고, 간(肝) · 비(脾) · 폐(肺) · 대장(大腸)에 귀경한다.

효능과 응용

1. 염폐(斂肺) · 삽장(澀腸: 장을 수렴함)-오매는 폐를 수렴하고 기침을 멎게 하는 효능이 있어 폐허(肺虛)로 인한 오래된 기침에 사용한다. 오매는 장을 수렴하고 설사를 멎게 하는 효능이 있어 오래된 설사, 이질에 사용한다.
2. 생진(生津) · 안회(安蛔: 회충을 몰아냄)-진액을 생성하고 갈증을 없애는 효능이 있어 허열(虛熱)로 인한 소갈증에 사용한다. 고대에는 오매에 두시(豆豉)를 배합하여 소갈증을 치료하였다. 그리고 회충으로 인한 복통, 구토에 사용한다.

이 밖에 지혈의 효능이 있어 기능성 자궁출혈에 내복하고, 부스럼에는 도포하여 치료한다.

약리와 임상 최근 약리 연구에 의하면 항피로, 항방사선, 혈액응고촉진, 항암, 지사, 항-알러지, 항균 등의 효능이 있었다. 임상에서는 담낭염, 십이지장충, 설사, 만성전립선염, 각종 Polyp(성대, 직장, 질, 비강, 식도), 피부병, 각종 알레르기 질환, 풍습비통(風濕痹痛), 식도 이물질, 백혈병, B형간염, 만성위염, 만성 담낭염, 거식증 등의 병증을 치료하는데 사용하고 있다.

용량과 주의 일반적으로 1~5g을 사용하고, 중증에는 6~9g을 사용한다. 외용시에는 생 것의 분말이나 까맣게 볶은 분말을 환부에 도포한다. 지사, 지혈시에는 까맣게 볶아서 사용한다. 오매는 수렴작용이 강하므로 체표에 외사가 있거나 실열(實熱)이 있으면 사용을 금한다.

연자(蓮子)

약재의 기원 수련과(睡蓮科)에 속한 여러해살이 수생초본식물(水生草本植物)인 연(蓮)의 익은 종자이다. 중심부의 녹색 배아(胚芽)를 싼 것을 연자심(蓮子心)이라 한다.

성미와 귀경 감(甘) · 삽(澁) · 평(平)하고, 비(脾) · 신(腎) · 심(心)에 귀경한다.

효능과 응용

1. 익비지사(益脾止瀉: 비장을 보해서 설사를 멎게 함)–연자는 달고 비장을 보하는 작용이 있어 비장허약으로 인한 오래된 설사, 식욕부진 등의 병증에 사용하고, 인삼, 백출, 복령, 산약 등을 배합하여 사용한다.
2. 보신고정(補腎固精: 신장을 보해서 정액을 못 새게 함)–신장을 보하는 작용이 있어 신허로 발생한 정액누설에 자주 사용하고, 사원자, 용골, 모려 등을 배합하여 사용한다.
3. 양심안신(養心安神: 심장을 튼튼하게 해서 정신을 안정시킴)–심장과 신

장을 튼튼하게 하고, 두 장기를 서로 통하게 하는 효능이 있다. 심장과 신장이 서로 통하지 않아 발생한 가슴답답함, 가슴두근거림, 불면증 등의 병증에 사용하고, 맥문동, 산조인, 복신, 백자인 등을 배합하여 사용한다.

이 밖에 연자는 신장과 비장을 보하고 수렴작용이 있어 자궁의 기능성 출혈증, 백대하 등 부인과 질환에도 사용한다.

약리와 임상 임상에서는 치질, 만성설사, 유정 등의 병증에 사용하고 있다.

용량과 주의 일반적으로 6~15g을 사용한다. 대변이 건조한 변비증에는 사용하지 않는다.

하엽(荷葉)

약재의 기원 수련과(睡蓮科)에 속한 여러해살이 수생초본식물(水生草本植物)인 연(蓮)의 잎이다.

성미와 귀경 고(苦) · 삽(澁) · 평(平)하고, 비(脾) · 신(腎) · 심(心)에 귀경한다.

효능과 응용

1. 청서이습(淸暑利濕: 여름에 더위와 습을 없앰)–여름에 더위와 습을 없애는 효능이 있어 더위 먹은 질병에 사용하고, 금은화, 편두화, 서과취의(西瓜翠衣) 등을 배합하여 사용한다(淸絡飮)
2. 승양지혈(昇陽止血: 양기를 끌어 올리고 지혈시킴)–양기를 끌어 올리고 지혈시키는 효능이 있어 비장허약으로 인한 설사와 각종 출혈증

에 사용한다. 출혈증에는 생지황, 측백엽 등을 배합한다(四生丸).

약리와 임상 최근 발표된 논문에 의하면 지질감소의 효능이 있는 것으로 밝혀졌고, 임상에서는 고지질혈증에 많이 사용한다.

용량과 주의 일반적으로 3~10g을 사용한다. 부작용에 대해 특별히 보고된 바가 없다.

산수유

약재의 기원 산수유과(山茱萸科)에 속한 낙엽소교목식물(落葉小喬木植物)인 산수유의 과육이다.

성미와 귀경 산(酸) · 미온(微溫)하고, 간(肝) · 신(腎)에 귀경한다.

효능과 응용

1. 보간익신(補肝益腎: 간과 신장을 튼튼하게 함)–산수유는 신장과 간을 보는 효능이 있어 정수(精髓)를 생성하고 양기를 북돋울 수 있다. 간신허약으로 인한 허리 · 무릎 무력, 성기능 장애, 시력감퇴, 어지러움 등의 병증에 사용하고, 숙지황, 산약, 택사 등을 배합한 육미지황환으로 상기의 병증을 치료한다.
2. 렴정삽한(斂精澀汗: 정액과 땀을 수렴함)–산수유는 신장을 보하면서 정액과 땀을 수렴하는 작용이 있어 정액누설이나 뇨실금, 대한(大汗) 등의 병증에 사용할수 있다. 유정(遺精)에는 육미지황환을 복용하고, 뇨실금에는 상표초, 복분자, 익지인, 사원자 등을 배합하여 사용하고, 땀이 많이 나는 병증에는 인삼, 부자, 용골, 모려 등을 배합하여 사용한다.

이 밖에도 출혈을 수렴하는 효능이 있어 오적골, 천초탄, 삼칠 등을 배합하여 자궁의 기능성 출혈증, 생리과다 증에 사용한다.

약리와 임상 약리연구에 의하면 혈당강하, 항쇼크, 항염증, 혈소판 응집억제, 이뇨, 항-노화, 항-산화 등의 작용이 있었다. 임상에서는 당뇨병, 쇼크, 관절통, 기능성 자궁출혈, 구강궤양 등의 병증을 치료하는데 사용하고 있다.

용량과 주의 일반적으로 5~10g을 사용하고, 대량은 30g 정도 사용하고, 탕제, 환약, 산제로 사용한다. 산수유는 따뜻하고 수렴하는 작용이 있어 습열이 있는 병증이나 핍뇨증, 외감발열이 있으면 사용하지 않는다

제 5 장

증상별 한방식품응용

1. 호흡기 질환
2. 순환기 질환
3. 소화기 질환
4. 간 · 담낭 질환
5. 비뇨기 질환
6. 부인과 질환
7. 정형외과 질환
8. 내분비 질환

1 호흡기 질환

(1) 감기

1) 풍한성(風寒性) 감기

생강즙계란볶음

재료 생강30g, 총백4개, 계란4개, 땅콩기름, 소금 소량

조리법

1. 생강의 껍질을 벗기고 즙을 낸다.
2. 파의 잡질을 제거하고 잘게 썬다.
3. 계란을 깨서 그릇에 넣고 생강즙과 파, 소금을 넣어 혼합한다.
4. 후라이팬에 땅콩기름을 넣고 열을 가한 후 재료를 넣고 볶는다.

효능 발한해표(發汗解表)

적응증 풍한성 감기, 오한, 두통, 기침, 코막힘, 식욕부진 등의 증상에 사용한다.

생강파죽

재료 쌀60g, 생강5쪽, 파(소량), 식초(소량)

조리법

1. 생강과 파를 청결히 한후 썰어서 쌀과 같이 죽을 만든다.
2. 죽이 완성되면 식초를 기호에 맞게 넣어 온복(溫服)한다.

효능 해표산한(解表散寒), 온중통양(溫中通陽)

적응증 풍한성 감기, 기침

주의

1. 전신 통증이 있으면 갈근을 첨가한다.
2. 기침을 하면 도라지, 은행을 첨가한다.

생강붕어탕

재료 붕어150g, 생강25g, 맛술100g, 소금소량

조리법

1. 끓인 물 반그릇에 얇게 저민 붕어, 생강, 맛술을 넣은 후 30분간 끓인다.
2. 30분 후 1번에 소금을 적당량 넣은 후 복용한다.

효능 해표산한(解表散寒)

적응증 허한체질의 풍한성 감기

생강담두시(淡豆豉)두부탕

재료 담두시15g, 총백5개, 두부1모, 북황기5g, 백출15g, 서양삼12g

조리법

1. 담두시, 생강, 파(잔뿌리 제거)를 청결히 한다.
2. 북황기와 백출은 삼배천으로 싼다

3. 후라이팬에 식용유를 넣고 가열후 두부를 넣고 약간 노랗게 지진 후 냄비에 옮기고 담두시, 생강, 물1500ml, 약재를 넣고 30분간 수전한다. 다시 파를 넣고 끓힌 후 약재를 제거하고 소금 등으로 가미하여 복용한다.

효능 산한(散寒), 감기예방

적응증 풍한성 감기 초기, 평소 감기 예방

옥병풍죽(玉屛風粥)

재료 쌀1/2컵, 파(소량), 황기, 백출각20g, 방풍10g, 동충하초1g

조리법

1. 쌀을 청결히 한 후 냄비에 넣어둔다
2. 약재에 물3그릇을 넣어 1/2그릇까지 끓여서 여과 후 약액만 쌀에 넣고 약한 불로 다시 끓인 뒤 죽이 되면 파를 넣고 불을 끄두었다가 적당히 식으면 복용한다.

효능 면역력증강, 감기예방

적응증 평소 감기에 잘 걸리는 허약 체질자

동충하초닭죽

재료 닭1마리, 동충하초2~5마리, 생강, 파, 마늘, 대추

조리법

1. 닭의 내장과 지방을 버리고 용기에 약재와 같이 넣고 물을 닭이

잠길 정도 부은 후 끓이고, 끓기 시작해서 1시간 더 끓인 후 복용한다.

효능 면역력증강, 피로회복, 감기예방

적응증 평소 자주 감기가 걸리는 체질

2) 풍열성(風熱性) 감기

박하어성초죽

재료 박하5g, 어성초10g, 쌀50-100g, 소금(소량)

조리법

1. 어성초를 30분간 수전한 물로 죽을 끓인다.
2. 박하잎을 뜨거운 물에 10분간 담구어 두었다가 죽이 다 되면 혼합하고 소금으로 가미 후 복용한다.

효능 청열해독(清熱解毒)

적응증 열성감기, 인후염

주의

1. 박하는 휘발성분이 있어 장시간 끓이면 효능이 감소한다.
2. 맛을 내기 위해 설탕을 소량 가미해도 무방하다.
3. 기침을 하면 도라지를 첨가하고, 가래가 많으면 죽력을 첨가한다.

갈근상치 볶음

재료 갈근30g, 상치500g, 파5개, 식용유(소량), 소금(적당량), 전분

조리법

1. 갈근의 껍질을 제거후 생즙을 짜낸다.
2. 전분을 물에 녹인후 1번과 혼합한다
3. 상치는 청결히 하고, 파는 잘게 썰어 둔다.
4. 후라이팬에 식용유를 넣고 가열되면 먼저 파를 넣고 잠시 볶은 후 다시 상치와 2번을 넣고 10분간 볶은뒤 조미료로 가미해서 먹는다.

효능 청열해기(淸熱解肌), 생진지갈(生津止渴)

적응증 열성감기, 전신통증

돈육생지황탕

재료 돼지고기200g, 생지황10g, 길경5g, 맥문동5g, 산사5g, 소금(적당량)

조리법

1. 고기와 약재를 청결히 한 후 용기에 넣고 물을 고기가 잠길 정도로 첨가하고, 끓기 시작한 후 다시 1시간 정도 끓여 복용한다.

효능 청열생진(淸熱生津)

적응증 열성감기 후기, 항생제나 호르몬제 대량 투여후

주의

1. 감기증상이 있으면 어성초를 첨가한다.
2. 장기간 복용하지 않는다.

어성초두부탕

재료 어성초5g, 금은화3g, 판람근5g, 죽력5g, 길경3g, 산사5g, 무50g, 파1개, 멸치 다시물(적당량), 소금(적당량), 두부1모

조리법

1. 먼저 약재와 무우에 물500ml 넣고 350ml로 수전한 후 약재를 제거한다.
2. 약액에 두부, 파, 멸치다시물을 넣고 20분정도 끓인 후 복용한다.

효능 청열해독(淸熱解毒), 열성감기

적응증 열성감기, 기침, 가래

주의 장기간 복용하지 않는다.

(2) 기침

1) 풍한성(風寒性) 기침

꿩생강탕

재료 꿩1마리, 도라지10g, 생강5쪽, 총백3개, 은행5알, 소금(적당량)

조리법

1. 꿩과 약재를 청결히 한 후 용기에 넣고 약 2시간 끓여서 복용한다.

효능 해표발한(解表發汗), 선폐지해(宣肺止咳)

적응증 풍한성 기침

배합

1. 가래가 있으면 진피를 추가한다.
2. 식욕이 없으면 산사를 추가한다.

2) 풍열성(風熱性) 기침

꿩어성초탕

재료 꿩한마리, 어성초10g, 판람근10g, 도라지10g, 은행5알, 소금(적당량)

조리법

1. 꿩과 약재를 청결히 한 후 용기에 넣고 약 2시간 끓여서 복용한다.

효능 청열선폐지해(淸熱宣肺止咳)

적응증 풍열성 기침

배합

1. 가래가 있으면 죽력를 추가한다.
2. 식욕이 없으면 산사를 추가한다.

3) 폐허성(風熱性) 기침

돈육(오리)동충하초탕

재료 돈육200g, 동충하초3마리, 황기5g, 오미자2g, 길경3g, 생강2쪽

조리법

1. 고기와 약재를 청결히 한후 용기에 넣고 약 2시간 끓인 후 복용한다.

효능 보폐선폐(補肺宣肺)

적응증 폐허성 기침

배합

1. 폐의 음(陰)이 허(虛)하면 맥문동, 사삼 등을 첨가한다.
2. 폐의 양기가 허약하면 마른 생강을 첨가한다.
3. 가래가 있으면 진피를 첨가한다.

4) 비신허성(脾腎虛性) 기침

양고기 사군자가사삼탕(四君子加沙蔘湯)

재료 양고기200g, 인삼3g, 백출5g, 복령5g, 사삼5g, 동충하초2마리, 길경3g, 오미자2g, 생강2쪽

조리법

1. 고기를 작은 크기로 썬다
2. 약재를 청결히 한 후 고기와 용기에 넣고 2시간 끓인 후 복용한다.

효능 건비보신양폐(健脾補腎養肺)

적응증 신, 비장허성 기침, 가래가 있고 호흡이 무기력하고 촉박하며 피로한 병증.

배합

1. 신장의 음허(陰虛) 증상이 있으면 구기자, 맥문동, 숙지황 등을 배합한다.
2. 신장의 양허(陽虛) 증상이 있으면 두충 등을 첨가한다.

5) 음허성(陰虛性) 기침

잉어맥문동탕

재료 잉어1마리, 맥문동5g, 사삼5g, 오미자2g, 길경3g

조리법

1. 잉어의 비늘과 내장을 처리한다.
2. 약을 1시간 30분간 수전 후 여과한다.
3. 잉어에 약액을 넣고 2시간 정도 수전 후 복용한다.

효능 보폐음(補肺陰)

적응증 폐음허성 마른 기침, 객혈, 폐결핵 후기

배합

1. 출혈증상이 있으면 삼칠2g을 추가한다.

흰 참나무 버섯탕

재료 은이(銀耳:흰참나무버버섯)5g, 설탕50g

조리법

1. 은이를 용기에 넣고 뜨거운 물을 붓고 30분간 불린다
2. 1번을 청결히 한 뒤 1시간 끓인 후 설탕을 넣고 다시 은이가 뭉글어질 때까지 삶는다.

효능 윤폐지해(潤肺止咳), 자음청열(滋陰清熱)

적응증 노인성 만성기관지염, 허약성 기침

주의 변질된 은이를 복용하면 식중독을 초래할 수가 있고 심하면

생명위험까지 있다.

2 순환기 질환

(1) 심근경색

당귀쇠고기탕

재료 당귀10g, 천궁, 생산사각15g, 신선한 우육(牛肉)100g, 생강, 파, 소금각 소량

조리법

1. 당귀, 천궁을 약탕기에 넣고 1시간 수전 후 여과한다.
2. 쇠고기를 먹기 적당하게 잘라 약액에 산사와 같이 넣고 뭉글도록 삶은 후 파, 생강, 소금을 넣어 가미하여 복용한다.

효능 활혈산어(活血散瘀), 보중익기(補中益氣)

적응증 어혈성 심장병, 협심증 등에 사용한다.

배합

1. 콜레스트롤이 높은 자는 구기자를 배합한다.

백합토끼탕

재료 토끼고기250g, 백합10g, 삼칠10g, 소금3g, 간장20ml, 맛술20ml, 생강10g, 파10g

조리법

1. 재료를 청결히 한후 용기에 넣고 토끼고기가 뭉글어 질때까지 끓여서 복용한다.

효능 청심안신(淸心安神), 소종정통(消腫定痛)

적응증 심장병 치료시 보조 식품으로 사용한다.

홍화산사쇠고기탕

재료 홍화6g, 산사15g, 대추10개, 숙지황6g, 우육, 당근각200g, 맛술10ml, 파10g, 생강, 소금각5g

조리법

1. 산사(종자제거), 대추(종자제거), 숙지황, 홍화를 청결히 한다.
2. 쇠고기를 뜨거운 물로 데치고 적당 크기로 자른다.
3. 쇠고기, 파, 생강, 맛술, 소금에 물1000ml를 넣고 20분간 중간불로 끓인 후 다시 물 1000ml와 산사, 대추, 숙지황, 홍화를 넣고 50-60분간 작은 불로 끓인다.

효능 보기혈(補氣血), 거어혈(祛瘀血)

적응증 심장병의 심교통(心絞痛)

삼칠인삼죽

재료 삼칠3g, 인삼6g, 쌀60g, 설탕소량

조리법 삼칠과 인삼을 적당한 크기로 자르고 쌀은 청결히 한 후 냄비에 넣고 죽을 만든 뒤 설탕을 구미에 맞게 가미 후 복용한다.

효능 익기양심(益氣養心), 활혈거어(活血祛瘀)

적응증 심장병, 심교통(心絞痛), 심근경색

천궁홍화죽

재료 천궁, 홍화각6g, 쌀50-100g, 설탕(소량), 소금(소량)

조리법

1. 천궁, 홍화를 수전 후 여과한다.
2. 1에 쌀을 넣어 죽을 만들어 설탕, 소금으로 가미 후 복용한다.

효능 행기활혈(行氣活血), 거어지통(祛瘀止痛)

적응증 심장병, 심교통, 두통

주의 음허화왕(陰虛火旺), 간양상항(肝陽上亢), 출혈성 질병에는 사용하지 않는다.

(2) 심계(心悸), 부정맥

황기산조인죽

재료 황기15g, 산조인10g, 쌀200g

조리법

1. 약재와 쌀을 청결히 한 후 냄비에 넣고 죽어 만들어 복용한다.

효능 보심기(補心氣), 령심신(寧心神)

적응증 부정맥, 심허성 심계

아교쌀죽

재료 아교분말30g, 쌀60g

조리법 쌀로 죽을 만든 후 아교분말을 넣어서 복용한다.

효능 양혈화위(養血和胃), 지혈윤조(止血潤燥)

적응증 심혈부족형 심계

삼기은이탕(蔘芪銀耳湯)

재료 구기자15g, 인삼10g, 맥문동10g, 은이(銀耳)20g, 설탕10g

조리법

1. 약재를 청결히 하고 인삼, 은이는 작게 썰고 맥문동은 분쇄한다.
2. 약재를 용기에 넣고 1시간 수전한 뒤 설탕으로 가미하여 다시 25분간 수전후 복용한다.

효능 자음윤폐(滋陰潤肺), 보간익신(補肝益腎)

적응증 간신음허성(肝腎陰虛性) 부정맥

3 소화기 질환

(1) 위장병

삼칠서양삼죽

재료 삼칠2g, 서양삼3g, 맥문동3g, 찹쌀100g, 산사3g

조리법

1. 삼칠을 분말로 만든 후 서양삼과 산사를 넣어 1시간 수전한다.
2. 찹쌀을 1시간 정도 불린 후, 1번의 약액으로 죽을 끓여서 복용한다.

효능 활혈지통(活血止痛), 익기보음(益氣補陰)

적응증 표재성 위염의 경미한 통증, 소화불량, 위음(胃陰)부족으로 인한 구강건조, 변혈 등의 증상에 사용한다.

주의사항

1. 위산이 많으면 산사를 없앤다.
2. 설사하면 율무를 추가한다.

황주(黃酒)쇠고기대추탕

재료 쇠고기600g, 생강분말10g, 대추80g, 황주25g, 땅콩기름, 간장 등 소량

조리법

1. 쇠고기를 장조림용으로 잘라 그릇에 넣고 간장 등을 넣어 절여 둔다.

2. 대추는 종자를 제거하고 준비해둔다.
3. 용기에 물을 넣고 1.2와 생강분말, 황주 등을 넣어서 3시간 정도 삶은 후 복용한다.

효능 온중산한(溫中散寒), 보익건비(補益健脾)

적응증 위한위통(胃寒胃痛), 오심구토(惡心嘔吐), 혹은 설사

당삼계탕

재료 단삼15g, 닭고기500g, 당귀, 생강, 파각10g, 소금6g, 맛술20g, 후추3g

조리법

1. 닭고기를 3cm크기로 자르고 생강, 파, 당귀, 단삼은 잘게 썬다
2. 재료를 동시에 용기에 넣고 1시간 가량 삶은 후 소금과 후추로 가미해서 복용한다.

효능 보기혈(補氣血), 통혈맥(通血脈), 진통작용

적응증 만성위염

배합

1. 통증이 심하면 삼칠2g을, 허약하면 인삼4g을, 궤양이 있으면 후추를 빼고 황기4g을, 비장이 허약하면 백출, 복령각4g을 추가한다.
2. 음허증상이 있으면 맥문동을 추가한다.

황기 온위죽(溫胃粥)

재료 황기10g, 백출10g, 양고기200g, 찹쌀100g, 대추10개, 진피

분말, 생강분말, 소금각 소량

조리법

1. 양고기, 진피분말, 생강분말에 물을 넣고 끓인 후 양고기를 잘게 자른다.
2. 황기, 백출, 대추(종자를 제거)를 청결히 한 후 잘게 부수고 찹쌀을 청결히 한다
3. 2번에 물을 넣고 끓여서 찹쌀이 물러지면 양고기를 넣고 끓인 후 소금으로 가미하여 복용한다.

효능 온양보기(溫陽補氣), 건비(健脾)

적응증 비위(脾胃)허약성 위통

스트레스성 위염

재료 적작약4g, 당귀2g, 진피3g, 백출4g, 복령4g, 쇠고기100g, 찹쌀100g, 생강, 파, 소금각소량

조리법

1. 적작약, 백출, 복령, 진피를 1시간 동안 수전한다.
2. 약액을 쇠고기, 찹쌀에 넣어 끓인 후 기타를 넣고 가미하여 복용한다.

효능 소간이기(疎肝理氣), 건비익기(健脾益氣)

적응증 스트레스성 위염

배합

1. 기허(氣虛)자는 황기, 산약, 대추를 추가하고 적작약을 백작약으로 바꾼다.

2. 열(熱)이 있으면 진피를 지각으로 바꾼다.

3. 통증이 있으면 삼칠2g을 추가한다.

황기작약죽

재료 황기3g, 적작약3g, 포공영4g, 삼칠2g, 쇠고기100g, 찹쌀100g

조리법

1. 황기, 적작약, 포공영, 삼칠을 1시간 수전한 후 여과한다.
2. 불린 찹쌀에 약액을 넣고 끓인 후 복용한다.

효능 청열항염(淸熱抗炎), 익기생기(益氣生肌)

적응증 위、십이지장궤양

배합

1. 스트레스가 있으면 지실2g 추가한다.
2. 위한성(胃寒性)이면 생강을 첨가한다.
3. 비위(脾胃)가 허약하면 백출, 복령, 산약을 배합한다.

4 간 · 담낭 질환

(1) 지방간

택사구기자탕

재료 택사20g, 구기자10g, 황기10g, 닭한마리(껍질, 지방제거)

조리법

1. 닭의 지방, 껍질, 내장을 제거한다.
2. 1에 약재를 넣어 2시간 끓인 후 소금 등으로 가미하여 복용한다.

효능 청열자음(淸熱滋陰), 익기이뇨(益氣利尿)

적응증 지방간, 피로, 고콜레스트롤증

(2) 간염

인진미나리죽

재료 인진호40g, 미나리50g, 닭고기200g, 영지5g, 찹쌀100, 소금소량

조리법

1. 닭의 껍질, 지방, 내장을 제거한다.
2. 인진호, 미나리를 1시간 수전 후 여과한다.
3. 불린 찹쌀에 약액과 닭을 넣고 2시간 끓인 후 복용한다.

효능 청열퇴황(淸熱退黃)

적응증 황달간염

배합

1. 지방간이 있으면 택사를 추가한다.
2. B형간염 양성이면 판람근, 백모근, 삼칠 등을 배합한다.
3. 소화불량이 있으면 산사를 배합한다.

황기동충하초탕

재료 황기20g, 동충하초5마리, 산약10g, 백출10g, 대추10개, 닭고기200g

조리법

1. 닭의 껍질, 지방, 내장을 제거한다.
2. 황기, 산약, 백출, 대추를 수전 후 여과한다.
3. 약액에 닭, 동충하초를 넣고 2시간 끓인 후 복용한다.

효능 익기건비(益氣健脾)

적응증 만성간염, 간경화

배합

1. 음허(陰虛) 증상이 있으면 서양삼이나 숙지황을 첨가한다.
2. 소화불량이 증상이 있으면 산사를 배합한다.
3. 출혈 증상이 있으면 삼칠을 첨가한다.

(3) 간경화

토끼구기자산약탕

재료 토끼고기250g, 구기자15g, 산약15g, 산사15g, 대추4개

조리법 재료를 동시에 2시간 수전 후 복용한다.

효능 자음보간(滋陰補肝), 건비익기(健脾益氣)

효능 음허성 간경화, 오후발열감, 도한, 구강건조

배합

1. 기허(氣虛) 증상이 있으면 황기10g을 추가한다.

2. 간염이 있으면 삼칠, 동충하초, 인진호를 배합한다.

3. 출혈증상이 있으면 삼칠을 배합한다.

황기익모초닭탕

효능 황기20g, 익모초15g, 닭1마리(내장, 껍질 제거), 옥수수수염 20g, 율무30g

조리법

1. 약초를 2시간 수전 후 여과한다.
2. 약액에 닭을 넣고 1시간 끓인 후 복용한다.

효능 건비익기(健脾益氣), 활혈이수(活血利水)

응용 간경화 복수, 피로

배합

1. 소화장애가 있으면 산사를 추가한다.
2. 출혈증상이 있으면 삼칠을 배합한다.
3. 알코올성 간경화이면 생갈근즙을 단독으로 복용한다.

다슬기갈근탕

재료 다슬기100g, 갈근20g, 포공영20g, 택사20g

조리법

1. 다슬기를 살짝 데친 후 껍질을 벗긴다.
2. 다슬기와 약을 넣고 2시간 정도 수전 후 복용한다

효능 청열이뇨(清熱利尿), 이습해독(利濕解毒)

적응증 알콜성 간경화, 간경화성 복수

배합

1. 소화장애가 있으면 산사를 배합한다.
2. 출혈증상이 있으면 삼칠을 추가한다.

(4) 담낭염

귀작이담탕(歸芍利膽湯)

재료 적작약10g, 당귀5g, 포공영10g, 진피5g, 우렁이100g

조리법

1. 우렁이를 살짝 데친 후 껍질을 벗긴다.
2. 우렁이와 약을 넣고 2시간 정도 수전 후 복용한다

효능 청열이담(清熱利膽), 이기소담(理氣疎膽)

적응증 담낭염

배합

1. 소화불량이 있으면 산사를 배합한다.
2. 결석이 있으면 금전초를 추가한다.
3. 구토를 하면 생강을 추가한다.

고과금은화죽(苦瓜金銀花粥)

재료 고과30g, 금은화20g, 적작약10, 포공영10g, 찹쌀100g

조리법

1. 고과를 청결히 한 후 얇게 썬다
2. 고과, 금은화, 적작약을 1시간 수전하여 여과한다.
3. 약액에 불린 찹쌀을 넣고 죽을 만들어 복용한다.

효능 청열해독(淸熱解毒), 소간이담(疎肝利膽)

적응증 급성담낭염

배합

1. 소화불량이 있으면 산사를 배합한다.
2. 결석이 있으면 금전초를 추가한다.
3. 구토를 하면 생강을 추가한다.
4. 통증이 심하면 삼칠을 첨가한다.

(5) 담결석

금전초죽

재료 금전초50g, 계내금5g, 찹쌀100g

조리법

1. 금전초와 계내금을 수전한 후 여과한다.
2. 불린 찰쌀에 약액을 넣고 죽을 만들어 복용한다.

효능 이담배석(利膽排石)

적응증 담결석

배합

1. 염증이 있으면 인진, 시호 등을 배합한다.
2. 기체(氣滯) 증상이 있으면 작약, 시호를 추가한다.

5 비뇨기 질환

(1) 급성 신우신염, 비뇨기 감염

쇠고기박탕

재료 쇠고기50g, 동과피30g, 옥수수수염30g, 어성초30g

조리법

1. 약재를 끓인 후 여과한다.
2. 쇠고기에 약액을 넣고 1시간 정도 끓인 후 복용한다.

효능 청열해독(淸熱解毒), 이뇨소종(利尿消腫)

적응증 급성 신장염, 간경화 대상기, 비뇨기 감염증

배합

1. 열이 있으면 금은화를 배합한다.
2. 단백뇨가 있으면 연교를 추가한다.
3. 비뇨기 감염증이 있으면 오미자를 추가한다.

(2) 만성신우신염

보신탕(補腎湯)

재료 쇠고기50g, 두충10g, 숙지황5g, 산사10g, 어성초10g, 택사15g

조리법

1. 약재를 1시간 수전한 후 여과한다.

2. 약액에 쇠고기를 넣고 끓인 후 복용한다.

효능 보신익기(補腎益氣), 청열이뇨(淸熱利尿)

적응증 만성신우신염, 배뇨장애, 만성 비뇨기 감염

배합

1. 염증성 열이 있으면 두충의 양을 줄인다.
2. 음허성(陰虛性) 열이 있으면 두충을 없애고 구기자를 첨가한다.
3. 비뇨기 감염증이 있으면 오미자를 추가한다.

(3) 신장염

쇠고기 백화사설초탕

재료 쇠고기50g, 백화사설초15g, 익모초5g, 차전초10g, 단삼5g

조리법

1. 약제를 1시간 수전한 후 여과한다.
2. 약액에 쇠고기를 넣고 1시간 수전한 후 복용한다.

효능 청열해독(淸熱解毒), 활혈이뇨(活血利尿)

적응증 만성 신장염

배합

1. BUN이 있으면 천궁을 배합한다.
2. 단백뇨가 있으면 연교를 배합한다.
3. 기허(氣虛) 증상이 있으면 황기를 배합한다.

주의사항

1. 전문의와 상담후 복용하며, 처음부터 대량으로 복용하지 않고, 소량 복용후 별 부작용이 없으면 복용한다.

동충하초쇠고기죽

재료 쇠고기50g, 동충하초3g, 황기5g, 산약5g, 찹쌀50g

조리법

1. 약제를 수전한 후 여과한다.
2. 약액을 불린 찹쌀에 넣고 30분간 끓인 후 다시 다진 쇠고기를 넣고 30분간 끓인 후 복용한다.

효능 보신익기이뇨(補腎益氣利尿)

적응증 신장염성 신기허증(腎氣虛症)

배합

1. 신장의 양기(陽氣)가 허약하면 두충을 배합하고, 음(陰)이 허약하면 숙지황을 추가한다.
2. 소화장애가 있으면 산사를 첨가한다.
3. 부종이 있으면 복령을 추가한다.

주의사항

1. 전문의와 상담후 복용하며, 처음부터 대량으로 복용하지 않고, 소량 복용후 별 부작용이 없으면 복용한다.

(4) 통풍

차전초판람근죽

재료 차천초10g, 판람근10g, 붉은 무(雌性)50g, 찹쌀100g

조리법

1. 차전초, 판람근, 무를 수전한 후 여과한다.
2. 1에 불린 찹쌀을 넣고 죽으로 만들어 복용한다.

효능 청열이뇨(淸熱利尿)

적응증 통풍

배합

1. 관절 등에 염증이 있으면 어성초를 배합한다.
2. 소변장애가 있으면 옥수수 수염, 택사 등을 배합한다.

무국

재료 옥수수수염20g, 붉은무(雌性), 샐러리, 오이, 배추, 감자, 된장 적당량

조리법

1. 옥수수 수염으로 수전한 물에 기타 재료를 넣어서 국을 만들어 복용한다.

효능 청열이뇨해독(淸熱利尿解毒)

적응증 통풍

6 부인과 질환

(1) 생리통

기혈부족

재료 오골계1마리, 당삼20g, 백출20g, 당귀10g, 백작약10g, 대추10개

조리법

1. 오골계의 내장을 제거한 후 약과 같이 삶아서 복용한다.

효능 보간익신(補肝益腎), 보기양혈(補氣養血)

적응증 기혈부족성 생리통, 생리량 소량, 어지러움 등

어혈성 생리통

재료 익모초10g, 단삼10g, 홍화5g, 감주300ml

조리법

1. 약재를 수전후 여과한 뒤 감주에 혼합하여 1일 3회 복용한다.

효능 활혈통경(活血通經)

적응증 어혈성 생리통

한응성(寒凝性) 생리통

재료 양고기100g, 애엽15g, 계피5g, 건강5g

조리법

1. 동시 수전한 후 약액만 복용한다.

효능 보기온신양(補氣溫腎陽), 온산지통(溫散止痛)

적응증 한성(寒性) 어혈 생리통

기타 제형

1. 애엽으로 감주나 약주를 만들어 복용한다.
2. 애엽, 생강, 파 등으로 국을 만들어 생리전에 복용한다.

기체성 생리통

재료 향부3g, 진피3g, 당귀3g, 백작약5g, 감주300ml

조리법

1. 약재를 수전후 여과한 뒤 감주에 혼합하여 1일 3회 복용한다.

효능 소간이기지통(疎肝理氣止痛)

적응증 스트레스성 생리통

(2) 불임증(不姙症)

기혈부족(氣血不足)

재료 오골계1마리, 황기15g, 당귀10g, 대추10개, 산약10g

조리법

1. 오골계의 내장을 제거한 후 약과 같이 삶아서 복용한다.

효능 보기양혈(補氣養血)

적응증 기혈성 불임증

간신허약(肝腎虛弱)

재료 양고기100g, 두충10g, 당귀10g, 숙지황6g, 백작약10g, 생강3쪽

조리법

1. 고기와 약을 같이 삶은 후 소금을 가미하여 복용한다.

효능 보간익신(補肝益腎)

적응증 간신허약성 불임증

주의 양기가 상승하거나 열이 있으면 두충을 제거한다.

(3) 갱년기 장애

비간신(脾肝腎) 허약

재료 오골계1마리, 흑두50g, 당삼10g, 당귀7g, 산약10g, 두충10g, 숙지황6g, 산사7g, 진피5g

조리법

1. 오골계와 흑두를 제거한 약재를 1시간 수전한다.
2. 약액에 오골계와 흑두를 넣고 푹 삶은 후 복용한다.

효능 보기건비(補氣健脾), 보간익신(補肝益腎)

적응증 비간신허약성 갱년기 증상

주의 열이 있으면 두충을 제거한다.

7 정형외과 질환

(1) 요통

신허성(腎虛性) 요통

- **재료** 우족(牛足)500g, 두충20g, 오가피10g, 우슬10g
- **조리법** 상기의 재료를 2-3시간 정도 수전(水煎) 후 복용한다.
- **효능** 보간신강근골(補肝腎强筋骨), 활혈거어(活血祛瘀)
- **적응증** 신장의 양허성(陽虛性) 요통에 사용한다.
- **배합법**

  1. 신장 음허 증상이 있으면 숙지황, 구기자를 추가한다.
  2. 골다공증이 있으면 홍화종자를 배합한다.

외상성(外傷性) 요통

- **재료** 양족(羊足)500g, 삼칠3g, 갈근10g, 우슬5g, 계혈등5g, 두충5g
- **조리법** 상기의 재료를 2-3시간 정도 수전 후 복용한다.
- **효능** 온양활혈거어(溫陽活血祛瘀), 보신강근골(補腎强筋骨),
- **적응증** 오래된 외상성 요통증에 사용한다.
- **배합법**

  1. 신장 음허 증상이 있으면 숙지황, 구기자를 추가한다.
  2. 골다공증이 있으면 홍화종자를 배합한다.

대장열성(大腸熱性)

재료 녹두50g, 포공영15g, 알로에5g, 교맥분200g

조리법

1. 포공영, 알로에를 수전한 후 여과한다.
2. 교맥분, 녹두에 1번의 약액을 넣고 죽을 만들어 복용한다.

효능 청열해독윤장(淸熱解毒潤腸)

적응증 열성(熱性) 변비로 인한 요통

(2) 관절통

견부통증

재료 상지15g, 갈근15g, 모과5g, 삼칠3g, 산수유3g, 감주(甘酒)200ml

조리법

1. 약재를 수전한 후 여과한다.
2. 감주에 1번의 약액을 넣고 다시 수전하고 농축하여 양(量)을 조절한다.

효능 서근통락(舒筋通絡), 활혈지혈(活血止痛)

적응증 견부통증

배합

1. 염증이 있으면 어성초를 추가한다.
2. 변비가 있으면 알로에를 추가한다.
3. 환부가 냉하거나 순환장애가 심하면 감주를 술로 바꾼다.

퇴행성 무릎관절통

재료 우족(牛足)300g, 두충20g, 산수유5g, 구기자10g, 오가피10g, 우슬10g, 독활10g

조리법

1. 약재를 수전한 후 여과한다.
2. 우족에 1번의 약액을 넣고 푹 고은 후 고기와 탕액(湯液)을 복용한다.

효능 보익간신(補益肝腎), 거풍통락(祛風通絡)

적응증 간신허성(肝腎虛性) 관절통

배합

1. 염증이 있으면 어성초를 배합한다.

경추통

재료 갈근7g, 백작약5g, 율무10g, 산수유5g, 상지5g, 감주200ml

조리법

1. 약재를 수전한 후 여과한다.
2. 감주에 1번의 약액을 넣고 다시 수전하고 농축하여 양(量)을 조절한다.

효능 보익간신(補益肝腎), 서근지통(舒筋止痛)

적응증 경추통

8 내분비 질환

(1) 당뇨병

기허성(氣虛性) 소갈증

재료 쇠고기200g, 황기5g, 백출5g, 복령5g

조리법 상기의 재료를 동시에 넣고 수전한 후 탕과 고기를 복용한다.

효능 보기건비(補氣健脾)

적응증 기허성(氣虛性) 소갈증

배합

1. 음허(陰虛) 증상이 있으면 사삼, 맥문동을 배합한다.
2. 신양허(腎陽虛) 증상이 있으면 두충을 배합한다.

음허성(陰虛性) 소갈증

재료 돈육200g, 숙지황3g, 구기자5g, 사삼5g, 산사5g

조리법 상기의 재료를 동시에 넣고 수전한 후 탕과 고기를 복용한다.

효능 자음위신(滋陰胃腎)

적응증 음허성(陰虛性) 소갈증

배합

1. 기허(氣虛) 증상이 있으면 황기, 백출을 추가한다.
2. 어혈(瘀血) 증상이 있으면 단삼, 홍화를 배합한다.

어혈(瘀血)

재료 갈근7g, 단삼5g, 홍화5g, 산사4g, 당귀2, 감주(저당분)

조리법

1. 약재를 수전한 후 여과한다.
2. 감주에 1번의 약액을 넣고 다시 수전하고 농축하여 양(量)을 조절한다.

효능 활혈통락(活血通絡)

적응증 소갈증의 합병증

배합

1. 콜레스트롤이 높으면 택사, 구기자, 하수오, 하엽을 추가한다.

9 기타 질환

(1) 피로

기혈(氣血) 부족

재료 우육(牛肉)200g, 황기5g, 당귀3g, 진피3g, 산사5g

조리법 상기의 재료를 동시에 넣고 수전한 후 탕과 고기를 복용한다.

효능 보기양혈(補氣養血)

적응증 기혈(氣血) 부족성 피로

비위(脾胃) 허약

재료 우육100g, 당삼5g, 백출5g, 복령5g, 산약5g, 대추5개, 찹쌀100g

조리법

1. 약재를 수전한 후 여과한다.
2. 찹쌀에 약액을 넣어 죽으로 만든 후 다진 쇠고기 넣고 다시 끓여서 복용한다.

효능 보익건비(補益健脾)

적응증 비위허약(脾胃虛弱), 기허성(氣虛性) 피로

신양(腎陽) 부족

재료 양육200g, 두충5g, 토사자5g, 숙지황2g, 산수유3g, 산사5g

조리법 상기의 재료를 동시에 수전하여 고기와 약액을 복용한다.

효능 온양보신(溫陽補腎)

적응증 신양부족으로 인한 추위

간신음허(肝腎陰虛)

재료 오골계1마리, 숙지황4g, 구기자7g, 산수유5g, 하수오5g, 두충5g, 산사5g

조리법 상기의 재료를 동시에 수전하여 고기와 약액을 복용한다.

효능 자음간신(滋陰肝腎)

적응증 간신음허로 인한 두통, 어지러움, 도한(盜汗), 요통 등의 증상에 사용한다.

(2) 빈혈

재료 우간(牛肝)100g, 아교5g, 황기5g, 당귀2g, 대추5개, 산사5g, 찹쌀200g

조리법

1. 약재를 수전하여 여과한다.
2. 약액을 찹쌀에 넣고 수전한 후 간(肝)을 넣고 다시 끓여서 복용한다.

효능 보기양혈(補氣養血)

적응증 빈혈로 인한 어지러움, 불면증 등에 복용한다.

배합

1. 양허(陽虛) 증상이 있으면 생강, 두충을 추가한다.

(3) 비만

재료 숙지황5g, 택사10g, 구기자7g, 하수오5g, 결명자7g, 산사5g

조리법

1. 상기약의 재료를 차로 만들어 복용한다.

효능 식욕억제, 지질제거

적응증 일반 비만증

배합

1. 담(痰)이 많으면 진피를 추가한다.

2. 스트레스가 많으면 당귀를 배합한다.

주의사항

1. 상기의 방법과 식이요법, 운동요법을 병행한다.

(4) 불면증

기혈(氣血) 허약성 불면증

재료 당삼5g, 백출5g, 복령5g, 대추5개, 당귀3g, 백작약5g, 찹쌀 200g, 꿀, 소금소량

조리법

1. 상기의 약재료에 물을 넉넉하게 넣고 수전한다.
2. 약액에 찹쌀, 꿀, 소금을 넣고 약밥을 만든다.

효능 보기양혈익신(補氣養血益神)

적응증 빈혈, 기혈부족성 불면증

배합 양기(陽氣)가 허약하면 황기나 두충을 첨가한다.

음허성(陰虛性) 불면증

재료 숙지황5g, 구기자5g, 백작약3g, 맥문동5g, 산사5g, 산조인 5g, 감주200ml

조리법

1. 약재를 수전한다.
2. 감주에 약액을 넣고 재(再)수전한 후 복용한다.

효능 보음안신(補陰安神)

적응증 음허성 불면증

기체성(氣滯性) 불면증

재료 시호5g, 당귀2g, 적작약4g, 진피3g, 산사5g, 산조인5g, 천마3g

조리법 상기의 약재를 차 형식으로 복용한다.

효능 소간이기안신(疎肝理氣安神)

적응증 불안불면(不安不眠), 흉민(胸悶), 번조(煩燥)

배합

1. 열(熱)이 있으면 진피 대신 지각을 사용한다.
2. 변비가 있으면 결명자를 추가한다.

(5) 성기능 장애

기혈(氣血)부족

재료 구육(狗肉)100g, 황기5g, 인삼3g, 당귀2g, 백작약5g, 백출5g, 복령5g, 산사5g

조리법

1. 구육을 제외한 재료를 수전한 후 여과한다.
2. 약액에 구육을 넣고 끓인 후 복용한다.

효능 보익기혈(補益氣血)

적응증 기혈부족성 양위증(陽萎症)

배합

1. 어혈(瘀血)이 있으면 단삼, 갈근을 추가한다.
2. 신허(腎虛) 증상이 있으면 두충을 배합한다.
3. 양기(陽氣)가 허약하면 구육 대신 양고기를 사용한다.

신양(腎陽)허약

재료 양고기100g, 두충5g, 토사자3g, 숙지황2g, 산사5g, 동충하초2g

조리법

1. 양고기, 동충하초를 제외한 재료를 수전한 후 여과한다.
2. 약액에 양고기, 동충하초를 넣고 다시 끓인 후 복용한다.

효능 보익신양(補益腎陽)

적응증 신양허성(腎陽虛性) 양위증

배합

1. 기혈(氣血)이 부족하면 황기, 당귀를 배합한다.

기체성(氣滯性)

재료 누에가루20g, 시호3g, 적작약4g, 당귀3g, 지각3g, 산사4g, 산조인3g, 갈근7g

조리법

1. 재료를 수전한 후 복용한다.

효능 소간이기(疎肝理氣), 양심안신(養心安神)

적응증 기체성 양위증(陽萎症)

어혈성(瘀血性)

재료 누에분말30g, 단삼7g, 갈근7g, 산사5g, 홍화5g, 지각3g

조리법

1. 누에가루를 제외한 기타 약을 수전한 후 여과하고 농축한다.
2. 농축한 약액에 누에가루와 찹쌀풀을 소량 넣어 환약으로 만들어 복용한다.

효능 활혈통락(活血通絡),

적응증 동맥경화성 양위증(陽痿證)

배합

1. 기혈(氣血)이 부족하면 황기, 당귀를 배합한다.
2. 양기(陽氣)가 부족하면 두충을 추가한다.

참고자료

1. 웰빙 한방차, 김용현, 한올출판사
2. 임상한방차, 김용현, 한올출판사
3. 난치병 치료법, 김용현, 한올출판사
4. 대증약선양생사전, 중국방직출판사
5. 보건양생액선대전, 길림과학기술출판사
6. 약료불여식료건강영양식료, 신세계출판사.
7. 중서의결합내과, 중국중의약출판사
8. 중약약리여임상응용, 화하출판사
9. 중약임상신용, 인민위생출판사
10. 중약학, 상해과학기술출판사
11. 식물시최호적의약, 천진교육출판사
12. 중의내과학, 인민위생출판사
13. 중의부인과, 상해과학기술출판사
14. 중의학기초, 상해과학기술출판사
15. 중의진단학, 상해과학기술출판사
16. 중의약물학, 과학기술출판사

저자 약력

김 용 현 · 북경 중의약 대학 학사 졸업
· 북경 중의학약 대학 석사 졸업
· 북경 중의약 대학 박사 졸업
· 전 대구대학교 재활과학대학 외래교수
· 전 대구한의대학교 스포츠의학과 외래교수
· 전 미국 사우스베이 한의대 한국 분교 겸임교수
· 전 김천대학 간호학과 외래교수
· 전 대구보건대 물리치료학과 외래교수
· 전 아시아대학교 한약자원학과 외래교수
· 현 대구한의대학교 평생교육원 한방차 과정 객원교수
· 현 대구한의대학교 평생교육원 경락관리사 과정 객원교수
· 현 대구한의대 평생교육원 한방건강식품 과정 객원교수

〈저서〉
· 웰빙한방차, 한올출판사
· 의사도 모르는 난치병 치료법, 한올출판사
· 중의학 박사가 쓴 임상한방차, 한올출판사
· 임상경락학, 한올출판사

한방건강식품

2012년 4월 5일 초판1쇄 인쇄
2012년 4월 10일 초판1쇄 발행

저 자 김 용 현
펴낸이 임 순 재
펴낸곳 **한올출판사**
등록 제11-403호
121 - 849
주 소 서울시 마포구 성산동 133-3 한올빌딩 3층
전 화 (02) 376-4298 (대표)
팩 스 (02) 302-8073
홈페이지 www.hanol.co.kr
e-메일 hanol@hanol.co.kr
정 가 17,000원

저자와의 협의하에 인지생략

■ ISBN 978 - 89 - 94948 - 65 - 2